21 世纪经济管理类精品教材

[第2版]

电子商务网站建设与管理

李建忠/编著

Electronic Commerce Construction and Management

清华大学出版社
北京

内　容　简　介

本书系统地介绍了电子商务网站及建站流程、电子商务网站基本建站技术及电子商务网站安全与运营管理 3 部分内容。书中采用了大量典型案例，由浅入深，循序渐进。从静态网站到动态网站，从简单网站到综合性网站，不断地完善，遵循"理论够用、注重应用"的原则，突出了以"建站流程为主线，以技能应用为核心"的特点。同时，每一章最后都附有精心设计的思考与练习、技能实训两个模块，针对每一章的重点和难点进行训练，便于读者掌握电子商务网站开发的基本过程和方法。

本书既可作为应用型本科电子商务专业的教材或教学参考书，也适用于高职高专电子商务专业、计算机专业及相关专业的学生以及从事电子商务网站设计和开发的技术人员。

本书封面贴有清华大学出版社防伪标签，无标签者不得销售。
版权所有，侵权必究。举报：010-62782989，beiqinquan@tup.tsinghua.edu.cn。

图书在版编目（CIP）数据

电子商务网站建设与管理/李建忠编著. —2 版. —北京：清华大学出版社，2015（2023.7重印）
21 世纪经济管理类精品教材
ISBN 978-7-302-41435-3

I. ①电… II. ①李… III. ①电子商务-网站-高等学校-教材 IV. ①F713.36 ②TP393.092

中国版本图书馆 CIP 数据核字（2015）第 209465 号

责任编辑：杜春杰
封面设计：康飞龙
版式设计：牛瑞瑞
责任校对：王　云
责任印制：宋　林

出版发行：清华大学出版社
　　　　网　　址：http://www.tup.com.cn，http://www.wqbook.com
　　　　地　　址：北京清华大学学研大厦 A 座　　邮　编：100084
　　　　社 总 机：010-83470000　　邮　购：010-62786544
　　　　投稿与读者服务：010-62776969，c-service@tup.tsinghua.edu.cn
　　　　质量反馈：010-62772015，zhiliang@tup.tsinghua.edu.cn
　　　　课件下载：http://www.tup.com.cn，010-62788951-223
印 装 者：北京国马印刷厂
经　　销：全国新华书店
开　　本：185mm×230mm　　印　张：20.25　　字　数：455 千字
版　　次：2012 年 1 月第 1 版　　2015 年 11 月第 2 版　　印　次：2023 年 7 月第 15 次印刷
定　　价：59.80 元

产品编号：063773-04

第 2 版前言

《电子商务网站建设与管理》作为一本面向应用型本科电子商务及相关专业的教材，自 2012 年 1 月出版以来，受到广大院校师生的欢迎与好评。两年的时间，教材先后 8 次印刷，累计印数达到 19 000 册，已经被全国 40 余所高校采用，其中包括多所重点大学。

本书虽然取得一定成绩，但第 1 版教材也存在两个问题。

一是国内外电子商务产业的发展日新月异，电子商务网站的理论教学、实战训练和人才培养等都面临全新的挑战。原来新颖的教材，由于时光流逝，某些案例或某些技术已显得陈旧，难以全面反映现实。因此，根据客观形势的变化情况加以修订补充，既是新时代的迫切要求，也是学科逐步完善的必经步骤。

二是在给很多企业做培训时，发现今天的企业网站仍存在大量的问题，而这些问题在第 1 版教材中并未得到重视和解决。例如：

- 为什么花了很多钱做的精致美观的网站，没人浏览、没有询盘？
- 为什么搜索引擎中搜索公司产品关键词，搜索结果前几页都没有自己网站的页面？
- 为什么做了推广，增加了网站的访问量，转化率却持续走低呢？如何才能让客户信任我们呢？

应该说随着电子商务发展，企业建了自己的网站平台是一件好事。但是，大多数企业站点的现状并不乐观，网站大多与同行网站同质化，没有自己差异化的内容和特色，并且网站长期没有人维护，没有与客户的互动，没有黏性，更谈不上流量与转化，企业网站基本沦落为一个摆设。因此，针对企业平台建设和管理中存在的问题，增加营销型网站建设与维护等内容也是形势使然。

第 2 版教材是在第 1 版教材基本框架的基础上进行修订的，在尽量保持原版特色、组织结构和内容体系不变的前提下，努力在"电子商务行业案例、营销型网站建设、网站优化和网站流量统计分析"等内容的时效性方面有所更新和充实。修订的主要内容如下。

第 1 篇电子商务网站及建站流程。本次修订对第 1 版中有关案例内容做了删减和补充，增加了营销型网站案例的介绍，引入了营销型网站、电子商务网站评价指标等概念。

第 2 篇基本建站技术。本次修订，针对网页前台设计，增加了目前更为流行更具优势的 DIV+CSS 布局的内容，并通过实例讲解以提高可操作性；对于建站，除了介绍 VBScript 脚本语言、数据库基础和 ASP 技术等网站建设的基本理论和方法，增加了更方便快捷的利用 CMS 系统搭建企业平台的方法，并通过实例讲解以提高实用性。

第 3 篇网站安全及运营管理。企业的网站一定是能够营销的，电子商务网站作为企业的窗口，不仅要实现产品的展示和企业形象的宣传，更重要的是通过网站实现在线营销和交易，拓宽发展空间，提高企业内部的生产、管理和服务水平。很多传统网站之所以没有流量和转化，原因不仅仅是平台建设的问题，也有网站运营与管理的问题。因此，本次修订对本篇内容做了比较多的改动，大体归纳起来包括以下三个方面：

（1）以2014年上线的《百度搜索引擎网页质量白皮书》为蓝本，针对网站优化（SEO）的内容做了修改和补充，重点指出网页是否满足用户需求、能否带给用户良好体验，是搜索引擎确定结果排序的重要依据，从而澄清部分人一谈到做优化就是盲目做外链的误区。

（2）本次修订还增加了网站流量统计分析的内容，通过分析用户的来源、是哪些关键字或是哪种推广策略发挥了作用等问题，可有效解决企业目标客户群的定位，及时掌握网站推广的效果，减少盲目性，从而更好地实现网站的推广和企业的营销目标。

（3）增加了企业网站可信度建设的几个方法。

感谢众多院校师生的支持和信任，也再次感谢清华大学出版社第六事业部的长期支持，是编辑老师的热情帮助、鼓励及高效工作，才使得本书得以出版发行。

虽然编者在本次修订过程中力求严谨和正确，但限于学识水平与能力，书中不足乃至错误之处在所难免，殷切希望读者批评指正。

编　者

2015/8/6

第 1 版前言

随着互联网的发展和普及,电子商务已经渗透到各行各业。电子商务网站作为企业的窗口,不仅能够实现产品的展示和企业形象的宣传,而且通过网站在线交易,能够降低企业经营成本,拓宽发展空间,提高企业内部的生产、管理和服务水平。"电子商务网站建设与管理"是电子商务专业的核心基础课程,通过本课程的学习,学生将掌握如何规划网站、建设网站与管理网站等相关知识和技能,从而为将来在各类企事业单位从事电子商务网站构建、管理等工作奠定坚实的基础。

全书分 3 篇,共 11 章。

第 1 篇为电子商务网站及建站流程。包括第 1~3 章,主要介绍了电子商务网站的基本概念、电子商务网站建设的工具、网站的规划与设计、网站服务器方案的选择及建站流程。

第 2 篇为基本建站技术。包括第 4~9 章,内容包括 HTML 语言、Dreamweaver 设计网页的基本操作、VBScript 脚本语言和数据库基础的简要介绍,以及 ASP 的内置对象,最后以网上书店为例介绍了电子商务网站的设计与开发方案。

第 3 篇为网站安全及运营管理。包括第 10~11 章,介绍了电子商务网站的安全、运营与管理、电子商务网站的推广以及网站的 SEO 优化技术等内容。

本书遵循"理论够用、注重应用"的原则,把培养学生动手能力、岗位实践能力放在第一位,注重实际项目开发能力的引导和培养。围绕网站开发,书中采用了大量典型案例,突出技能应用,循序渐进地介绍了电子商务网站开发过程中的方法和技巧。此外,本书的每一章后面都精心设计了思考与练习、技能实训两个模块,针对每一章的重点和难点进行训练,便于读者掌握电子商务网站开发的基本过程和方法。

需要强调的一点是,对于书中案例及章后的技能实训模块,一定要亲自上机实践,只有多上机才能发现问题、解决问题,这样才能取得事半功倍的效果。

为了方便教学,本书配备有电子课件、案例源代码、实训素材及课后习题答案。电子课件及教学资源均与教材配套,可以在课堂教学中直接使用。

本书面向应用型本科电子商务专业,同时适用于高职高专电子商务专业、计算机专业及相关专业的学生,也可供从事电子商务网站设计和开发的技术人员参考使用。

本书在编写过程中参考了大量的相关资料,汲取了许多同仁的宝贵经验,在此深表谢意。另外,本书的出版得到了清华大学出版社的领导与编辑的大力支持和帮助,在此一并表示诚挚的感谢。

由于编者水平有限,书中难免会有疏漏和不足之处,恳请各位老师和同学批评指正。

编 者
2011 年 10 月

目 录

第1篇 电子商务网站及建站流程

第1章 电子商务网站建设基础 ... 2
1.1 电子商务网站的概念和主要功能 ... 2
1.1.1 认识电子商务网站 ... 2
1.1.2 电子商务网站的基本概念 ... 10
1.1.3 电子商务网站的主要功能 ... 13
1.2 电子商务网站的分类和构成要素 ... 15
1.2.1 电子商务网站的分类 ... 15
1.2.2 电子商务网站的构成要素 ... 17
1.3 电子商务网站建设的工具 ... 19
1.3.1 网站建设工具 ... 19
1.3.2 网站建设的学习方法 ... 21
思考与练习 ... 22
技能实训 ... 22

第2章 电子商务网站的规划与设计 ... 24
2.1 网站前期规划 ... 24
2.1.1 网站总体规划 ... 24
2.1.2 网站内容与功能设计 ... 27
2.2 网站的风格与布局设计 ... 37
2.2.1 网站风格设计的基本原则 ... 37
2.2.2 版面布局 ... 41
2.3 网站的目录结构与链接结构设计 ... 43
2.3.1 设计网站的目录结构 ... 43
2.3.2 设计网站的链接结构 ... 44
思考与练习 ... 45
技能实训 ... 46

第3章 电子商务网站的建设流程 ... 49
3.1 域名注册与备案 ... 49
3.1.1 申请域名 ... 50
3.1.2 域名备案 ... 55

3.2 确定服务器解决方案 56
3.3 电子商务网站的软件平台搭建 57
　3.3.1 网络操作系统 57
　3.3.2 Web 服务器软件 58
3.4 网站开发流程与网站上传 60
　3.4.1 电子商务网站的开发方式 60
　3.4.2 电子商务网站的开发流程 60
　3.4.3 电子商务网站的上传 62
思考与练习 64
技能实训 64

第 2 篇　基本建站技术

第 4 章　建设网站的基础：HTML 语言 66
4.1 什么是 HTML 66
　4.1.1 制作最简单的网页文件 66
　4.1.2 HTML 文件的基本结构 68
4.2 HTML 常用标记 70
　4.2.1 常用排版标记 70
　4.2.2 超链接标记 74
　4.2.3 表格标记 75
　4.2.4 用框架进行网页布局 77
　4.2.5 表单标记 80
4.3 CSS 样式 83
　4.3.1 CSS 概述 84
　4.3.2 CSS 样式类型 84
　4.3.3 CSS 选择器 86
　4.3.4 CSS 样式常用属性 90
　4.3.5 <div>标记和<span>标记 90
4.4 从 HTML 到 XHTML 93
　4.4.1 XHTML 是什么 93
　4.4.2 XHTML 与 HTML 的不同 94
思考与练习 95
技能实训 96

第 5 章　利用 Dreamweaver 设计网页 99
5.1 创建站点 99
　5.1.1 Dreamweaver 基础 99

         5.1.2　站点定义 101
         5.1.3　搭建站点目录结构与文件管理 104
   5.2　网页的基本编辑 105
         5.2.1　设置页面属性 105
         5.2.2　文本、图像编辑与超链接 106
         5.2.3　用 CSS 样式表设置网页样式 108
   5.3　用表格或框架进行网页布局 110
         5.3.1　表格基本操作 110
         5.3.2　框架应用 114
   5.4　用 DIV 与 CSS 样式布局 115
   5.5　表单制作 128
   5.6　模板应用 129
   思考与练习 131
   技能实训 132

第 6 章　ASP 动态网站制作基础 134
   6.1　静态网页与动态网页的区别 134
   6.2　搭建 Web 程序开发环境 136
         6.2.1　安装 IIS 和配置 IIS 136
         6.2.2　在 Dreamweaver 中运行 ASP 程序 141
   6.3　动态网站制作基础——VBScript 语言 144
         6.3.1　VBScript 概述 144
         6.3.2　数据类型与运算符 144
         6.3.3　变量与常量 145
         6.3.4　函数与过程 147
         6.3.5　控制语句 151
   6.4　Response 对象与 Request 对象 154
         6.4.1　利用 Response 对象向客户端输出信息 155
         6.4.2　利用 Request 对象从客户端获取信息 159
         6.4.3　利用 Cookies 集合在客户端保存信息 165
   6.5　利用 Session 对象和 Application 对象保存用户信息 168
         6.5.1　利用 Session 对象保存单个用户信息 168
         6.5.2　利用 Application 对象保存所有用户共享信息 171
         6.5.3　Application 对象和 Session 对象的区别 174
   6.6　Server 对象 174
   思考与练习 176

技能实训 178

第 7 章 数据库基础 180
7.1 数据库 180
7.1.1 数据库的基本概念 180
7.1.2 数据库管理系统 181
7.2 网络数据库的选择 181
7.2.1 Access 数据库 181
7.2.2 SQL Server 数据库 182
7.3 SQL 语言基础 185
7.3.1 SQL 语言简介 185
7.3.2 利用 Select 语句进行数据查询 185
7.3.3 利用 Insert 语句进行数据的添加 188
7.3.4 利用 Delete 语句删除数据 189
7.3.5 利用 Update 语句进行数据的更新 189
7.4 设置 ODBC 数据源 189
思考与练习 191
技能实训 191

第 8 章 ASP 存取数据库技术 193
8.1 ADO 的 3 个主要对象 193
8.2 连接数据库 194
8.2.1 创建 Connection 对象实例 194
8.2.2 Connection 对象的常用属性和方法 196
8.3 存取数据库 197
8.3.1 数据库准备工作 197
8.3.2 使用 Connection 对象的 Execute 方法存取数据库 198
8.3.3 利用 Recordset 对象存取数据库 203
8.4 制作留言板 211
8.4.1 制作简单的留言板 211
8.4.2 制作具有分页功能的留言板 215
8.5 实现一个带有后台的新闻发布系统 216
思考与练习 223
技能实训 223

第 9 章 电子商务网站设计与开发实例 225
9.1 网站需求定位与功能模块划分 225

9.2 数据库设计 226
9.3 主要模块设计 228
9.4 利用 CMS 搭建网站实例 240
    9.4.1 CMS 简介 240
    9.4.2 利用 CMS 系统建站实例 242
思考与练习 254
技能实训 254

第 3 篇 网站安全及运营管理

第 10 章 电子商务网站的安全与管理 256
10.1 电子商务网站的安全 256
    10.1.1 电子商务网站的安全隐患与安全需求 256
    10.1.2 电子商务网站安全措施分析 257
    10.1.3 网站安全面临的主要问题及解决方法 258
    10.1.4 常见 ASP 网站漏洞及防范对策 260
10.2 电子商务网站运营与管理 262
    10.2.1 电子商务网站运营与管理的内容 263
    10.2.2 电子商务网站运营与管理策略 268
思考与练习 273
技能实训 273

第 11 章 电子商务网站的推广 275
11.1 电子商务网站推广的重要性 275
11.2 电子商务网站推广的方式 276
11.3 电子商务网站的优化 280
    11.3.1 SEO 优化技术简介 280
    11.3.2 SEO 优化的两个关键因素 282
    11.3.3 关键词优化 287
    11.3.4 网站内链与外链的优化 294
11.4 网站流量数据统计与分析 299
    11.4.1 网站流量统计简介 299
    11.4.2 网站流量统计分析 303
思考与练习 310
技能实训 311

参考文献 312

第1篇　电子商务网站及建站流程

第1章　电子商务网站建设基础

第2章　电子商务网站的规划与设计

第3章　电子商务网站的建设流程

第 1 章　电子商务网站建设基础

【学习目标】
① 了解电子商务网站的概念和功能。
② 掌握电子商务网站的分类和构成。
③ 了解电子商务网站的建设工具。

随着互联网的普及,电子商务已经渗透到各行各业。"要么电子商务,要么无商可务",比尔·盖茨的一句名言已经越来越接近现实。当金融危机来临,大量传统企业纷纷倒下的同时,我们看到更多的企业借助电子商务逆势飞扬。中国互联网络信息中心(CNNIC)2015 年 1 月发布的《第 35 次中国互联网络发展状况统计报告》显示,截至 2014 年 12 月,中国网民规模达到 6.49 亿,中国手机网民规模达 5.57 亿,网购用户规模达到了 3.61 亿,这意味着有 1/4 的中国人进行网络购物。从这个意义上讲,电子商务所依存的生态环境并没有伴随金融危机的到来而恶化。相反,电子商务的发展迎来了新的机遇,越来越多的企业开始建立自己的网站,搭建电子商务交易的平台。本章主要介绍电子商务网站建设的基础知识。

1.1　电子商务网站的概念和主要功能

1.1.1　认识电子商务网站

1. 电子商务网站案例

在学习制作电子商务网站之前,先来浏览一下几家具有代表性的电子商务网站,了解其发展过程和经营状况,分析其商务模式与赢利模式,以加深对电子商务网站的理解和认识。

【例 1-1】　京东 JD.COM(如图 1-1 所示)

京东 JD.COM,即京东商城,从 2004 年创立时以销售 3C 产品为主,到 2015 年已经发展为囊括家电、手机、计算机、母婴、服装等 13 大产品种类,销售超数万品牌、4 020 万种商品的综合网上购物商城。

作为中国 B2C 市场的网购专业平台,京东商城无论在访问量、点击率、销售量以及业内知名度和影响力上,都在国内网购平台中具有较大影响力。自 2004 年创立至 2009 年,京东商城的年销售额分别为 1 000 万元、3 000 万元、8 000 万元、3.6 亿元、13.2 亿元和 40 亿元，2014 年则达到 2 602 亿元。过去 10 年里，京东以平均 300%以上的复合增长率增长。即使在盛产"快公司"的互联网领域，这仍然是一个令人震撼的速度。相比于传统渠道商，国美电器从创立到销售额突破 100 亿元，用了 15 年。

图 1-1　京东商城首页

京东为消费者提供愉悦的在线购物体验。通过内容丰富、人性化的网站和移动客户端，京东以富有竞争力的价格，提供具有丰富品类及卓越品质的商品和服务，以快速可靠的方式送达消费者，并且提供灵活多样的支付方式。另外，京东还为第三方卖家提供在线销售平台和物流等一系列增值服务。

2013 年，京东去商城化，全面改名为京东，随后更换 LOGO，启用 JD.COM 域名。此外，"京东商城"这一官方名称将被缩减为"京东"。2014 年 3 月，京东与腾讯还签署了电商总体战略合作协议。2014 年 5 月 22 日上午 9 点，京东集团在美国纳斯达克挂牌上市。

分析：京东的愿景是"成为全球最值得信赖的企业"，定位于"中国最大的直营类电商网站"，目标是"要做中国、乃至全球最大的电子商务公司"。

从外部因素上看，越来越多的消费者开始由传统卖场转向网络卖场，这为京东商城的快速发展提供了支撑。进入 2010 年后，京东商城开始逐渐加大针对传统消费群体的影响力，相继涉足体育营销和传统电视广告，这也为京东商城吸引了大量的传统消费者，促进了其营业额的攀升。从内部因素上看，京东的模式是一个纯粹的电子商务公司，其核心竞争优势在于对标准化产品供应、网络销售平台和物流系统的整合，确保在保证产品质量的前提下还能保持低价。

除了正品低价的优势，京东还通过品牌战略与差异化战略不断地夯实渠道建设，对入驻商家的资质进行严格把关，从源头上保证产品的品质和属于它的优质品牌，赢得了消费者的青睐和好评。所以,在一大批的网购商城出现质量问题的时候,京东商城却可以脱颖而出,提高了用户黏性。良好的用户体验带给企业的影响非常巨大,它意味着用户增多,客户忠诚度也会高。京东一直致力于提升用户体验,全程为个人用户和企业用户提供人性化的"亲情 360"全方位服务,以此为用户创造轻松愉悦的购物环境,提高用户满意度和忠诚度。

在支付方式上,为了打消消费者对网络支付和移动支付的疑虑和担忧,京东开通了货到付款服务,消费者可选择现金、POS 机刷卡、支票的方式来支付货款。通过这样的一种支付方式,大大地提升了交易可信度与交易量,给消费者带来了方便。

京东的物流成本也很低,因为它的快递模式和别的快递公司不同,"四通一达"是网格状的,每个快递员既送货又收货,配送人员有等待的时间,他永远不知道下一分钟谁打电话进来,永远不知道下一分钟客户寄多少包裹。而京东的快递员只送货不收货,他们都会提前做好第二天的工作。将第二天要送多少包裹,走那些地区,送货路线是什么都通过系统计算好,所以他们的物流效率高、成本却很低。再者,因为京东已逐步实现规模化运营,市场集中度在提升,京东和供应商的议价能力也得到了提升,因此商品的成本就变低了。所以,京东实施了成本领先战略,将更多的供应商、品牌经销商聚集到京东,借助于京东打造的"高效率、低成本"供应链,实现产业链各方的共赢。

此外,京东与腾讯战略合作的进展一直是外界关注的重点。微信和移动 QQ 一级入口的流量贡献很大,重复购买率也不错。但是与京东自家应用相比,微信和移动 QQ 的转换率仍然低于京东的自家应用。

【例 1-2】 阿里巴巴中国站(如图 1-2 所示)

图 1-2 阿里巴巴首页

阿里巴巴是全球企业间(B2B)电子商务的著名品牌,是全球国际贸易领域最大、最活跃的网上交易市场和商人社区，目前已融合了 B2B、C2C、搜索引擎和门户网站。截至 2012 年底，已有来自 240 多个国家、超过 7 970 万的会员使用阿里巴巴 B2B，企业店铺超过 800 万个，付费会员超过 100 万名。随着电子商务支撑服务业的完善，很多企业选择第三方电子商务平台作为他们发现商机、寻找买家、沟通交易、走出国门的重要途径，而阿里巴巴正是很好地适应了这种需求，得到了快速发展，多次被相关机构评为"全球最受欢迎的 B2B 网站"。

分析： 网站初期放低会员准入门槛，以免费会员制吸引企业登录平台注册用户，从而汇聚商流，活跃市场，会员在浏览信息的同时也带来了源源不断的信息流和无限商机。然后，阿里巴巴通过增值服务为会员提供了优越的市场服务，使网站能有多种方式实现直接盈利。阿里巴巴的盈利项目主要是中国供应商、委托设计公司网站、网上推广和诚信通。"中国供应商"是通过交易信息平台，给中国的商家提供来自各国国际买家的特别询盘。客户可以委托阿里巴巴作一次性的投资建设公司网站，这个项目主要是帮助企业建立独立的域名网站，并且与阿里巴巴链接。"网上推广项目"有很多，如"网销宝""黄金展位"等。"网销宝"是一种通过关键词竞价、按点击付费、进行产品信息精准推广的服务。"诚信通"项目主要帮助用户了解潜在客户的资信状况，找到真正的网上贸易伙伴；进行权威资信机构的认证，确认会员公司的合法性和联络人的业务身份，用业务伙伴的好评成为公司实力的最好证明。

【例 1-3】 淘宝网（如图 1-3 所示）。

图 1-3 淘宝网首页

淘宝网（taobao.com）是亚太地区较大的网络零售商圈，由阿里巴巴集团在 2003 年 5 月 10 日投资创立，业务跨越 C2C（淘宝 taobao）、B2C（天猫 tmall）两大部分。目前拥有近 6 亿的注册用户数，每天有超过 6 000 万的固定访客，同时每天的在线商品数已经超过了 8 亿件，平均每分钟售出 4.8 万件商品。随着淘宝网规模的扩大和用户数量的增加，淘宝也从单一的 C2C 网络集市变成了包括 C2C、B2C、团购、分销、拍卖等多种电子商务模式在内的综合性零售商圈。2014 年，淘宝天猫"双十一"全天成交金额为 571 亿元，其中移动端交易额达到 243 亿元。

淘宝网不仅是中国深受欢迎的网络零售平台，也是中国的消费者交流社区和全球创意商品的集中地。淘宝网在很大程度上改变了传统的生产方式，也改变了人们的生活消费方式。淘宝网多样化的消费体验，让淘一代们乐在其中：团设计、玩定制、赶时髦、爱传统。

分析： 淘宝网已经是中国最大的 C2C 网站，成为中国电子商务的一个符号。分析淘宝网的成功之道，主要有三点：一是免费，免费网上开店的方式可以让更多网民乐于尝试。二是信用体系的建立。淘宝网的信用评价系统的基本原则是：成功交易一笔买卖，双方互相为对方做一次信用评价。评价分为"好评""中评""差评"三类，"好评"加一分，"中评"不加分，"差评"扣一分。这样，将商户的信用度划分了 15 个等级，从最低级的 1 颗红心到最高级的 5 颗皇冠。三是为解决网站支付的难题，打造了"支付宝服务"技术平台。支付宝的推出，解决了买家对于先付钱而得不到所购买的产品或得到的是与卖家在网上的声明不一致的劣质产品的担忧，同时也解决了卖家对于先发货而得不到钱的担忧。可以说，支付宝的诞生不仅仅是淘宝网的一个里程碑，也是国内电子商务发展的里程碑。

【例 1-4】 精英乒乓网（如图 1-4 所示）

图 1-4 精英乒乓网首页

精英乒乓网是一个为乒乓爱好者提供的开放的网上交流互动平台，旗下精英乒乓器材商城也已成为广大乒乓爱好者订购乒乓器材的首选网站。以 2003 年 6 月第一个知名品牌"银河"的引进为标志，到 2011 年 8 月与亚萨卡协议的签订，多年来，精英已先后与蝴蝶、斯帝卡、亚萨卡等 30 多个品牌建立合作，平台发展至今已进入良性发展轨道。精英乒乓网共分总站、论坛、器材商城三大模块。精英乒乓总站提供乒乓行业动态、乒乓俱乐部、乒乓品牌广告及互动展示。精英乒乓论坛分品牌活动区、新闻赛事区、器材交流区、技术交流区、精英全国联盟俱乐部区，共有 241 个分版。精英器材商城作为独立的网络销售平台，拥有上架乒乓器材商品 3 400 多个，合作品牌 43 个，是支付宝信用商家。历经十年风雨，截至 2011 年 10 月，精英乒乓网已拥有 33 万个注册会员。

分析： 精英乒乓网不是一个简单的乒乓器材商城，而是借助以"精英荟萃，乒乓结缘"为理念，成为国内外广大乒乓爱好者、乒乓俱乐部提供开放的网上交流互动平台。

（1）提供给用户良好的体验。品牌形象深入人心，精英先后与蝴蝶、斯帝卡、亚萨卡等 30 多个品牌建立合作，由于都是正品，性价比高，因此给用户的体验和口碑一直很好。另外，平台上提供很多乒乓国际大赛视频、经常提供球星与用户的交流等做法也吸引了很多乒乓爱好者。

（2）满足用户需求。虽是商城，并没有仅仅停在卖思维上，而是依托网站建立了会员制、俱乐部，相当于构建起一个客户关系系统（CRM），有了这个 CRM，客户管理就会便捷而且系统化和流程化，客户当前贡献度、客户未来贡献度、客户信用度、客户忠诚度、客户成长潜力等五个方面的表现会逐渐体现出客户价值。客户的黏性好了，客户在网站上的平均停留时间多了，客户的活跃度也自然提高，从而降低流失率。

作为一个电子商务平台，平均访问次数、平均停留时间、平均访问深度是客户活跃分析中的三个关键数据点，如果能提升访问次数、停留时间和访问深度这三个数据点，客户的活跃度自然就提升了。内容丰富了，流量提高了，网站的权重自然也会提高，其排名和影响力也会水到渠成。

【例 1-5】 深圳世纪丰源营销型网站（如图 1-5 所示）

世纪丰源饮水设备有限公司是国内首家专业研发和生产全智能温热型饮水机、步进式开水器、户外饮水台系列公共饮水设备产品的企业。主要是以生产、销售家用、商用饮水机、节能饮水机、净水器、开饮机为主的中型企业；产品适用于工厂车间、学校、酒店餐厅、写字楼、医院、车站等集体人员饮水区。已经拥有完全自主知识产权的多项发明、实用新型、外观专利。经过公司员工努力，世纪丰源已成为中国最有影响力的公共饮水设备领先品牌。但从 2008 年的金融危机开始，企业传统线下销售遇到了很多困难，于是公司利用第三方 B2B 电子商务平台获取订单的同时，开始建设营销型企业网站，开展 B2C 电子商务运营。网站上线后，运营人员对网站进行了优化（SEO），在主要搜索引擎上投放了关键词广告。时间不长，客户开始陆续找上门，而且范围也广了，以前做的差不多就是珠江三角洲地区，现在像湖南、江西、江苏、上海等的客户全都打电话过来。3 个月以后，效果更加明显，公司 80%的订单都是通过网上来的，另外 20%的订单由老客户介绍，不再像以前一样，业务员要出去跑，去拜访陌生客户，那样很辛苦，效果也不好。

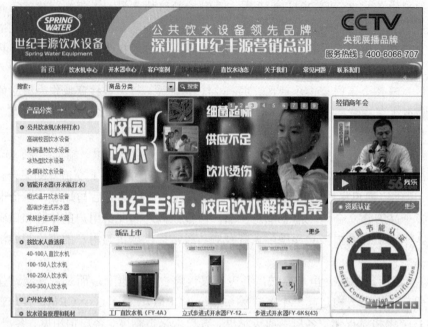

图1-5 深圳世纪丰源官网首页

分析：世纪丰源饮水设备有限公司是一个典型的自建企业站。与其他企业自建站相比，其官网不仅实现了品牌与形象的展示，更重要的是企业通过搭建自己的网上平台，实现了在线交易，与客户在线交流互动，从而真正实现了"电商"的功能，达到了企业网上营销的目的。

通过站长工具（http://tool.chinaz.com），对网站进行百度权重查询，可以看到，"节能饮水机""饮水机加盟""直饮水机""无热胆饮水机"等符合用户搜索习惯的主要关键词均做到了百度第一页，如图1-6所示。因此，网站的流量得到了保证。进入网站，用户可以看到产品展示的同时，还可以得到饮水机使用解决方案以及产品的相关视频、资质认证等内容，因此，产品的优势和网站的信任度使得询盘和订单转化成为水到渠成。

所谓企业营销型网站，是指具备营销推广功能的网站，简单地讲，营销型网站是企业的销售平台，是为了获得销售机会甚至获得成交。因此，营销型网站需要设定目标客户群体，并针对网络潜在目标客户群体做差异化的网站。深圳世纪丰源通过自建营销型网站运营，从网站风格、功能到内容的安排完全自己做主，更能突出企业的特色和品牌，全方位满足客户需要，为电子商务运营取得更好的效果提供支持。

这里强调一个概念，就是企业的网站一定是能够营销的。虽然电子商务近年来发展很快，大多数企业也都建立了自己的平台，但大多数企业站点的现状并不乐观，网站大多与同行网站同质化，没有差异化的内容和特色，并且网站长期没有维护，没有与客户的互动，没有更新，没有黏性，更谈不上流量与转化，企业网站基本成为一个摆设。

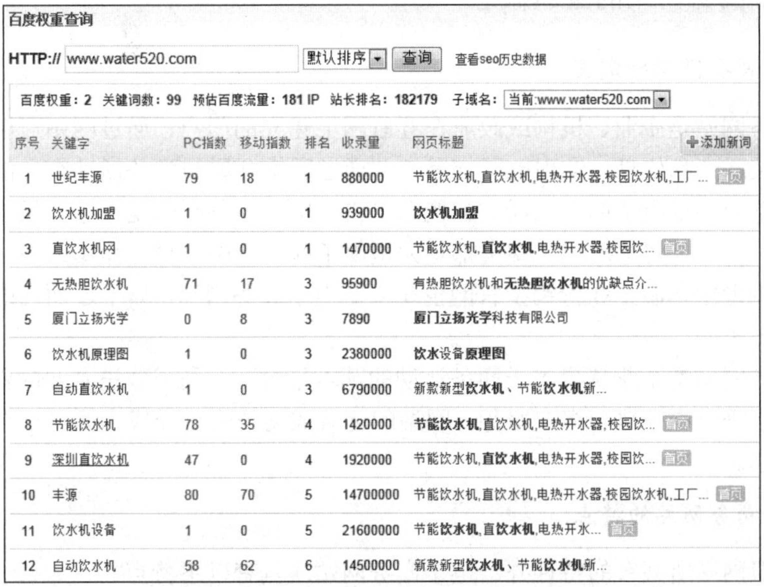

百度权重查询

HTTP:// www.water520.com 默认排序 查询 查看seo历史数据

百度权重：2　关键词数：99　预估百度流量：181 IP　站长排名：182179　子域名：当前:www.water520.com

序号	关键字	PC指数	移动指数	排名	收录量	网页标题
1	世纪丰源	79	18	1	880000	节能饮水机,直饮水机,电热开水器,校园饮水机,工厂... 首页
2	饮水机加盟	1	0	1	939000	饮水机加盟
3	直饮水机网	1	0	1	1470000	节能饮水机,直饮水机,电热开水器,校园饮... 首页
4	无热胆饮水机	71	17	3	95900	有热胆饮水机和无热胆饮水机的优缺点介...
5	厦门立扬光学	0	8	3	7890	厦门立扬光学科技有限公司
6	饮水机原理图	1	0	3	2380000	饮水设备原理图
7	自动直饮水机	1	0	3	6790000	新款新型饮水机、节能饮水机新...
8	节能饮水机	78	35	4	1420000	节能饮水机,直饮水机,电热开水器,校园饮... 首页
9	深圳直饮水机	47	0	4	1920000	节能饮水机,直饮水机,电热开水器,校园饮... 首页
10	丰源	80	70	5	14700000	节能饮水机,直饮水机,电热开水器,校园饮水机,工厂... 首页
11	饮水机设备	1	0	5	21600000	节能饮水机,直饮水机,电热开水... 首页
12	自动饮水机	58	62	6	14500000	新款新型饮水机、节能饮水机新...

图 1-6　世纪丰源网站的百度权重查询结果

2. 企业实施电子商务的意义

企业开展电子商务，可以有很多选择，既可以借助阿里巴巴、慧聪网或淘宝网这样的第三方平台，也可以像深圳世纪丰源公司一样搭建自己的电子商务网站。有了电子商务这一贸易平台，就相当于在互联网上建立了一座厂房，需要每天去维护和完善它。当一个陌生的客户到来时，网站充当的是一个推销员的角色，代表的是企业品牌形象。当老客户前来寻求帮助时，它则充当一个服务人员的角色，可以提供各种个性化服务以满足客户的不同需要。

总的来讲，企业实施电子商务的意义表现在以下几点。

（1）有利于大幅提升企业知名度及影响力，促进销售额的提升。

（2）有利于企业拓宽发展空间。大多数中小企业都是本地化企业，规模小、雇员少、资金薄弱，只为当地用户提供产品和服务，辐射范围较小。电子商务所具有的开放性和全球性特点，为中小企业的发展创造了更多的贸易机会，从而打开了一扇通往全国乃至世界市场的窗口。

（3）减少了各种中间环节，交易成本显著降低。

（4）加强了与客户的沟通和联系，提供更优质的服务。

（5）有利于快速掌握市场反馈信息，对产品进行相应调整。

（6）有利于兼并上下游企业，形成产业链延伸。

1.1.2　电子商务网站的基本概念

1. 电子商务网站的定义

电子商务网站是企业、机构或政府在互联网上建立的门户，通过网站可以宣传企业形象，发布、展示商品信息，实现电子交易，并通过网络开展与商务活动有关的各种售前和售后服务，全面实现电子商务功能。从概念上讲，电子商务网站是一个比较大的范畴，前面的案例中，京东、阿里巴巴、淘宝都是大型电子商务网站平台，而作为中小企业的精英乒乓网与深圳世纪丰源企业营销型官网也是一个电子商务网站，只不过面向的消费人群不同，运营模式不同。

电子商务网站是企业从事电子商务活动的基本平台，有利于改进企业的业务流程，提高企业管理水平，更好地为客户服务。网站的运营成功与否已经成为衡量一个企业综合素质的重要标志。

2. 电子商务网站的特点

除了一般网站所共有的特性外，电子商务网站还具有以下特点。

（1）商务性。电子商务网站最基本的特性为商务性，即提供买卖交易的服务。网站本身仅仅是一个平台，其本质仍是商务，目标仍是利润，这也是华尔街老板们日思夜想、念念不忘的两个字。正因如此，一个企业要发展电子商务，首要考虑的因素是这种商务模式能否赚钱，什么时候才能赢利。

（2）服务性。电子商务网站为客户提供的服务有一个明显的特征：方便。客户不再受地域、时间的限制，随时随地可以实现网上交易。

在价格透明的电子商务环境下，如何更好地提高网站服务质量成为关键的一个因素，如网站操作是否方便、发货配送是否及时等。要能留住顾客，还需要网站能及时收集客户的资料信息，从而了解客户的爱好、消费倾向与习惯，为客户提供方便快捷的个性化服务。

（3）安全性。对于客户而言，无论网上的物品如何具有吸引力，如果网站交易的安全不能保证，网上的交易是不可能进行的。对于企业与企业间的交易更是如此。电子商务网站中，安全性是必须要考虑的核心问题。病毒、木马、欺骗、非法入侵及钓鱼网站都是威胁交易能否正常进行的安全隐患。因此，需要一套完整的电子商务安全解决方案，如加密机制、签名机制、数字证书、防火墙及杀毒软件等手段与措施，以保证电子商务网站的安全运营。

（4）可扩展性。要使电子商务网站正常运营，必须确保其可扩展性。互联网上有数以百万计的用户，而传输过程中经常会出现高峰状况。倘若一家企业原来设计每天可受理 10 万人次访问，而事实上却有 20 万人，就必须尽快配有一台扩展的服务器，否则客户访问速度将会急剧下降，甚至还会拒绝可能带来丰厚利润的客户的来访。对于电子商务网站来说，可扩展的系统才是稳定的系统。

3. 电子商务网站分析与评价指标

电子商务网站的分析与评价活动可以促进网站的整体水平和质量的提高。举个例子来说明，如果把一个电子商务网站比作一家超市，运营网站就像打理超市的生意，那么目标就是让访客多停留、多购买、多办几张会员卡。为了达成这个目标，先要了解当前的情况，如有多少人走进了超市、看了多少件产品、多少人办理了会员卡。类似地，在网站分析中也要了解这些数据，并作为后续业务调整的依据，如多少人进入了网站、浏览了多少页面、多少人办理会员等，网站分析指标是数据化地呈现网站运营的状况，可以用来帮助从各个维度了解访客，优化网站，如图 1-7 所示。

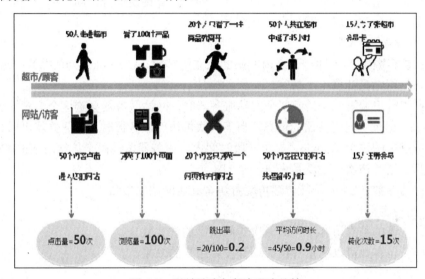

图 1-7 网站访客与超市顾客比较

常见指标为浏览量（PV）、访问次数、访客数（UV）、新访客数、新访客比率、IP、跳出率、平均访问时长、平均访问页数、转化次数、转化率。可以概括为 3 类：流量数量指标、流量质量指标和流量转化指标。

1）流量数量指标

（1）浏览量（PV）

定义：页面浏览量即为 PV（Page View），用户每打开一个页面就被记录 1 次。

说明：一个 PV 即电脑从网站下载一个页面的一次请求。当页面上的 JavaScript 文件加载后，统计系统才会统计到这个页面的浏览行为，用户多次打开同一页面，浏览量值累计。

如果客户端已经有该缓冲的文档，甚至无论是否真的有这个页面（如 JavaScript 生成的一些脚本功能），都可能记录为一个 PV。但是如果利用网站后台日志进行分析，因为缓存页面可能直接显示而不经过服务器请求，那么不会记录为一个 PV。

含义：PV 越多，说明该页面被浏览的越多。PV 之于网站，就像收视率之于电视，已成为评估网站表现的基本尺度。

（2）访问次数（Visit）

定义：访问次数即 Visit，访客在网站上的会话（Session）次数，一次会话过程中可能浏览多个页面。

说明：如果访客连续 30 分钟内没有重新打开和刷新网站的网页，或者访客关闭了浏览器，则当访客下次访问您的网站时，访问次数加 1。反之，访客离开后半小时内再返回，则算同一个访次，以上对访客的判断均以 Cookie 为准。

含义：页面浏览量（PV）是以页面角度衡量加载次数的统计指标，而访问次数（Visit）则是访客角度衡量访问的分析指标。如果网站的用户黏性足够好，同一用户一天中多次登录网站，那么访问次数就会明显大于访客数。

（3）访客数（UV）

定义：访客数（UV）即一天之内网站的独立访客数（以 Cookie 为依据），一天内同一访客多次访问网站只计算 1 个访客。

说明：当客户端第一次访问某个网站服务器时，网站服务器会给这个客户端的电脑发一个 Cookie，记录访问服务器的信息。当下一次再访问服务器时，服务器就可以直接找到上一次它放进去的这个 Cookie，如果一段时间内，服务器发现两个访次对应的 Cookie 编号一样，那么这些访次一定就是来自一个 UV 了。

含义：访客数（UV）是从访客角度看访客到达网站的数量。

（4）新访客数

定义：一天的独立访客中，第一次访问网站的访客数。

说明：新访客数可以衡量营销活动开发新用户的效果。

（5）新访客比率

定义：新访客比率=新访客数/访客数。即一天中新访客数占总访客数的比例。

说明：整体访客数不断增加，并且其中的新访客比例较高，能表现网站运营在不断进步。就像人体的血液循环一样，有新鲜的血液不断补充进来，充满活力。

（6）IP 数

定义：一天之内，访问网站的不同独立 IP 个数加和。其中同一 IP 无论访问了几个页面，独立 IP 数均为 1。

说明：从 IP 数的角度衡量网站的流量。

2）流量质量指标

（1）跳出率

定义：只浏览了一个页面便离开了网站的访问次数占总的访问次数的百分比，即只浏览了一个页面的访问次数/全部的访问次数汇总。

说明：跳出率是非常重要的访客黏性指标，它显示了访客对网站的兴趣程度。跳出率越低说明流量质量越好，访客对网站的内容越感兴趣，这些访客越可能是网站的有效用户、忠实用户。该指标也可以衡量网络营销的效果，指出有多少访客被网络营销吸引到宣传产品页或网站上之后，又流失掉了，可以说就是煮熟的鸭子飞了。例如，网站在某媒体上打广告推广，分析从这个推广来源进入的访客指标，其跳出率可以反映出选择这个媒体是否合适，广告语的撰写是否优秀，以及网站入口页的设计是否用户体验良好。

（2）平均访问时长

含义：平均每次访问在网站上的停留时长，即平均访问时长等于总访问时长与访问次数的比值。

说明：平均访问时间越长，则说明访客停留在网页上的时间越长。如果用户对网站的内容不感兴趣，则会较快关闭网页，那么平均访问时长就短；如果用户对网站的内容很感兴趣，在网站停留了很长时间，平均访问时长就长。

（3）平均访问页数

含义：平均每次访问浏览的页面数量，平均访问页数=浏览量/访问次数。

说明：平均访问页数多说明访客对网站兴趣越大。而浏览信息多也使得访客对网站更加了解，这对网站市场信息的传递，品牌印象的生成，以至于将来的销售促进都是有好处的。一般来说，会将平均访问页数和平均访问时长这两个指标放在一起分析，进而衡量网站的用户体验情况。

3）流量转化指标

（1）转化次数

含义：访客到达转化目标页面，或完成网站运营者期望其完成动作的次数。

说明：转化就是访客做了任意一项网站管理者希望访客做的事。与网站运营者期望达到的推广目的和效果有关。

（2）转化率

含义：转化率=转化次数/访问次数。

说明：转化率即访问转化的效率，数值越高，说明完成网站运营者希望访客进行的访次操作越多。

4）其他运营数据

一个电子商务平台的运营，除了要统计与分析以上流量类指标外，还要统计新会员购物比率、会员总数、所有会员购物比率、复购率。概括性分析会员购物状态，重点在于本周新增了多少会员，新增会员购物比率是否高于总体水平。如果注册会员购物比率很高，那引导新会员注册不失为提高销售额的好方法。

1.1.3 电子商务网站的主要功能

尽管每个企业的产品、经营范围及商务模式可能大相径庭，但是对于电子商务网站而言，它们要实现的功能基本相同，主要表现在以下几个方面。

1. 企业形象宣传

企业在网上的形象即网站的形象，是十分重要的，它的定位与设计直接影响着企业在电子商务应用推广中的成败。纵观国内外知名企业的网站，我们不难发现这样的规律：企业的知名度和实力往往与其企业网站的设计制作水平成正比。利用网站，企业可向外宣传企业文化、企业概况、产品品牌、服务品质以及新闻等方面的内容。与其他各种广告形式相比，在网上的广告成本最为低廉，而给顾客的信息量却最为丰富。

2. 产品展示与信息发布

企业在网站上可以用文字、图片和动画等方式宣传自己的产品，即使一个功能简单的网站至少也相当于一本可以随时更新的产品宣传资料。另外，企业还可以发布企业新闻、产品信息、促销信息、招标信息及人员招聘信息等。网站上的信息更新速度比任何传统媒介都快，通常几分钟之内就可以做到内容更新，从而使企业在最短的时间内发布最新的消息。

3. 与客户互动进行咨询洽谈

除了可借助非实时的电子邮件（E-mail）与客户沟通外，企业还可利用网上客服、客户留言板、在线调查和 BBS 与客户进行深度沟通，洽谈交易事务。企业网站所面对的不再是被动的读者，而是有目的的主动客户。一个设计得当的企业网站，将能给予客户多方面的需求，达到双向充分的沟通，这是一般传统媒体做不到的。

4. 网上商品订购功能

网上商品的订购功能是电子商务网站的核心功能。通常都是在商品介绍的页面上提供十分友好的订购提示信息和订购交互式表格，并可以通过导航实现所需功能。当用户填完订购单后，系统回复确认信息表示订购信息已收悉。用户订购信息采用加密的方式，使得用户和商家的商业信息不会泄漏。

5. 网上支付功能

网上支付是电子商务交易过程中的重要环节，用户和商家之间可采用信用卡、电子钱包、电子支票和电子现金等多种电子支付方式进行网上支付，从而大大节省了交易的开销。电子账户通过用户认证、数字签名、数据加密等技术措施的应用，保证了电子账户操作的安全性。

6. 客户信息管理功能

通过客户信息管理系统，企业可以完成对网上交易活动全过程中的人、财、物、用户及本企业内部的各方面进行协调和管理，实现个性化服务和管理。

7. 服务传递功能

通过服务传递系统，企业可以将客户所订购的商品尽快地传递到已订货并付款的用户手中。对于有形的商品,服务传递系统可以对本地和异地的仓库在网络中进行物流的调配,并通过物流渠道完成商品的传送;而对于无形的信息产品,如软件、电子读物、信息服务等,则立即将商品通过网络直接传递到用户端。

8. 销售业务信息管理功能

通过销售信息管理系统,企业可以及时地收集、加工处理、传递与利用相关的数据资料,使这些信息有序并有效地流动起来,为组织内部的 ERP、MIS 等管理系统提供信息支持。

1.2 电子商务网站的分类和构成要素

1.2.1 电子商务网站的分类

1. 按照交易对象的不同分类

(1) B2B(Business to Business)。B2B 是指网站进行的交易活动是在企业与企业之间进行的,即企业与企业之间通过网站进行产品或服务的经营活动。这里的网站通常是第三方提供的平台,企业不需要为建立和维护网站付出费用,只需向第三方交付年费或每笔交易的费用即可。类似的平台有阿里巴巴、慧聪网、中国化工网和敦煌网等。对于中小型企业来讲,第三方平台无疑提供了一条实施电子商务的捷径。

(2) B2C(Business to Consumer)。B2C 是指网站进行的交易活动是企业与消费者之间进行的,即企业通过网站为消费者提供产品或者服务的经营活动。销售产品的网站几乎要占到 B2C 电子商务网站总量的 90%,如卓越网、当当网、京东商城和凡客诚品等。提供服务的网站则要少一些,如携程网为消费者提供了酒店预订、机票预订等旅行服务,易美网则为人们提供了网上冲印等业务的服务。

(3) C2C(Consumer to Consumer)。C2C 是指网站进行的交易活动是在消费者与消费者之间进行的,即消费者通过网站进行产品或服务的经营活动。与 B2B 类似,这里的网站也是由第三方提供的平台,参与交易的双方也通常以个人为主,如淘宝网、拍拍网、百度有啊等。

(4) B2G(Business to Government)。B2G 是指企业与政府之间通过网络所进行的交易活动的运作模式。例如,网上采购,政府机构在网上进行产品、服务的招标和采购。另外,还有电子通关、电子纳税等企业与政府间的业务等。

电子商务网站类型众多,在此只能对其进行大致分类。实际上,很多网站发展很快,而且是相互融合、相互渗透的状态,因此很难对某个网站进行精确分类。例如,淘宝网以 C2C 起家,但随着天猫商城(原名为淘宝商城)的成立,众多品牌包括联想、惠普、迪士尼、Kappa、罗莱家纺等均在天猫商城开设了官方旗舰店,天猫商城整合了数千家品牌商和生产商，为商家和消费者提供了一站式解决方案，天猫商城已经成为一个开放的 B2C 平台。

2. 按产品线宽度与深度分类

（1）综合型网站。网站是能够提供多行业、多种产品类型的经营网站，通常聚集了大量产品，类似于网上购物中心，旨在为用户提供产品线宽、可比性强的商务服务，在广度上下工夫。例如，阿里巴巴、慧聪网等都是 B2B 的综合型网站，易购网、当当网则是 B2C 的综合型网站。

（2）垂直型网站。这类网站提供某一类产品及其相关产品（互补产品）的一系列服务。垂直型是指在一个分销渠道中，生产商、批发商、零售商被看作一个单一的体系。例如，销售汽车、汽车零配件、汽车装饰品和汽车保险等产品的商务网站，为顾客提供了一步到位的服务。

【例 1-6】 汽车之家网（如图 1-8 所示）

图 1-8 汽车之家网首页

汽车之家是中国最值得信赖的汽车互联网服务平台——为汽车消费者提供贯穿选车、买车、用车、置换所有环节的全面、准确、快捷的一站式服务，致力于以传媒和互联网的力量，整合汽车行业全产业链的内容与服务，提升汽车消费者的生活品质，改变中国人的汽车生活。汽车之家商城是汽车之家旗下的电子商务平台，也是国内首家汽车垂直行业的 B2C 购物网站。

汽车之家服务区是一个基于 O2O 模式（Online to Offline，即线上预订线下消费模式）、提供汽车后市场服务的电子商务平台，为本地车主提供值得信赖的养车用车服务和可以参照对比的优惠价格，满足消费者在养车用车过程中的认知、选择和消费需求。

截至 2014 年 9 月，根据 iUserTracker 数据统计，汽车之家 PC 端日均覆盖人数达 830 万，人均单日浏览时长达 16.4 分钟，遥遥领先于其他网站；同时期，汽车之家移动端网页版日均 UV 超过 400 万，汽车之家移动 App 日均 UV 达到 290 万。中国互联网用户在线浏览汽车信息时，有 48%的时间花费在汽车之家。

垂直类行业平台主要有两个特点，一是专。集中全部力量打造专业性信息平台，主要以行业为特色，对某一行业作全面的研究。二是深。此类平台具备独特的专业性质，在专业的同时深入研究某一行业的特点，深入探究某一行业的服务、赢利以及未来发展动向。

垂直类 B2B 行业网站的出现使电子商务正在从"大而全"的模式转向专业细分的业务模式。例如，中国服装网、中国化工网、环球医药信息网都是 B2B 的垂直型网站，而蔚蓝书店、红孩子、麦包包都是 B2C 的垂直型网站。

1.2.2 电子商务网站的构成要素

电子商务网站的构成要素依据网站类型和规模的不同而略有差异。一般情况下，企业特别是中小企业在建立电子商务网站时，并不一定要构建网络基础设施，可以借助 ISP（Internet Service Provider）提供的服务器搭建自己的网站运行平台。

从本质上讲，电子商务网站的构建与一般网站并没有太大的差别，也需要申请域名、申请网站空间、制作网页与维护管理等流程，但作为企业在 Internet 上建立的门户网站，应突出电子商务特色，在功能上突出电子商务的功能，在页面效果上突出商务的特点。因此，电子商务网站通常由前台网页和后台数据库等组成。前台网页可以接受客户的浏览、注册和登录，后台数据库可记录下客户的有关资料。具体来讲，主要由以下几个部分组成。

1. 网站域名

域名是企业、机构或者个人在域名注册商上注册的名称，是互联网上企业或机构间相互联络的网络地址。域名必须向 ISP 申请。国内有许多网站接受域名申请，只有获得批准后，才是合法的域名。

2. 网站物理地点

网站物理地点即网站空间，是存放网站的磁盘空间，由专门的服务器或租用的虚拟主机承担。

3. 网页

每个网站都由许多网页文件组成。网页文件，即网站的源文件，网页之间以超链接相关联。电子商务网站的网页一般分为前台与后台两种，前台页面提供客户注册登录及商品分类，如同进入一家大的商店，让客户能够迅速找到想要的商品进行购物，如图 1-9 所示。后台页面则包括了管理员的维护工作，如商品的添加等，如图 1-10 所示。

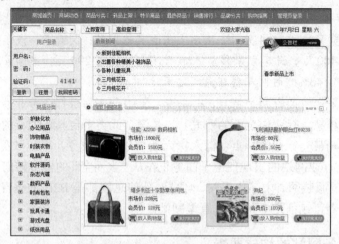

图 1-9　某电子商务网站的前台页面

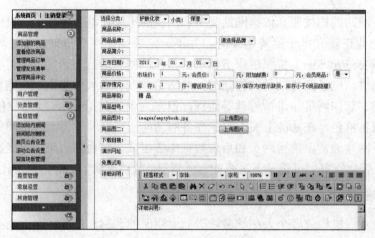

图 1-10　某电子商务网站的后台页面

4．货款结算

一般情况下，客户通过购物车选购商品，然后进行结算，确定付款方式、送货地点和时间等。

5．客户资料管理

管理已注册客户的姓名、通信地址、电话和电子邮件地址等详细信息。

6．商品数据库管理

及时盘点商品，做好商品配货和商品配送工作。

以上只是电子商务网站的基本结构。随着网站经营的商品和经营规模的变化，其构成要素也有所变化。

1.3　电子商务网站建设的工具

1.3.1　网站建设工具

"工欲善其事，必先利其器。"电子商务网站的开发是一个复杂的过程，需要用到大量的工具，因此选择一个好的工具会让工作效率事半功倍。本节只进行简要介绍，对于一些主要的工具将在后面章节进行详细学习，而有些工具则需要自己查找相关资料学习。

1. HTML 语言

HTML 语言是学习网页制作的基础，有关内容将在第 4 章详细介绍。

2. 网站前台开发工具

（1）网页编辑工具。Dreamweaver 是一个"所见即所得"的可视化网站开发工具。利用 Dreamweaver 可以很方便地管理 Web 站点，迅速完成页面设计。网页的编辑包括布局设计和代码编辑两种视图。在代码视图下，HTML、CSS 及 ASP 程序代码等都可以在 Dreamweaver 中完成。在设计视图下进行网页排版布局，可智能地生成前台网页代码。与"记事本"等编辑器相比，网页制作人员可以省下不少宝贵的时间，大大提高了工作效率。与该软件功能类似的还有微软公司的 FrontPage。

（2）图片处理工具。任何一个好的网站都离不开图片的修饰与点缀。在网页设计中，Adobe Photoshop 不仅是必不可少的一种图像处理软件，通过它还可以设计页面布局、完成切片和图片优化工作。例如，制作网站效果图，通常都是先用 Photoshop 来制作，然后让客户确认后再继续其他操作。与该软件功能类似的还有 Fireworks，它以处理网页图片为特长，可以轻松创作 GIF 动画。

（3）动画工具。网页动画是网页中经常出现的元素，它可以美化网页，使网页产生绚丽多彩的动感效果。Flash 是专门用来设计和制作交互式网页动画的工具软件，可以将音乐、图像和视频等媒体元素集成到一起制作出很酷很炫的效果。Flash 的应用也有一定的弊端，它的内容不能被搜索引擎很好地抓取，甚至不予识别。

Dreamweaver、Fireworks 和 Flash 3 个软件合在一起，经常被称为网页制作"三剑客"，这 3 个软件相辅相成，可谓是制作网页的最佳搭档。

3. 网站后台开发工具

网站后台开发，主要是指动态程序开发。所使用的开发技术除了早期的 CGI 外，目前主流的动态网页技术有 ASP、PHP、JSP、ASP.NET 等。本书将以 ASP 和 VBScript 脚本语言作为主要开发工具。

动态网站技术主要有以下 4 种。

（1）ASP。即 Active Server Pages（活动服务器页面），是微软开发的一种类似 HTML（超文本标记语言）、Script 脚本与 CGI 的结合体。ASP 没有提供自己专门的编程语言，而是允许用户使用许多已有的脚本语言编写 ASP 的应用程序。ASP 在 Web 服务器端运行，运行后再将运行结果以 HTML 格式传送至客户端的浏览器。通过使用 ASP 的组件和对象技术，用户可以直接存取数据库、使用 ActiveX 控件、调用对象方法和属性，以简单的方式实现强大的交互功能。

ASP 技术基本上是局限于微软的操作系统平台之上，主要工作环境为微软的 IIS 应用程序结构，因此不能很容易地实现在跨平台 Web 服务器上工作，一般适合一些中小型站点。

（2）PHP。即 Hypertext Preprocessor（超文本预处理器），其语法借鉴了 C、Java、Perl 等语言，但只需要很少的编程知识就能使用 PHP 建立一个真正交互的 Web 站点。它与 HTML 语言具有非常好的兼容性，使用者可以直接在脚本代码中加入 HTML 标签，或者在 HTML 标签中加入脚本代码，从而更好地实现页面控制。PHP 提供了标准的数据库接口，数据库连接方便、兼容性强、扩展性强，可以进行面向对象编程。

（3）JSP。即 Java Server Pages（Java 服务器页面），是 Sun Microsystem 公司于 1999 年 6 月推出的新技术，是一种基于 Java Servlet 以及整个 Java 体系的 Web 开发技术。JSP 与 ASP 非常相似，但嵌入 HTML 页面的执行代码不是 VBScript 之类的脚本，而是 Java 代码，这是两者最明显的区别。此外，JSP 与 ASP 还有一个更为本质的区别：两种语言引擎用完全不同的方式处理页面中嵌入的程序代码。在 ASP 下，VBScript 代码被 ASP 引擎解释执行；在 JSP 下，代码被编译成 Servlet 并由 Java 虚拟机执行，这种编译操作仅在对 JSP 页面的第一次请求时发生。

（4）ASP.NET。ASP.NET 是微软在 ASP 的基础上推出的动态网页设计语言。与 ASP 相比，不是简单升级，而是微软提出的.NET 框架的一部分，它是一种以.NET 框架为基础开发网上应用程序的全新模式。

以上技术在制作动态网站上各有优势。相比而言，ASP 简单易学、安装使用方便。如果操作系统使用了 Windows 2000/XP/2003 或 Windows 7，这时只要安装了 IIS，就可以使用 ASP 了，不必花费心思进行配置。如果喜欢 Linux，可以选择使用 PHP 技术。如果特别注重跨平台、执行速度和安全性等因素，JSP 技术则是最好的选择。ASP.NET 引入了面向对象的设计，并通过运行编译代码来提高执行效率，有更为庞大的新控件群以及基于 XML 的组件，更适合书写大型商业应用站点。

4. 脚本语言

脚本语言编写的程序不能独立运行，必须嵌入到 HTML 语言中才能运行。为了完善和增加网页的功能，经常需要在网页文档中添加一些脚本代码，以增强网页的功能。目前，比较流行的脚本语言是 VBScript 和 JavaScript。

脚本程序分为客户端脚本和服务器端脚本。

▶ 客户端脚本：脚本程序可以在客户端直接被浏览器解释执行，客户端脚本是直接嵌入到 HTML 文档中的，浏览器可以理解其中的语句，并能在网页下载后对这些语句进行解析执行。客户端的脚本程序通常采用 JavaScript。

- 服务器端脚本：脚本程序是在 Web 服务器上由相应的脚本引擎来解释执行，生成的 HTML 页面由 Web 服务器负责发送到浏览器。服务器端脚本程序通常采用 VBScript。

5. 数据库

电子商务网站都需要后台数据库的支持，有关数据库的内容将在本书第 7 章中介绍。

6. FTP 工具

FTP（File Transfer Protocol）即文件传输协议，是一个用于在两台装有不同操作系统的机器中传输计算机文件的软件标准。它属于网络协议组的应用层，通俗地说，就是上传网页等网站内容到服务器的工具。

文件上传工具种类较多，通常使用 LeapFTP、FlashFXP 和 CuteFTP 等，具体将在本书第 3 章中进行介绍。

1.3.2 网站建设的学习方法

网站建设是一门实践性很强的课程，为了让读者能够尽快掌握网站的开发技术，本节简单介绍本课程的学习要领和方法，供读者参考。

1. 培养学习兴趣

任何学习都需要兴趣，因此首先应当培养自己对网站建设的兴趣，只有这样，学习才能顺利地进行下去。不要为了应付考试而学习，那样的学习对能力的提高没有任何意义。

2. 掌握语言基础

在学习本课程之前，应具备一定的 Visual Basic 编程语言的基础知识。如果你还没有掌握一些基本语句的使用，建议再复习一下曾经学习过的编程语言相关知识。

3. 多浏览网站，尝试边学边做

多浏览一些好的网站，多看网站的代码，学会边读边做，从一些简单的功能开始尝试去模仿实现。

4. 不贪多、不刻意追求新技术

网站的动态编程技术有很多种，不要去在意 A 语言比 B 语言好的说法。对于网站中的动态程序开发，只要精通一种语言即可。学精了一门语言，即使将来因工作的需要改用其他语言，也一定能够触类旁通。另外，在学习初期，不要刻意追求新技术，一定要注重基础。只有明白了基础的东西，才能快速提高。

5. 多动手，勤练习

学习网站建设最重要的秘诀就是：多动手。HTML、Dreamweaver、VBScript 和 ASP 的学习都需要通过大量的练习，才能够把学到的知识变成你的能力。因此，不要放过任何一个实践的机会，即使书上的源代码，也一定要亲自动手将其变成自己的程序。

6. 多看相关论坛

网上的资源很丰富，多看一些相关网站建设论坛的好帖子，会对自己水平的提高有帮助。而且，别人的问题可能就是自己以后会碰到的问题。如果能尝试帮助别人解决问题，你可能又会有新的感悟或者收获。

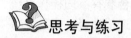
思考与练习

一、简答题

1. 简述电子商务网站的主要功能和构成要素。
2. 什么是垂直型电子商务网站？与综合型网站有什么不同？请举例说明。
3. 比较阿里巴巴与敦煌网两大 B2B 网站，分析二者的盈利模式有什么不同。
4. 什么是企业营销型网站？简述企业实施电子商务的意义。

二、选择题

1. B2C 是指（   ）。
   A．企业对企业   B．企业对个人   C．个人对企业   D．企业对政府
2. 下列不属于 C2C 的网站是（   ）。
   A．淘宝网   B．有啊   C．拍拍网   D．当当网
3. 以下不是网站的构成要素的是（   ）。
   A．网页   B．域名   C．空间   D．网线
4. 最常用的网页动画制作工具是（   ）。
   A．Photoshop   B．Fireworks   C．Flash   D．Dreamweaver
5. 下列指标中能反映网站用户黏度的是（   ）。
   A．PR 值   B．PV 值   C．回头率   D．提袋率

技能实训

一、实训目的

1. 了解电子商务网站，加深对电子商务网站的感性认识。
2. 分析电子商务网站的现状及各自的运营与管理模式。

二、实训内容

1．访问以下电子商务网站，了解它们的运营状况，探究它们各自的商务模式、主营范围、物流配送、盈利模式及网站推广方式。

（1）好乐买（http://www.okbuy.com）。

（2）驴妈妈（http://www.lvmama.com）。

（3）酒仙网（http://www.jiuxian.com）。

（4）携程网（http://www.ctrip.cn）。

（5）精英乒乓网（http://www.pingpang.info）。

（6）敦煌网（http://www.dhgate.com）。

（7）苏宁易购（http://www.suning.com）

（8）世界工厂网（http://ch.gongchang.com）

2．访问中华英才网、智联招聘网等人才招聘网站，分别以"电子商务""网站建设""SEO专员""SEM专员"等作为关键字对招聘单位和职位进行搜索，阅读前100条招聘信息，了解电子商务、网站技术从业人员和网站管理员的工作职责。看看招聘信息中对于岗位的要求是什么，然后记录下来并整理好，以便更好地明确自己的学习方向。

3．掌握文字、图片、动画及视频素材搜集的方法，将网上感兴趣的素材下载下来，并分类保存在不同文件夹下，留作备用。

第 2 章　电子商务网站的规划与设计

【学习目标】
① 掌握网站规划的基本步骤。
② 结合网站实例的剖析，了解电子商务网站的功能模块组成。
③ 掌握网站风格设计的基本原则及布局要点。

"凡事预则立，不预则废。"电子商务网站的建设是一个复杂的系统工程，所涉及的内容很多，环环相扣，不允许脱节，必须有计划、有步骤、按规范进行实施。如同建设一座大楼，在动工之前，要规划大楼的用途、设计大楼的图纸，网站的建设也要在规划与设计的基础上进行。网站前期规划与设计的好坏直接影响着电子商务网站的设计与实施。

2.1　网站前期规划

2.1.1　网站总体规划

电子商务网站的规划是指在网站建设前确定网站的主题和目标，对网站目标定位，进行内容规划和功能规划。主要内容应该包括网站构建目标和开展的业务分析、网站目标客户分析、网站市场定位分析、技术与经济可行性分析、运行环境和技术及工具的选择等。

1. 确定网站主题与建站目标

电子商务网站的建设要从企业的战略规划出发，根据自身的优势特点准确地定位网站，明确网站的功能。例如，一提到京东商城，人们马上会想到这是一个以数码类产品为主的网上商城；一提到卓越网，人们会想起这是一个以图书销售为主的网站；而一提起红孩子，你就会想起那是一个专门经营母婴类商品的网站。企业要实施电子商务，在动手制作自己的网站之前，首先要考虑的就是自己的网站究竟要做些什么，通过这个网站要表达什么内容，这就必须给自己的网站划定一个范围。有的商城网站，由于目标不明确，不考虑自身实力与定位，网上什么都卖，结果成了大杂烩，没有任何特色，自然也不能吸引眼球，最后导致什么也卖不出去的尴尬。

具体到一个企业，究竟应该如何为自己的网站确定主题和目标呢？

一方面，企业要确认建立网站的目标是树立企业形象，还是展示产品、拓展市场；是宣传自己的思想、理念，还是调查用户反映、改进售后服务；是为企业做宣传，加强客户的沟通,还是要实现网络营销与电子商务。

另一方面,要分析企业自身的具体情况,包括企业的进货渠道资源、企业的市场销售资源优势、企业的品牌知名度及消费市场认知度、企业的资金实力和企业所处的行业地位等。

2. 市场需求分析

(1)要分析网络中企业现有的竞争对手。"知己知彼,百战不殆",可以利用搜索引擎和阿里巴巴等相关平台进行详细调查,收集相关企业信息和资料,包括竞争对手运营模式、市场占有率、技术和经营实力等,制订相应策略和正确的操作步骤。竞争对手的产品与服务及在网络运营方面的优势可能是后来者进入的强大障碍。对于中小企业而言,通常情况下,应定位为行业细分领域的 B2C,如服装、家电等,并把自己熟悉的行业做精做透,这才是成功的必由之路。尽量不要做综合型平台,因为这类平台前期投资很大,并且市场已经被"京东"、"亚马逊"和"当当"所占领,属于竞争激烈的范畴。例如,"连趣网"和"卡通之窗网"都是经营连环画业务的网站,虽然实力远不及当当与卓越,但由于突出了自己的鲜明特色,各自拥有了数万名的粉丝会员,从而可以很好地生存,避免了与当当的同质化竞争,如图 2-1 和图 2-2 所示。

图 2-1 连趣网首页

(2)企业所处地区的地理位置、经济发展状况、政府的支持力度及物流配送条件等环境因素也都是市场调研的内容,对于企业实施电子商务最终能否成功起着关键作用。

建立电子商务网站,企业面对的是一个新的商务模式与新的市场环境,并不是简单地把传统的产品与渠道放到网上进行实施就可以了。准确的市场分析是建立电子商务网站的前提。企业推出的任何产品与服务都不能自己一厢情愿,必须在建站之前,对相关行业的市场进行需求分析，在电子商务网站增加的每一项功能和服务都是建立在全面的需求分析基础之上。

图 2-2　卡通之窗网首页

3. 收集资料、广泛调研，进行目标客户分析

企业应当调查所面对的消费者群体的详细情况，并进行目标客户分析，如客户的年龄结构、文化水平、收入水平、消费倾向及对新事物的敏感程度等。以外贸网站为例，需要分析的内容包括：客户分布在哪些国家和地区？目标客户会有哪些爱好和习惯？目标客户会在互联网上的哪些地方出现？目标客户在用哪些方法寻找他们需要的产品和服务？一定要记住这个理念：从营销的角度来建设网站。具体调研步骤如图 2-3 所示。

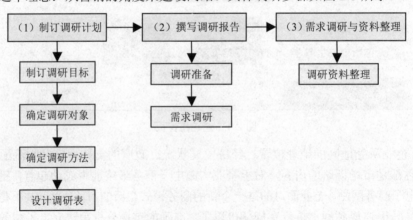

图 2-3　网站调研步骤

4. 可行性分析评估

可行性研究的目的是确定该网站项目是否能够开发，是否值得去开发。一般可从以下 3 个方面分析研究网站开发方案的可行性。

（1）经济可行性。经济可行性是指对开发的项目进行投入成本的估算和取得效益的评估，确定要开发的项目是否值得投资。网站开发的成本费用主要包括域名、主机的申请及开发费用；网站的运行管理成本则主要包括网站的推广费用、安全保证费用、人员费用、维护费用及管理费用等。网站的收益包括直接收益和间接收益。直接收益指通过在线销售网上产品或服务、广告收入等所获取的收益，间接收益则包括品牌收益及网站对其他业务的积极影响。

（2）技术可行性。对要开发项目的功能、性能、限制条件进行分析，确定在现有的资源条件下，技术风险有多大，项目是否能实现。这里的资源包括已有的或可以获得的硬件、软件资源，以及现有技术人员的技术水平和已有的工作基础。

（3）社会环境可行性。社会环境可行性所涉及的范围比较广，既包括法律方面的合同、侵权问题，也有市场与政策问题及其他一些技术人员常常不了解的陷阱等。

2.1.2 网站内容与功能设计

1. 内容分类和栏目设计

网站内容是网站信息的集合。在前期目标市场需求分析阶段获取的信息，经过分析归纳就可以得到内容需求。无论网站界面多么漂亮，模式多么先进，用户看重的主要还是内容。不管是商业信息、行业动态，没有它们，就犹如一个商场建设得非常漂亮却没有商品一样，没有任何意义，也不会有人来光顾。一些企业由于对网站的前期工作做得不充分，市场定位、目标客户模糊不清，甚至一个网站只发布了几页内容，而且长年累月不更新，这样的网站无异于一个摆设。

确立网站的内容以后，要进行内容分类和组织。栏目设计的最基本任务是建立网站内容展示的框架，具体要确定哪些是必需的栏目，哪些是重点栏目，并建立栏目的层次结构。

设计栏目时应遵循以下一些基本原则。

（1）列出的栏目都应是网站最有价值的内容。
（2）与网站定位无关的栏目应删除。
（3）栏目的设计应方便访问者的浏览、交互和查询。
（4）突出直接的电子商务主题。

2. 前台功能设计

下面以一个典型的商城类电子商务网站为实例进行剖析，以了解电子商务网站的结构和各功能模块。

（1）商品导航与展示。电子商务网站的核心功能就是为用户提供商品，如同我们去超市一样，客户能方便迅速地找到自己所需要的商品，并能对此类商品的详细信息进行查看。因此，在商品导航上应提供商品分类、热卖商品、单个商品的详细展示及最新商品等多种方式。此外，还应提供商品按关键词进行搜索的功能。

① 商品分类展示。如图2-4所示，网站把所有的产品按大类区分，然后再具体分为各种小类，如图2-5所示。这样，可提高用户查询所需要商品的效率。

图2-4　商品分类大类　　　　　图2-5　商品分类小类

② 最新商品展示。如图2-6所示，商品的时间排序可帮助用户查找到最新的商品。一般的排序方式除了按上架时间，还有按销量的多少，即热卖商品。

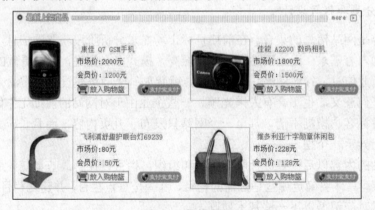

图2-6　最新商品

③ 按关键字搜索商品。如图2-7所示，如果当前页没有用户确定要买的商品，又无法通过目录轻松找到，这时就可以通过关键字直接搜索，如商品名称、价格等。

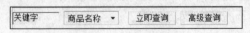

图2-7　按关键字搜索

④ 按单个商品展示。前面都是针对大类商品设定的功能，一旦用户找到所需商品，则更关注的是这个商品的详细内容，如图2-8所示。

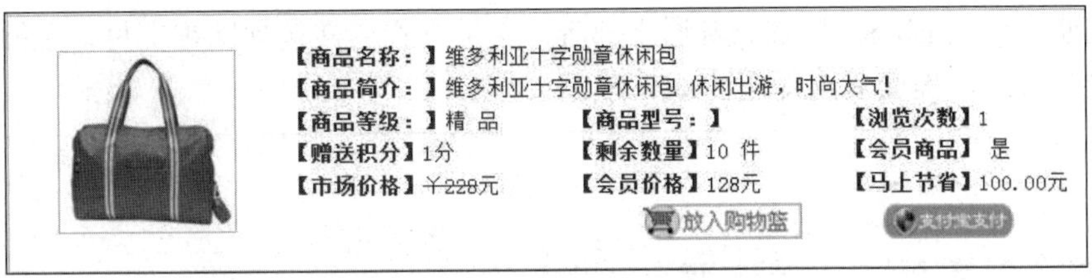

图 2-8　单个商品展示

（2）用户注册与登录。一般网站都会要求用户先完成注册，即由顾客填写一些个人信息后成为会员，如图 2-9 所示。网站对会员提供一些优惠，这样可以吸引用户下次再来购买，又可以为商城促销保证流量。当前，更好的一种方式如卓越网采用的 E-mail 注册方式，这样比使用一般用户名更能有效减少胡乱注册的现象。成为会员后，还可以实现积分查询与兑换、订单查询等功能。

（3）最新公告。网站可将最新上市商品、促销等各类信息以网站公告形式及时通知用户，如图 2-10 所示。

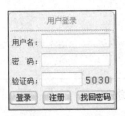

图 2-9　注册与登录

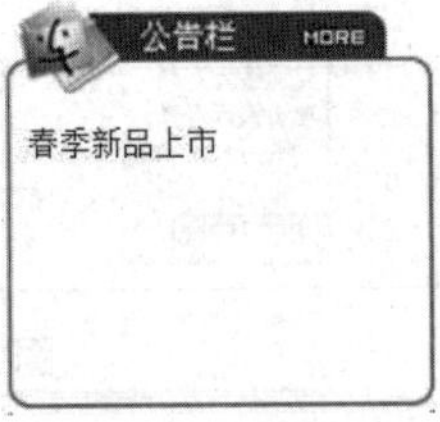

图 2-10　最新公告

（4）购买商品的流程。

① 将商品加入购物车。作为一个电子商务网站，购物车的功能是必不可少的，如图 2-11 所示。购物车的功能一方面可以方便同一用户购买多种商品，另一方面还让用户直观地查看商品信息和购物金额，更新商品数量或删除商品，防止顾客因掉线而丢失购物车的商品信息。此外，购物车的设计不仅可以针对注册会员，还可以针对临时顾客。

以下是您购物车中的商品信息，请核对正确无误后下单，非注册用户请牢记你的订单号以便日后查询！

选中/清除	商 品 名 称	数量	积分	会员价	邮费	成交价	总 计
☑	康佳 Q7 GSM手机	1	1	1200	0	1200	1200
☑	佳能 A2200 数码相机	1	150	1500	0	1500	1500
更新商品　去收银台　继续购物				您现在是：非注册用户　享受折扣：0% 折后总计：2700 元 获得积分：151 分			

图 2-11　购物车

② 去收银台结账，生成订单信息。结账前一般会要求用户登录，这样可获取用户的信息，从而免去用户重新输入的麻烦。如图 2-12 所示，用户可选择送货方式和支付方式。

送货方式通常包括 EMS、快递、普通平邮等；支付方式通常包括网银支付、支付宝支付和邮局汇款等方式。提交后，即可生成订单。

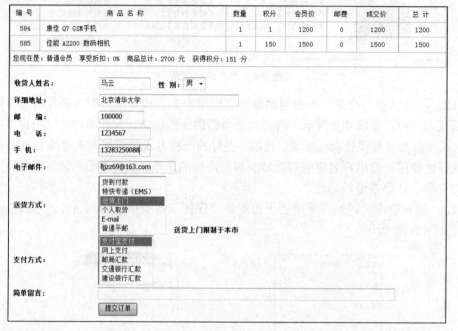

图 2-12　选择支付方式

（5）付款方式说明及售后服务。有关付款方式、送货方式及质量保证条款、售后服务等措施都是用户比较关心的问题，应尽可能详细提供，如图 2-13 所示。

图 2-13　售后说明

3. 后台功能设计

网站的商品维护、信息的发布、销售订单的处理以及用户的管理，都是由管理员在后台完成的。下面简要介绍后台的主要模块的功能。

（1）商品信息管理。商品管理是网站最重要的一项功能。管理员可以进行商品的分类管理、商品的图片管理和商品的价格管理，还可为不同等级会员设定不同价格优惠级别，如图 2-14 和图 2-15 所示。

（2）订单信息管理。商品订单的管理也是网站运营的一个关键环节，涉及几个不同部门的分工合作，包括订单的审核、收款的确认及配货等，如图 2-16 所示。

对于后台的功能模块，除了以上最重要的两个以外，还包括信息发布的管理、商品评价的管理、用户管理以及权限的管理等，这里不再一一阐述，需要时开发人员可根据网站的实际需求来进行开发。

图 2-14　商品分类信息管理

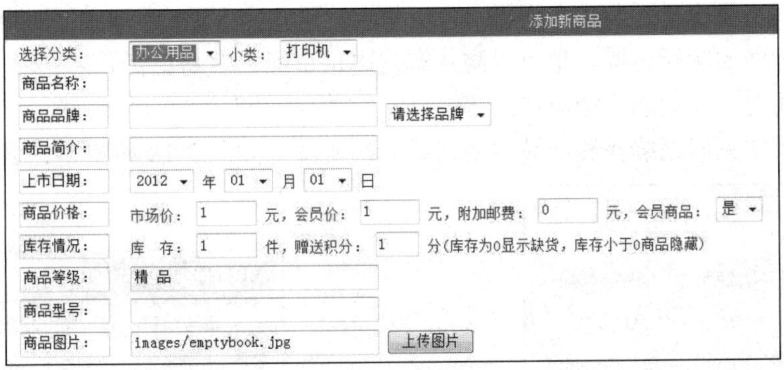

图 2-15　商品添加

图 2-16　管理商品订单

4. 企业营销型网站的设计

　　过去大部分企业由于不懂网络营销方面的知识，感觉做个网站就是为了证明自己公司有网站，输入网址能够在网上搜索到就可以了。这类企业网站的标准，相对来说比较简单，包括的内容也比较少，例如"关于我们""荣誉资质""产品中心"等之类的内容，而且设计的版面也比较单一。他们认为网站的概念和网上展示的概念基本上一致，并没有想过用网站销售自己的产品，通过建立一个营销型的网站，让网站自己说话搞定客户。最后的结果，这一类企业站点大多与同行网站同质化，没有差异化的内容和特色，没有与客户的互动，没有流量与转化，企业网站基本沦落成为一个摆设。

　　因此，企业建网站，一定要建设营销型网站。那么，什么样的网站才能够达到营销型网站的设计标准呢？

(1) 网站内容充实,满足用户需求

对于一般的企业,主要栏目应包括以下几个方面。

- 产品或服务展示信息,包括产品的分类信息、详细信息、其他相关信息等。多数用户到网站后首先就是查看企业产品情况,因此产品和服务信息展示是第一位的,这些内容的展示可以第一时间满足客户对产品的了解。
- 公司介绍,一般包括公司简介、发展历程、公司荣誉等。通过这些内容的介绍,一方面让客户认知企业,另外也可以增加公司的真实性,让客户信任企业。
- 客户案例和典型合作伙伴,客户和合作伙伴尤其是有实力的合作伙伴的介绍能增强公司的信服力,如图2-17所示。
- 公司相关支付、发货、物流、售后信息,这些内容的介绍可以帮助客户解决交易过程中的后顾之忧,也可以防止客户电话里面不容易记忆。
- 公司的企业动态、招聘信息等。
- 产品常见问题解答和产品应用问题解决方案,如图2-18和图2-19所示。

图2-17 某公司网站工程案例栏目

图2-18 某公司网站产品应用常见问题栏目

- 售后服务,如图2-20所示。

(2) 体现便捷服务、强化客户体验

当一个客户访问企业网站时,他的每一个微妙的感受都将影响到他对企业品牌的判断。网站的视觉效果是否良好、速度是否快、信息导航是否便捷、沟通是否通畅快速等要素都构成了一个客户体验。良好的客户体验使得客户对企业品牌产生好感和信赖,而不好的客户体验会导致客户对企业的品牌实力和服务水平产生怀疑,并最终放弃进一步和企业的业务联系。

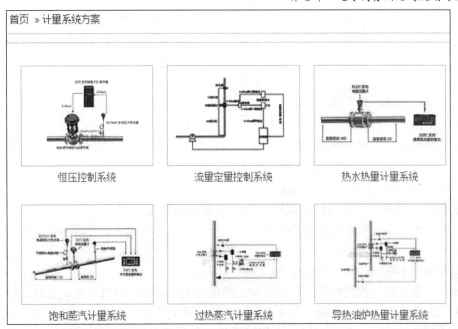

图 2-19　某公司网站工程解决方案栏目

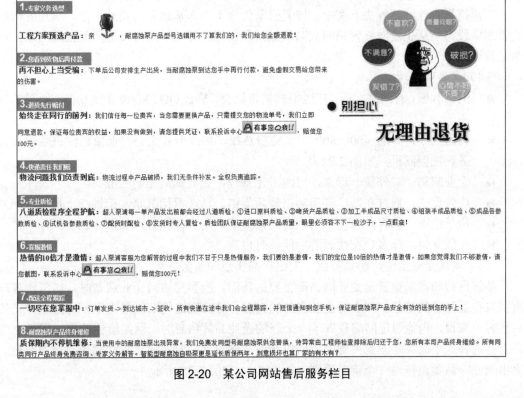

图 2-20　某公司网站售后服务栏目

我们一般从以下几方面来实现一个具备良好客户体验的营销型企业网站。
- 访问速度：减少首页 Flash 或大图片，实现国内多路由访问和服务器的稳定。
- 网站结构：导航栏清晰，整体结构适合营销的需求。
- 网站内容：突出公司优势、产品优势、服务优势。
- 网站设计：色彩搭配协调、专业性强，细节处理比较好。
- 网站诚信：有资质论证、荣誉证书、第三方论证书。
- 联系方式：每个产品与服务页面都有直接的联系方式，方便客户第一时间找到。
- 网站的沟通性：对于特殊用户群体的定制，企业网站应该具备的交互与沟通功能。

（3）注重优化、符合搜索规则

企业网站的重要功能是网站推广功能，而搜索引擎是目前网民获取信息最重要的渠道。网站若无法通过搜索引擎进行有效推广，那么从一定程度上来讲这个企业网站的营销性会大打折扣。因此，网站一定进行搜索引擎优化，进而让更多网页被搜索引擎收录，在搜索结果中排名靠前。具体优化包括以下几个方面。
- 标题优化：首页标题、产品页面、新闻页面可进行针对性关键词优化。
- 内容优化：核心关键词内容重复频率、内容更新率、内容原创性。
- 关键词优化：企业 SWOT 分析、优势产品与服务、关键词列表。
- 友情链接：外部链接、内部链接、高 PR 值网站互链。

在营销型企业网站解决方案中，搜索引擎优化工作为基础和长期的工作，从企业网站的策划阶段乃至从企业网络营销的战略规划阶段就已经开始，而其又贯穿于企业网站的整个运营过程。

（4）具备营销功能
- 网站客服：有网站客服，在线把握销售机会，整合 QQ、MSN 在线功能，如图 2-21 所示。
- 客服热线：开通 400、800 全国免费热线，体现专业大公司形象，注重品牌与服务，把握商机，如图 2-22 所示。
- 企业邮局：对外统一形象，对内方便管理，企业邮局是基础准备。
- 广告促销：通过在线广告活动、最新促销，营造营销气氛，把握线上机会。
- 电子地图：让客户方便找到，提升诚信度，用户体验好，如图 2-23 所示。
- 在线支付：让客户在找到之后能及时付款。

（5）明确企业定位，彰显特色，突出产品卖点和服务优势

品牌宣传和产品销售是企业网站最重要的功能，当客户访问企业网站时，如何让客户增强对企业品牌的信任、产生对企业产品的兴趣，是实现这些功能最为重要的问题。尤其对新客户来说，当他通过网络获取了一个新的企业品牌信息时，网站给他的第一印象对他是否会选择这个品牌是非常关键的。所以企业在建设网站时，应该把如何彰显企业特色、突出企业产品卖点作为一个重要原则，如图 2-24 和图 2-25 所示。

第 2 章　电子商务网站的规划与设计

图 2-21　某公司网站客服联系栏目　　　　图 2-22　某公司网站售后服务栏目

图 2-23　某公司网站电子地图

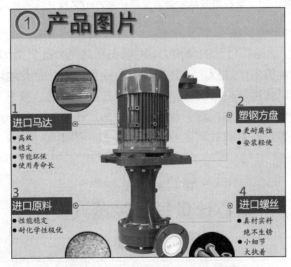

图 2-24　某公司网站产品卖点展示

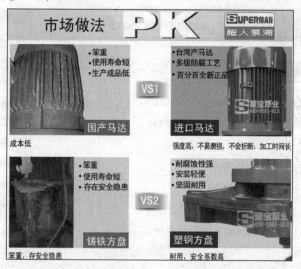

图 2-25　某公司网站产品细节优势展示

（6）完善的网站监测与数据统计

作为营销型的网站，完善的网站监测与数据统计，对网站的客户来源、客户的信息、客户的去向进行详细的统计是非常重要的，这样可以从中发现访客访问网站的规律和特点，并将这些规律与网络营销策略相结合，进而实现更好的电商运营。如图 2-26 所示，某公司网站安装了百度统计和 CNZZ 统计两个工具。

图 2-26　某公司网站安装百度统计和 CNZZ 统计后的结果

（7）比较高的客户信任度

对企业网站来说，要提高自己的公信力，可以在网站平台提供诸如相关的证件和资质、相关的媒体报道、企业的生产过程、企业文化、企业宣传语、企业地址和企业实景等真实的图片，当然也包括以往用户的真实案例，都应放在网站上去。要使客户在网站上消费，首先一定要让客户信任你的网站。对于营销型的网站，还要有企业网站备案号、企业详细的联系方式，以方便客户联系和找到企业，如图 2-27～图 2-30 所示。

图 2-27　某公司网站宣传语

图 2-28　某公司网站生产过程展示

图 2-29　某公司网站客户见证展示

图 2-30　某公司网站公司资质展示

2.2　网站的风格与布局设计

2.2.1　网站风格设计的基本原则

如图 2-31 所示，这样一个杂乱的超市，你有停留的欲望吗？你会做出购买的决策吗？当然不会。这样的超市，我们一般不会停留，也不会有任何询问。那么，一个网站的道理是一样的。如果一个网站布局混乱，色彩搭配不协调，功能定位不清，第一感觉给人就是不专业。这样的网站一般不会有成交，尽管可能有流量，但顾客也只会在投去一瞥后，很快消失在茫茫人海里。

图 2-31 某杂乱的超市

一个好的网站,应有自己的风格。所谓网站风格是指网站页面设计上的视觉元素组合在一起的整体形象,展现给人的直观感受。这个整体形象包括网站的配色、字体、页面布局、页面内容、交互性、海报、宣传语等因素。

网站风格一般与企业的整体形象相一致,如企业商标的整体色调、企业的行业性质、企业文化、提供的相关产品或服务特点都应该在网站的风格中得到体现。网站风格最能传递企业文化信息,所以说好的网站风格不仅能帮助客户认识和了解网站背后的企业,也能帮助企业通过自身网站的辨识度在众多网站中脱颖而出,树立别具一格的形象。

网站制作的灵魂在于开发人员对网站的风格设计理念的理解。很多初学者把掌握网页制作软件看作是网站制作最基本的技能,事实上,无论是初学者还是专业的建设人员,选用的工具诸如 Dreamweaver、Photoshop 等都是相同的,但设计出的网站却大相径庭、风格迥异。因此,仅掌握网页设计软件是远远不够的,必须具有良好的网站设计理念才能创造出优秀的网站。

1. 网站的整体风格设计

网站整体风格是指站点的整体形象给浏览者的综合感受,这种感受是抽象的。有风格特色的网站与普通网站的区别在于:在普通网站上,用户看到的只是堆砌在一起的信息,如信息量多少、浏览速度快慢等;而在有风格特色的网站上可以获得除内容之外的更感性的认识,如站点的品位、用户层次等。

【例 2-1】 立顿网(如图 2-32 所示)

"立顿"是全球最大的茶叶品牌。立顿以其明亮的黄色向世界传递它的宗旨——光明、活力和自然美好的乐趣。在该企业站点中,首页使用立顿产品常用的黄色,以扩大其品牌效应,也是对公司整体形象的统一应用。站点内容的组织则围绕立顿的产品线进行,产品的名称、商标、功能等信息一览无余。通过立顿健康中心，用户可以获得大量有关茶健康的信息，让人们潜意识里接受立顿的理念，从而刺激用户消费的欲望。

图 2-32 立顿网首页

（1）整体风格所包含的因素。站点整体风格包含的因素很多，包括站点的整体色彩、CI（如标志、标语、色彩和字体等）、版面布局、文本的字体和大小、背景的使用等。风格的设计没有一定的公式或规则，需要设计者通过各种分析来决定。概括起来，风格就是一句话：与众不同。

（2）如何确立自己的网站风格。确立网站的风格可从以下几个方面入手。

① LOGO 的使用。LOGO 就是网站的徽标或商标，形象的 LOGO 不仅有利于用户对网站主体和品牌的识别，而且有促进网站推广的作用。

【例 2-2】 百度 LOGO（如图 2-33 所示）

图 2-33 百度 LOGO

"百度"这一公司名称来自宋词"众里寻他千百度"。而"熊掌"图标的想法来源于"猎人巡迹熊爪"的刺激，与李彦宏博士的"分析搜索技术"非常相似，从而构成百度的搜索引擎概念，进而变成了百度的标志形象。

② 文字的使用。网页中文字字体的使用也很重要，通常要遵循以下原则。

- 网页正文字体，一般情况使用宋体。不要使用超过 3 种以上的字体。字体太多则显得杂乱，无法突出主题。
- 字号大小一般设置为 12 像素，即标准书刊用字大小，符合人们的阅读习惯。不要用太大的字,因为版面非常宝贵,粗陋的大字体不能带给访问者更多的信息。
- ▶▶ 不要使用不停闪烁的文字。想让浏览者多停留一会儿,就不要使用闪烁的文字。
- ▶▶ 原则上标题的字体较正文大,且标题字体不能使用行楷过于活泼的字体,以表达稳重之意。

③ 利用网页的配色表现风格。不同的颜色有着不同的含义,如红色代表热情、奔放、喜悦;白色代表纯洁、简单、洁净;蓝色代表天空、科技、清爽等。

不同的色彩搭配会产生不同的效果,在站点整体色彩使用上,要结合站点目标来确定。如果是政府网站,就要在大方、庄重、美观、严谨上多下工夫,切不可花哨;如果是女性用品网站,则使用粉色、红色居多;如果是个人网站,则可以采用较鲜明的颜色,设计简单而有个性。

网页上的色彩选用搭配,会影响网站的访问量。例如,采用高亮度的背景色或者前景色,很容易让浏览者的眼睛感到疲劳,而且不利于整个网站风格的统一。同时,网页颜色数量也并非越多越好,太多的颜色违背了网站"简单即为美"的原则。一般情况下,要根据企业标志色系和网站所需总体风格的要求确定出一至两种主色调,然后与辅助颜色进行组合。下面是几个网页配色的基本原则。

- ▶▶ 强调特色,主题鲜明。网页的用色需要配合网站的行业特征,从而突出网站的主题,如"伊利"网站的主页,网页以绿色、蓝色和白色为主色调,给人以清爽的感觉。
- ▶▶ 总体协调,局部对比。网页的整体色彩效果应是和谐的,只有局部、小范围的地方让色彩有一些强力的对比。这样的局部色彩对比,不但可以避免网页色彩显得过于单调,也可以保持网页的整体风格。
- ▶▶ 遵循艺术原则,合理搭配。网页的配色也是一项艺术性的工作。对网页配色时,一定要遵循艺术原则进行搭配,在此基础上再大胆创新。

④ 网站的风格要统一。一个网站由很多个网页组成,如果每个网页的风格都不一致,那么一定会使整个网站显得凌乱不协调,甚至很容易使浏览者感到迷惑,不知是否还在同一网站内,所以一定要使网站的风格保持一致。也就是说,上面提到的几个方面包括网站的LOGO、文字字体、网页的主色调及版面布局均要一致。除此之外,还要注意以下几点。

- ▶▶ 风格是建立在有价值的内容之上的。
- ▶▶ 将网站LOGO尽可能地放在每个页面最突出的位置。
- ▶▶ 使用统一的图片处理效果。
- ▶▶ 设计醒目的宣传标语。

2. 网页设计的基本原则

网站的设计基本上是按照一定步骤进行的。不同的站点开发人员有他们自己不同的习惯,对于网页设计都有自己独特的见解,但一般来说有一些原则是相同的,有一些主要的概念也是共通的。仅会输入文本、制作超链接和排列图片,不是真正意义上的网页制作。因为网页制作最重要的一个原则是创意。这个原则也可以看成是网页制作的根本,没有创意的网站不能算是成功的网站,而这样的站点也不可能长期存在。

除了创意之外,在网站设计时还需要考虑以下基本原则。

(1) 网页内容便于阅读。网站最大的目的是发布信息,网页作为信息的载体,就必须做到便于阅读。网页方便浏览者阅读与查找是网站服务的要求,但并不代表把所有重要信息都堆积于首页上。方便内容的查找与阅读的根本在于科学的分类和组织。个人网站信息量少,几个超链接就可以包含;而商业网站的信息量较为庞大,如新浪、网易这样的网站,站点中的内容几乎无所不包,如何有条有理地组织、放置超链接,就需要仔细考虑。

(2) 网页的长度不要太长。带宽问题在国内是一个必须要考虑的问题,而且非常现实。作为一名网页设计师,根据访问对象的不同来确定网页的大小,要尽可能将网页设计得美观而简洁精湛,使得用户访问时能够确保比较高的访问速度,而不至于因为等得不耐烦而放弃访问。

(3) 选择合适的图片尺寸及格式。网页中如果只有文本没有图片,整个网页会显得枯燥无味,不能引起用户的兴趣。但网页中的图片也不是越多越好,图片过多会导致网页的下载速度很慢。尽量不要使用尺寸过大的图片,如果不得不使用,最好把大图片分割成几个间距为 0 的小图片。

图片的格式众多,但网页上常用的图片格式是 GIF 和 JPEG 两种。色彩丰富、高分辨率的图片可以用 JPEG 格式,如照片等;色彩少、低分辨率的图片可以用 GIF 格式,而 GIF 格式还支持简单的动画。

(4) 协调浏览器与分辨率。由于互联网的用户非常广泛,所使用的计算机也有性能高低之分,在设计时要尽量保证网页在不同浏览器中都能浏览。另外,在设计站点时还有语言版本的问题,如果一个网站定位于同时向国外、中国大陆以及中国港澳台地区进行宣传,那么多语言版本的网页是不可缺少的。GB 码、BIG5 码及 English 版本,是目前最流行的 3 种语言版本。

(5) 提供与浏览者的交互。近年来,站点的交互性已经越来越被人们所重视,商业站点往往同时提供论坛、留言板等各种交互服务。

2.2.2 版面布局

1. 什么是版面布局

网页美感除了来自网页的色彩搭配外,还有一个重要的因素就是版面布局设计。

版面指的是浏览者看到的一个完整的页面。因为每台计算机的显示器分辨率存在差异,所以同一个页面的大小可能出现 800×600 像素、1024×768 像素等不同尺寸。

布局,就是以最适合浏览的方式将图片和文字排放在页面的不同位置。什么才是"最适合",并没有一个标准答案。一般情况下要求具备以下两个功能。

(1) 实用功能。
- 网页内容的主次一定要从网页的版式上体现出来,网页设计要突出重点内容。
- 网页的导航一定要清晰,这与网页的版式设计有着非常重要的联系。
- 网页的版式布局设计决定了网页的布局,布局合理和逻辑性也是网页版式设计的要点。

(2) 审美功能。
- 网页的版式要具有整体性、一致性,总体来讲就是统一。
- 要合理地划分整个页面,安排页面各组成元素,即分割。
- 通过合理运用矛盾和冲突,使设计更加富有生机和活力,即对比。

2. 版面布局的操作步骤

(1) 草案。新建页面就像一张白纸,没有任何表格、框架和约定俗成的东西,可以尽可能地发挥想象力,将想到的"景象"画上去(可以用一张白纸和一支铅笔草绘,也可以用 Photoshop 等软件)。这属于创造阶段,不讲究细腻工整,不必考虑细节功能,只以粗陋的线条勾画出创意的轮廓即可。

(2) 粗略布局。在草案的基础上,将确定需要放置的功能模块安排到页面上。功能模块主要包含网站标志、主菜单、新闻、搜索、友情链接和版权信息等。注意,这里必须遵循突出重点、平衡协调的原则,将网站标志、主菜单等最重要的模块放在最显眼、最突出的位置,然后再考虑其他模块的摆放。

(3) 定案。将粗略布局精细化、具体化。在布局过程中,可以遵循以下原则。
- 正常平衡。亦称"匀称",多指左右、上下对照形式,主要强调秩序,能达到安定诚实、信赖的效果。
- 异常平衡。即非对照形式,但也要平衡和韵律,当然都是不均整的,能达到强调性、不安性、高注目性的效果。
- 对比。不仅利用色彩、色调等技巧来表现对比,在内容上也可涉及古与今、新与旧等对比。
- 凝视。利用页面中的人物视线,使浏览者仿照跟随的心理,以达到注视页面的效果,一般多用明星凝视状。
- 空白。空白有两种作用,一方面对其他网站表示突出卓越,另一方面也表示网页品位的优越感,这种表现方法对体现网页的格调十分有效。

以上的设计原则虽然枯燥,但是如果能领会并活用到页面布局里,效果会大不一样。

3. 常见版面布局形式

(1) "T"结构布局形式。所谓"T"结构,就是指页面顶部为横条网站标志+广告条,下方左面为主菜单,右面显示内容的布局,整体效果类似英文字母"T",所以称之为"T"

形布局。这是网页设计中用得最广泛的一种布局方式。这种布局的优点是页面结构清晰、主次分明,是初学者最容易上手的布局方法。缺点是规矩呆板,如果不注意细节色彩,很容易让人"看之无味"。

(2)"口"型布局。这是一个象形的说法,就是页面一般上下各有一个广告条,左面是主菜单,右面放友情链接等,中间是主要内容。这种布局的优点是充分利用版面,信息量大。缺点是页面拥挤,不够灵活。

(3)对称对比布局。顾名思义,采取左右或者上下对称的布局,一半深色一半浅色,一般用于设计型站点。优点是视觉冲击力强,缺点是很难将两部分有机地结合起来。

(4)POP 布局。POP 引自广告术语,就是指页面布局像一张宣传海报,以一张精美图片作为页面的设计中心。常用于时尚类站点。优点显而易见,即漂亮吸引人。缺点就是速度慢。作为版面布局,还是值得借鉴的。

(5)国型布局。国型布局也称为同型布局,是一些大型网站喜欢使用的布局类型。最上面是网站的标题以及横幅广告条,接下来是网站的主要内容,左右分列一些小条内容,中间是主要部分,与左右一起罗列到底,最下方是网站的一些基本信息、联系方式、版权声明等。这种布局通常用于主页的设计,其主要优点是页面容纳内容很多,信息量大。

(6)标题正文型布局。这种布局的最上方是标题或广告等内容,下面是正文。通常文章页面或注册页面采用此种布局,其特点是简洁明快,干扰信息少,较为正规。

(7)变化型布局。采用上述几种布局的结合与变化,布局采用上、下、左、右结合的综合型框架,再结合 Flash 动画,使页面形式更加多样,视觉冲击力更强。

2.3 网站的目录结构与链接结构设计

2.3.1 设计网站的目录结构

一个电子商务网站中的文件数量少则几百个,多则有几千个、几万个,如何有效地组织这么多的文件确实是一个不可小视的问题。目录结构的好坏,对浏览者来说虽没有什么明显的差异,但是对于站点本身的长期维护、未来内容的扩充和移植等有着重要的影响。

下面是建立目录结构的一些建议。

1. 不要将所有文件都存放在根目录下

(1)有些网站的技术人员为了方便,将所有文件都放在根目录下。这样做造成的不利影响很多,如文件管理混乱,常常搞不清哪些文件需要编辑和更新,哪些无用的文件可以删除,哪些是相关联的文件,从而影响工作效率。

(2)上传速度慢。服务器一般都会为根目录建立一个文件索引。如果将所有文件都放在根目录下,即使只上传更新一个文件,服务器也需要将所有文件再检索一遍,建立新的索引文件。很明显，文件量越大，等待的时间也将越长。所以，要尽可能减少根目录的文件存放数。

2. 按主菜单栏目内容建立子目录

按主菜单的栏目建立子目录，这样做不仅便于文件查找，而且不会影响网站的运行速度。企业站点可以按公司简介、产品介绍、在线订单、反馈联系等建立相应子目录。

3. 根据更新要求管理次要栏目

其他的次要栏目，需要经常更新的可以建立独立的子目录。而一些相关性强，不需要经常更新的栏目，如关于本站、关于站长及站点经历等，可以合并放在一个统一目录下。

4. 在每个目录下都建立独立的 images 目录

通常，需要在站点根目录下建立一个 images 目录。网页制作的初学者习惯于将所有图片都存放在这个目录中，而到后期网站维护时，图片的管理会变得相当麻烦。最好的办法是为每个主栏目建立一个独立的 images 目录，根目录下的 images 目录只是用来放首页和一些次要栏目的图片。

5. 目录的层次不要太深

目录的层次建议不要超过 3 层。原因很简单，为了维护管理的方便。

6. 不要使用中文目录

尽量不要使用中文的目录和文件名，否则很可能会出现莫名其妙的错误。

2.3.2 设计网站的链接结构

网站的链接结构是指页面之间相互链接的拓扑结构。它建立在目录结构基础之上，但可以跨越目录结构。形象地说，每个页面都是一个固定点，链接则是在两个固定点之间的连线。一个点可以和一个点连接，也可以和多个点连接。更重要的是，这些点并不是分布在一个平面上，而是存在于一个立体的空间中。网站的链接结构的目的在于用最少的链接，使得浏览最有效率。

一般地，建立网站的链接结构有以下两种基本方式。

1. 树状链接结构（一对一）

类似 DOS 的目录结构，首页链接指向一级页面，一级页面链接指向二级页面。立体结构看起来就像蒲公英。采用这样的链接结构，浏览时是一级级进入，一级级退出。优点是条理清晰，访问者明确知道自己在什么位置，不会"迷"路。缺点是浏览效率低，一个栏目下的子页面到另一个栏目下的子页面，必须绕经首页。

2. 星状链接结构（一对多）

类似网络服务器的连接，每个页面相互之间都建立有链接。这种链接结构的优点是浏览方便，随时可以到达自己喜欢的页面。缺点是链接太多，容易使浏览者"迷"路，搞不清自己在什么位置，看了多少内容。

这两种基本结构都只是理想方式，在实际网站设计中，更多的是将这两种结构混合起来使用。这样，既可以方便快速地到达自己需要的页面，又可以清晰地知道自己的位置。所以，最好的办法是：首页和一级页面之间用星状链接结构，一级和二级页面之间用树状链接结构。

【例 2-3】 一个新闻站点的页面结构（如图 2-34 所示）

```
            一级页面            二级页面
          财经新闻页 —  [财经新闻1，财经新闻2...]
     首页—娱乐新闻页 —  [娱乐新闻1，娱乐新闻2...]
          IT 新闻页  —  IT 新闻1，IT 新闻2...
```

图 2-34　一个新闻站点的页面结构

其中，首页与财经新闻页、娱乐新闻页、IT 新闻页之间是星状链接，可以互相点击直接到达。而财经新闻页与其子页面之间是树状链接，浏览财经新闻 1 后，必须回到财经新闻页，才能浏览 IT 新闻 2。所以，有的站点为了免去返回一级页面的麻烦，将二级页面直接用新窗口打开，浏览结束后关闭即可。

提示：例 2-3 用的是三级页面举例。如果站点内容庞大，分类明细，超过三级页面，那么建议在页面里显示导航条，这样，可以帮助浏览者明确自己所处的位置。导航条通常位于网站页面的顶部，如"您现在的位置是：首页→财经新闻→股市信息→深圳股"。

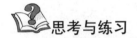

思考与练习

一、简答题

1. 电子商务网站规划的内容和步骤有哪些？
2. 电子商务网站风格的设计应遵循哪些原则？
3. 电子商务网站的购物流程一般是怎样的？
4. 网站目录结构设计应注意哪些问题？
5. 常见的网站版面布局有哪几种？分别举例说明。
6. 对于一个营销型企业网站，有哪些方法可以让用户产生信任？又有哪些方法可以引导客户下订单，从而提高用户消费转化率？

二、选择题（含多选）

1. 电子商务网站的后台功能通常包括（　　）。
   A. 商品信息管理　　B. 订单管理　　C. 用户管理　　D. 权限管理
2. LOGO 是指（　　）。
   A. 广告条　　　　B. 导航栏　　　C. 网站标志　　D. 公司名字
3. 网站项目的可行性研究包括（　　）。
   A. 经济可行性　　B. 技术可行性　C. 社会环境　　D. 地理位置
4. 网站正文的字号一般设置为（　　）。
   A. 9 像素　　　　B. 12 像素　　　C. 16 像素　　　D. 18 像素
5. 网站的目录层次一般不超过（　　）层。
   A. 1　　　　　　B. 2　　　　　　C. 3　　　　　　D. 4

技能实训

一、实训目的

1. 掌握电子商务网站规划的方法和步骤。
2. 掌握电子商务网站规划报告的撰写方法。
3. 了解网站的风格设计和版面布局。

二、实训内容

1. 浏览以下电子商务网站，分析各自的网站市场定位、竞争优势、网站内容规划、网站整体风格等。

（1）慧聪网（http://www.hc360.com）。
（2）乐淘（http://www.letao.com）。
（3）土巴兔装修网（http://www.to8to.com）。
（4）环球医药信息网（http://www.qgyyzs.net）。
（5）中国化工网（http://www.chinachemnet.com）。
（6）梦露内衣（http://www.menglu.com）。
（7）学而思网校（http://www.xueersi.com/）。

2. 调研一家当地企业情况，并对该企业的电子商务网站内容进行规划与设计，完成一份网站前期规划报告。

规划大纲如下：

（1）网站主题与建站目标。
（2）网站的市场定位。

(3) 市场需求及目标客户分析。

(4) 竞争对手及各自优势分析。

(5) 可行性分析。

3．浏览阿里巴巴网站。

(1) 分析网站提供的栏目内容和功能。

(2) 分析网站的风格和版面布局设计。

4．企业营销型网站分析。

(1) 故事一："一句网站宣传语换来百万订单。"——瑞昂博轮式人工除雪铲 张军海

背景：三年前我发明人工轮式除雪铲，并获得了设计专利。我的铲子能大幅提高除雪铲冰的效率，但是网络营销效果一直不好。后来，我们重新策划了一个"五个活一个人干"的着陆页面，效果出奇的好。上线一周就接到内蒙古高速管理局的大单。

北京瑞昂博科技发展有限公司网站如图 2-35 所示，网址是 http://www.xuechan001.com。

图 2-35　北京瑞昂博公司网站首页

(2) 故事二："把事实说清楚，订单可以多 3 倍！"——华盛鑫昊母婴护理中心 关素娥

背景：我们有 10 余年的母婴护理经验，在这个行业积累了丰富的经验和资源。但是之前的网站一点也不能很好地展现我们的优势。这个行业的网站千篇一律，客户很难通过网站来做选择。后来，设计了新的营销型网站，宣传语"10 余年母婴护理经验，服务 3 万对母婴健康成长"，将我们的优势展现得淋漓尽致，让我们脱颖而出。

华盛鑫昊母婴护理中心网站如图 2-36 所示，网址是 http://www.hsxhjz.com。

图 2-36　华盛鑫昊母婴护理中心网站首页

要求：访问以上两个网站，并分别从用户理解力要素（标志、宣传语、标题、卖点优势）和信任力要素（成功案例、客户评价、生产过程、服务、权威见证、荣誉展示）分析这两个网站的做法，体会老网站改版为营销型网站后带来的效果与变化。

第 3 章 电子商务网站的建设流程

【学习目标】

① 掌握域名的申请方法。
② 了解服务器的解决方案。
③ 掌握网站上传工具的使用。
④ 了解网站建设的一般流程。

有了网站建设的总体规划与设计方案，接下来就进入到网站建设与开发的操作阶段。这一阶段的主要工作有域名注册与备案、确定服务器解决方案、搭建软件平台、设计网页、网站测试与上传等。

3.1 域名注册与备案

下面先来看一个收购域名的案例。

【例 3-1】 京东商城先后购买 jingdong.com 和 jd.com 域名

据中国 IDC 评述网（2011 年 2 月 18 日）报道：经域名 WHOIS 查询显示，jingdong.com 域名已经过户到京东商城。目前，访问 www.jingdong.com 则跳转至京东商城页面（www.360buy.com）。此前，域名为日本华人刘京东持有，域名报价不菲。jingdong.com 是"京东"的拼音，无疑是适合在国内营造品牌的拼音好域名。京东商城此度购买这一域名也因为其现有域名 360buy.com 不方便记忆，新域名的使用将会使更多网民更方便地登录京东商城。也由此可见京东商城对域名的重视程度。

又据 2013 年 3 月 30 日易名中国（eName.cn）讯：京东商城于今天 19 点整正式切换域名为 jd.com，并推出"Joy"吉祥物形象。而辉煌一时的域名 360buy.com 现在跳转至新域名 jd.com，终究失去了光芒。

分析：域名的重要性往往被很多人忽视。京东就是一个典型的例子，开始用了一个并不太好记的域名 360buy.com，后来高价收购 jingdong.com，再到后来几千万购买 jd.com。这一路的历程，就是很好的写照。

为什么京东要将域名换为 jd.com？与一般行业有巨大的不同，电商行业的竞争是极为惨烈的。每个访问量都是真金白银去换的。早期流量便宜，所以用个差一点的域名，然后购买流量导入，吃亏好像还不明显。但是现在的情况已大不一样，每一个电商的新客户有效流量的代价起码在 10 元以上了（10 元这个数字不准确，仅仅是估计数）。如果坚持使用不好的域名，那么损失就是天文数字。

为什么有损失呢？因为有很多的用户记不住域名，也不愿意记。他们会在搜索引擎先输入网站名字或者网址，然后点搜索或者敲回车。这样的行为就导致了电商网站对搜索引擎十分依赖。代价也就极为高昂。因为几乎每一次通过搜索引擎过来的访问量，电商都是需要付钱给搜索引擎的。具体到京东，之前的域名是 360buy.com，那么对很多人来说非常不好记忆，这就导致从搜索引擎过来的流量比例会更高。京东在计算了得失之后，就悄悄地高价购买了 jingdong.com。如果京东开始使用 jingdong.com，就可以很大程度地避免上面描述的情况发生。

因此，有了好的域名，对用户来说，用户体验更好。部分用户就更愿意直接使用域名访问了，减少了从搜索引擎、网址导航、导购网站等访问过来的比例，从而节约了大量的广告费用。尤其是对第三方依赖降低，这对电商网站是十分重要的。京东已经是国内顶级电商之一，jingdong.com 虽然能用，但是还不够。因为有 8 个字母，而淘宝是 6 个字母，并且更好看好记。像这样的顶级电商竞争，域名上的差异也是必须要考虑的。这也是为什么小米一开始就买好 xiaomi.com（后来又购买 mi.com），唯品会购买 vip.com 的原因。

域名，是企业或机构在互联网上的名字。从技术上讲，域名是 Internet 中用于解决地址对应问题的一种方法。从商业上来讲，域名是企业的网络商标。网上用户了解企业，经常是从企业网站的域名开始的，要想让用户记住一个企业，域名的好坏将起着非常关键的作用。域名由若干个英文字母或数字组成，由"."分隔成几部分，如中央电视台的域名是 cctv.com，而 http://www.cctv.com 就是我们常说的网址，相当于主机的门牌号码。在全世界没有重复的域名，也正是这种唯一性和排他性使得域名具有了"网络商标"的资源特征，这也是为什么很多公司和个人要抢在别人前面注册域名的原因。

3.1.1 申请域名

1. 域名的基本类型

域名分为两种，一是国际域名，也叫国际顶级域名，是使用最早、最广泛的域名。例如，表示工商企业的.com，表示网络提供商的.net，表示非营利组织的.org 等。为解决域名资源的紧张，Internet 协会等国际组织经过广泛协商，在原来 3 个国际通用顶级域名（.com、.net、.org）的基础上，新增了.firm、.info 等 7 个国际通用顶级域名。二是国内域名，又称为国内顶级域名，即按照国家的不同分配不同的后缀，这些域名即为该国的国内顶级域名。目前 200 多个国家和地区都按照 ISO3166 国家代码分配了顶级域名，如中国是.cn，美国是.us，日本是.jp 等。

在实际使用上，国际域名与国内域名没有任何区别，都是互联网上的具有唯一性的标识。只是在最终管理机构上，国际域名由美国商业部授权的互联网名称与数字地址分配机构即 ICANN 负责注册和管理；而国内域名系统则由中国互联网络管理中心即 CNNIC 负责运行和管理，注册转由 CNNIC 认证的域名注册服务机构提供。

我国在国际互联网络信息中心（Inter NIC）正式注册并运行的顶级域名是.cn，这也是我国的一级域名。在顶级域名之下，我国的二级域名又分为类别域名和行政区域名两类。类别域名共 6 个，包括用于科研机构的.ac、用于工商金融企业的.com、用于教育机构的.edu、用于政府部门的.gov、用于互联网络信息中心和运行中心的.net 以及用于非营利组织的.org。而行政区域名有 34 个，分别对应于我国各省、自治区和直辖市。

2．域名的命名规则

由于 Internet 上的各级域名分别由不同机构管理，因此各个机构管理域名的方式和域名命名的规则也有所不同。但域名的命名也有一些共同的规则，主要有以下几点。

- 只提供英文字母（a~z，不区分大小写）、数字（0~9）以及"-"（英文中的连词号，即中横线），不能使用空格及特殊字符（如!、$、&、?等）。
- "-"不能用作开头和结尾。
- 长度有一定限制，如中国万网规定不能超过 63 个字符。
- 不得含有危害国家及政府的文字。

3．域名的选择

假设某一个企业网站名已经确定了，那么，域名该如何选择呢？

首先，可考虑直接使用网站名（或企业名）拼音的方式，这种方式简单易记，最受欢迎。具体方式可以包含以下几种。

- 直接采用网站名的拼音。这是绝大多数人都最容易想到的。如淘宝（taobao）、优酷（youku）、百度（baidu）。
- 采用网站名中的前两字或后两字。如 xici（西祠胡同）、hongxiu（红袖添香）、
- 采用网站名的缩略拼音。这个方式往往取网站名的首字母。如 xxsy（潇湘书院）。
- 由网站名衍生意义。如 ctrip（携程）、love21cn（世纪佳缘）。

其次，还可以站在网站优化（SEO）角度，在域名中包含关键词或与行业相关的词，对网站优化排名有一定的帮助。例如某网络公司的业务是做网站 SEO，那么选择域名时可以是 xx+seo 的形式，用户看到这样的域名后可以轻易地看出来网站所从事的行业。

最后，如果简短好记的域名和网站名的拼音注册都已注册不到，那么还可以从意义和品牌塑造的角度来挖掘。因为品牌，往往需要独特独创、经得起回味和咀嚼，如 Google。

域名是企业品牌建设的重要部分，随着时间推移，域名价值会愈加凸显。因为域名一旦确定之后，域名会纳入到网站整体推广当中，后期变更成本会变得很大。好域名会提升企业形象，不好的域名会增加推广成本，所以域名选择一定要慎重。

一般来讲，企业域名选择有五忌。

- 忌域名过长：让人难以记忆、难以输入且不利于建设，一般 4~8 个字母为宜。

- 忌加中划线：显得过于草率，不利于品牌推广、CI 建设，很少有大企业的站点选择带有中划线的域名。
- 忌字母、数字混杂：同样会有明显的草率之感，且不利于输入。
- 忌随意自创英文：很容易会造成外国人看不懂、读不顺，中国人更莫名其妙的局面。
- 忌随便用用，随便选择的心态。

4. 域名的注册

（1）准备申请资料。目前，.com 域名的注册需提供身份证等资料，.cn 域名则不允许个人申请，要申请则需要提供企业营业执照。

（2）寻找域名注册商。由于.com、.cn 域名等不同后缀均属于不同注册管理机构所管理，如要注册不同后缀域名，则需要从注册管理机构寻找经过其授权的顶级域名注册服务机构。如.com 域名的管理机构为 ICANN，.cn 域名的管理机构为 CNNIC（中国互联网络信息中心）。若注册商已经通过 ICANN、CNNIC 双重认证，则无须分别到其他注册服务机构申请域名。

（3）查询域名。在注册商网站查询域名，选择要注册的域名，并进行注册。

（4）正式申请。查到想要注册的域名，并且确认域名为可申请的状态后，提交注册，并缴纳年费。

（5）申请成功。正式申请成功后，即可开始进入 DNS 解析管理、设置解析记录等操作。

【例 3-2】 中国万网注册域名流程（如图 3-1 所示）

图 3-1 中国万网

第一步：查询域名。

登录中国万网（http://www.net.cn），在其搜索框中输入想要注册的域名，在搜索框下选中想查询的后缀，再单击【查询】按钮，如图 3-2 所示。如果申请的域名已经被别人注册，页面会提示不可以注册，需要重新选一个域名。

图 3-2 域名查询

第二步：注册域名。

如果查询的域名尚未被别人注册，系统会提示该域名尚未注册，如图 3-3 所示。

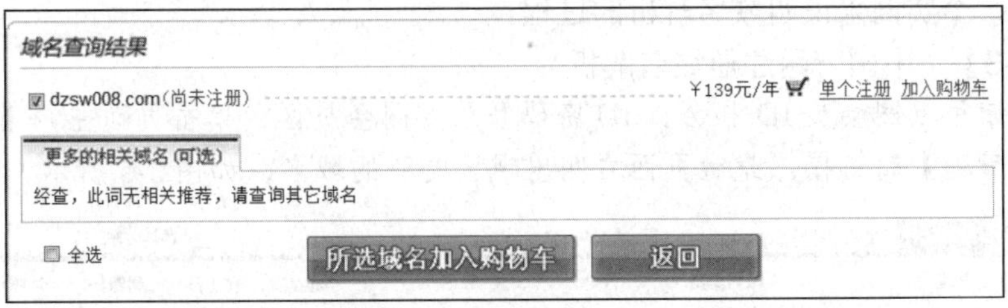

图 3-3 域名查询结果

第三步：加入购物车并结算，如图 3-4 所示。

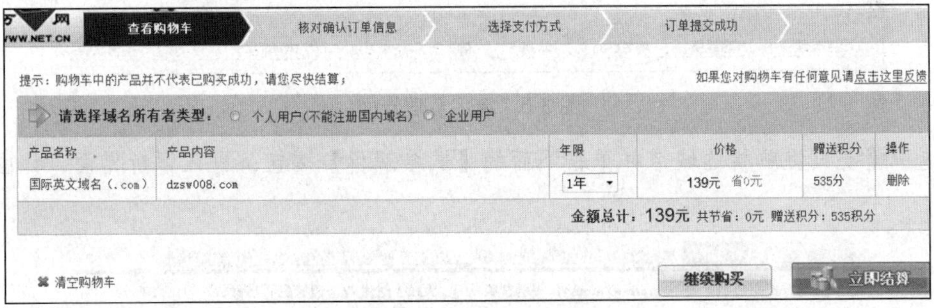

图 3-4 加入购物车并结算

第四步：选择域名所有者类型。

个人用户不能注册国内域名，如果不是会员，还需要注册成为万网会员，如果是会员，直接登录即可。

第五步：核对并确认订单信息。

内容主要包括填写域名所有者的中英文信息，如联系方式和域名配置信息（域名解析密码等）。

最后完成支付即可。完成注册流程并办理好支付手续后，域名注册成功，到时会有邮件通知密码和使用方法。

5. 域名解析

注册了域名之后，要看到自己的网站内容还需要进行"域名解析"。域名和网址并不完全是一回事，域名注册好之后，只说明你对这个域名拥有了使用权，如果不进行域名解析，那么这个域名就不能发挥它的作用，只有经过解析的域名才可用来作为网址访问自己的网站，因此域名投入使用的必备环节是"域名解析"。域名是为了方便记忆而专门建立的一套地址转换系统，要访问一台互联网上的服务器，最终还必须通过 IP 地址来实现，域名解析就是将域名重新转换为 IP 地址的过程。一个域名对应一个 IP 地址，一个 IP 地址可以对应多个域名，所以多个域名可以同时被解析到一个 IP 地址。域名解析需要由专门的域名解析服务器（DNS）来完成。

下面用一个实例来说明域名解析的过程。

【例3-3】 中国万网注册域名解析

首先，使用万网会员 ID 和会员 ID 密码登录万网会员区，单击页面左侧【产品管理】中的【域名管理】超链接，此时页面右侧出现已购买的域名，如图 3-5 所示。

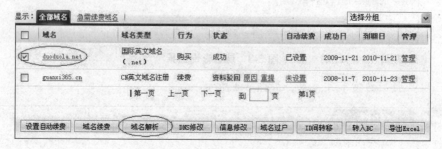

图 3-5　域名管理界面

选中需要设置解析的域名并单击下面的【域名解析】按钮，进入解析界面，如图 3-6 所示。

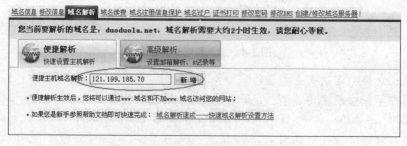

图 3-6　域名解析

根据会员区提示，填写业务中相对应的主机服务器 IP 和邮箱服务器 IP 后，再单击【新增】按钮，这样就可以把主机空间和域名绑定在一起了。

如果域名是在万网注册，并且选择使用万网的 DNS 服务器，那么进行域名解析操作时的生效时间如下。

- 添加新的解析记录，生效时间是 10 分钟。
- 修改已经添加的解析记录，生效时间是 60 分钟。
- 修改为万网 DNS 服务器后首次进行域名解析，生效时间是 2 小时。
- 国内域名 DNS 修改，修改时间最长 6 小时。
- 国际域名 DNS 修改，修改时间最长 48 小时。

3.1.2 域名备案

1. 什么是域名备案

域名备案是指针对有网站的域名到国家工信部（http://www.miitbeian.gov.cn）提交网站的相关信息。目的就是为了防止在网上从事非法的网站经营活动，打击不良互联网信息的传播。

2. 经营性的互联网信息服务与非经营性互联网信息服务

经营性互联网信息服务是指通过互联网向上网用户有偿提供信息或者网页制作等服务活动。

非经营性互联网信息服务是指通过互联网向上网用户无偿提供具有公开性、共享性信息的服务活动。

3. 非经营性互联网信息服务报备流程

（1）登录工信部备案网站。
（2）ICP 注册。
（3）输入手机、邮件验证码。
（4）录入备案信息。
（5）将备案编号和电子证书安放在规定的位置。
（6）个人网站站长备案须当面检验拍照。

4. 前置审批手续

根据《互联网信息服务管理办法》（国务院 292 号令）第 5 条等有关规定，拟从事新闻、出版、教育、医疗保健、药品和医疗器械、文化、广播电影电视节目等互联网信息服务的，依照法律、行政法规以及国家有关规定应经有关主管部门审核同意，在履行备案手续时，还应向其住所所在地省通信管理局提交相关主管部门审核同意的文件。

5. 电子证书的安装

（1）将备案证书文件 bazx.cert 放到网站地址 cert/目录下。该文件必须可以通过地址"http://网站域名/cert/bazs.cert"访问。

（2）将备案号/经营许可证号显示在网站首页底部的中间位置。

（3）在网站的页面下方已放好的备案号的位置做一个超链接，链接到工信部备案网站：http://www.miitbeian.gov.cn。

3.2 确定服务器解决方案

仅有域名还远远不够。就像注册了一个名字响亮的公司，还无法立即开展业务，因为必须要有办公场地。与此类似，拥有了网上招牌之后，还必须要有网上的经营场地——服务器空间。

一个电子商务网站至少应有一台用于存放企业网站的服务器。网站存放在一个什么样的服务器上，有很多种方案，应根据企业自身的实际情况进行选择。

解决服务器的选择方案有如下几种。

1. 虚拟主机

虚拟主机，即通常所说的租用 ISP（Internet Service Provider）硬盘空间。ISP 的一台服务器可能会虚拟出很多主机名称，每一台虚拟主机都具有独立的域名和 IP 地址，具有完整的 Internet 服务器功能。虚拟主机之间完全独立，在外界看来，每一台虚拟主机和一台独立的主机完全一样。由于多台虚拟主机共享一台真实主机的资源，每个虚拟主机用户享受的服务器资源和各项服务、支持将受到限制，但同样是由于多个用户共享一台主机，用户基本上不需要管理和维护自己的主机，而且虚拟主机的费用较主机托管的费用要低很多。虚拟主机比较适用于中小型企业。

图 3-7 是某 ISP 的两款虚拟主机的价格与功能配置。

选择服务商时，不要只看空间大小和价格是否便宜，还要考虑到空间的其他性能，例如网速、IIS 并发连接数、数据库支持、稳定性和安全设施、是否 24 小时服务、服务口碑、产品功能等因素。

图 3-7 虚拟主机配置与价格

2. 主机（服务器）托管

如果企业的网站需要主机提供更多的服务，或登录网站的速度有更高的要求，那么企业自行购买服务器后，可以将自己的服务器托管在 ISP 的机房里，实现其与 Internet 的连接，从而省去用户自行申请专线接入到 Internet 的麻烦。这种方式下 ISP 负责提供网络接入设备，企业自己在主机上安装、配置需要的各项服务，并且可以享有较高的接入带宽，但是需要技术人员经常为主机的硬件环境和软件环境进行远程维护。这种方案需要交付一定的托管费用，比较适用于大中型企业。

3. 主机租用

客户无须自己购置服务器，而是直接采用服务提供商准备的服务器以及软件系统，这样可以省去采购成本，并且安放在服务商的 IDC 中，带宽、安全、稳定、系统维护等问题都由服务商技术人员来打理。主机为该企业所专用，需要支付一定的租用费用。

4. 自建主机

企业开展电子商务也可自己购买运营服务器，这种方式称为自建主机方式。自建主机需要配备专业人员、申请专线、购买服务器、路由器等硬件设备，并安装相应的网络操作系统，开发使用 Web 程序，设定 Internet 服务的各项功能，包括 DNS 服务器及 WWW、FTP 服务设置等。这种方式的优点是可以自由设置功能，自由使用软件，不受 ISP 的限制，缺点是需要有水平较高的专业技术人员，投入资金较大。

3.3 电子商务网站的软件平台搭建

完成域名注册和服务器的选择后，接下来需要解决的是电子商务网站应选择一个什么样的软件平台，是用 UNIX、Linux 还是 Windows 2000/2003？是采用 ASP、PHP 还是 JSP？这就需要具体分析企业的功能需求和性能需求，如稳定性、速度和安全性等，还要计算投入的成本及可能取得的收益。要解决这些问题，首先要了解电子商务网站的运营平台所需要的软件系统，包括操作系统、服务器软件和数据库软件等。下面分别简要介绍这些软件的特点及使用情况，有关数据库软件的内容将在第 7 章中介绍。

3.3.1 网络操作系统

目前流行的能用于电子商务网站的操作系统主要有 3 类。

1. UNIX

UNIX 是一个功能强大、性能全面的多用户、多任务操作系统，可以应用从巨型计算机到普通 PC 机等多种不同的平台上，是应用面最广、影响力最大的操作系统。

UNIX 系统具有以下特点。

- 多任务、多用户。
- 可靠性高。
- 面向数据库应用。

- 功能强大的 Shell。
- 强大的网络支持。
- 系统源代码用 C 语言写成，移植性强。
- 开放性好。

2. Linux

Linux 是一种外观和性能与 UNIX 相同的操作系统，但 Linux 不源于任何版本的 UNIX 的源代码，而是一个类似于 UNIX 的产品。Linux 产品成功地模仿了 UNIX 系统及其功能。

Linux 系统具有以下特点。

- 多任务、多用户。
- 源码公开。
- 广泛的硬件支持，易于移植。
- 安全性及可靠性好，内核高效稳定。
- 强大的网络功能。

3. Windows Server 2003

Windows Server 2003 是一个多任务操作系统，能够按照用户的需要，以集中或分布的方式处理各种服务器角色。Windows Server 2003 具有可靠性、实用性和安全性，这使其成为高度可靠的平台。

Windows Server 2003 具有以下特点。

- 高可靠性：提供具有基本价值的 IT 架构，包括一个兼具内置的、传统的应用服务器功能和广泛的操作系统功能的应用系统平台，集成了信息工作基础架构，从而保护商业信息的安全，并确保能够访问这些商业信息。
- 高效性：提供灵活易用的工具，使你的设计和部署与组织及网络的要求相匹配。
- 连接性：提供集成的 Web 服务器 IIS（Internet Information Services）和流媒体服务器，帮助你快速、轻松和安全地创建动态 Intranet 和 Internet Web 站点。
- 提供内置的服务，帮助你轻松地开发、部署和管理 XML Web 服务。
- 提供多种工具，使你得以将 XML Web 服务与内部应用程序、供应商和合作伙伴连接起来。

3.3.2 Web 服务器软件

Web 服务器也称为 WWW（World Wide Web，即万维网）服务器，主要提供网上信息浏览服务。Web 服务器软件作为驻留于服务器上的程序，通过 Web 浏览器与用户实现交互。Web 服务器软件的种类繁多。下面介绍几种常用的 Web 服务器软件。

1. IIS

IIS 是 Internet Information Services 的缩写。IIS 作为当今流行的 Web 服务器软件之一，提供了强大的 Internet 和 Intranet 服务功能。IIS 是随 Windows 2000/Windows Server 2003 一起提供的文件和应用程序服务器，与 Windows 2000/Windows Server 2003 完全集成，可以建立强大灵活的 Internet/Intranet 站点。IIS 是一种 Web（网页）服务组件，其中包括 Web 服务器、FTP 服务器、NNTP 服务器和 SMTP 服务器，分别用于网页浏览、文件传输、新闻服务和邮件发送等方面，它使在网络（包括互联网和局域网）上发布信息成了一件很容易的事。

需要说明的是，Windows XP Professional（专业版）、Windows 7 Professional（专业版）、Windows 7 Ultimate（旗舰版）也都集成了 IIS。

2. Apache

Apache 是世界上使用排名第一的 Web 服务器软件。它可以运行在几乎所有广泛使用的计算机平台上，由于其跨平台和安全性而被广泛使用，是最流行的 Web 服务器端软件之一。

Apache 可运行在 Linux、UNIX、Windows 等操作系统下。Apache 支持许多特性，大部分通过编译的模块实现。这些特性包括从服务器端的编程语言支持到身份认证方案。一些通用的语言接口支持 Perl、Python、Tcl 和 PHP。

3. Tomcat

Tomcat 是一个轻量级应用服务器，普遍应用于中小型系统和并发访问用户不是很多的场合下，是开发和调试 JSP 程序的首选。当在一台机器上配置好 Apache 服务器，可利用它响应对 HTML 页面的访问请求。实际上 Tomcat 部分是 Apache 服务器的扩展，当运行 Tomcat 时，它实际上是作为一个与 Apache 独立的进程单独运行的。

4. Web 平台常见的几种搭配方式

选择 Web 服务器软件时，不仅要根据企业自身实际情况考虑当前的需要，还要兼顾网站发展的需要，同时还要与操作系统、数据库系统联系起来考虑。下面是 Web 平台常见的几种搭配方式。

- Windows Server 2003+IIS+ASP+SQL Server。
- Windows Server 2003+ IIS+ASP.NET+SQL Server。
- Windows Server 2003+ IIS+PHP+SQL Server。
- Linux+Apache+PHP +MySQL。
- Linux+Apache+JSP + SQL Server。

3.4　网站开发流程与网站上传

3.4.1　电子商务网站的开发方式

电子商务网站的开发方式多种多样，概括来讲，主要包括以下 3 种。

1. 外包

网站外包，也就是把不属于自己核心竞争力的网站项目外包出去，通俗地说，是把自己做不了或做不好或别人做得更好、更便宜的事交由专业的软件或网络公司去完成。优点是省力、省心，缺点是费用比较高。

2. 购买商业软件

目前比较成熟的商业软件有 ECSHOP、ShopEx 等，费用比外包少很多，选择这种模式也要求企业有过硬的技术团队支撑。另外，商业软件通常是通用软件，在体现企业自身特色方面可能会被限制。

3. 自主开发

自主开发网站的方式费用低，同时有利于人才培养和电子商务的实施，但要求企业有较高水平的技术开发人员。

这几种方式各有利弊，如何选择，还要看企业的具体需求，有时不妨将几种方式结合起来。例如，网站外包服务形式细化后也有多种，包括网站策划外包、网站维护（托管）外包、网站改版外包、网站开发外包、网站推广外包等。企业可以根据自身情况选择某一个子项目的外包与自主开发相结合的方式，这样既可以节省费用，又可以体现核心优势，以达到双赢的结果。

3.4.2　电子商务网站的开发流程

搭建电子商务网站平台是一个复杂的系统工程，所涉及的环节、内容很多。因此有必要先了解网络公司的建站流程与详细步骤，明白每一个阶段应该做什么，如图 3-8 所示。

网站的开发与建设流程一般包括以下步骤。

第一步：与客户沟通网站制作意向。商务人员通过当面交谈、电话、电子邮件或在线订单方式了解客户的网站制作意向及需求。

第二步：为客户制作网站规划方案。商务人员根据企业业务与网站建设目的，分析确定网站形象、网站功能、网站结构、栏目设置、页面量等内容，形成完整的《网站建设方案书》并确定价格。

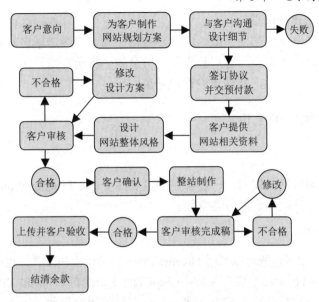

图 3-8 网络公司的建站流程

第三步：与客户洽谈设计细节。商务人员与客户就网站建设内容进行协商，修改、补充，以达成共识。

第四步：签订协议并交预付款。商务人员与客户以面谈、电话或电子邮件等方式，针对项目内容和具体需求进行协商，产生合同主体及细节。双方认可后，签署《网站建设合同》。合同附件中包含《网站制作需求书》，并根据合同协议，客户支付第一阶段网站建设费用。

第五步：收集客户网站相关资料。商务人员让客户收集和提供网站所需文字资料（电子稿）与图片素材，客户填写《ICP备案信息登记表》。

第六步：设计主页方案及效果图。美工按照需求书进行网站整体风格及布局设计，并出具设计效果图。

第七步：用户审核。由用户审核确定设计稿方案。如果客户满意，则进行下面一个步骤；如果客户不满意，需要及时反馈到技术部，技术部负责修改。

第八步：用户确认。商务人员要客户签订《网站设计风格确认书》，签字（盖章）确定设计和策划方案。

第九步：整体制作及测试。技术部根据客户确定的策划方案进行开发、制作与测试。

第十步：向客户提交完成搞。将设计完成的整体网站提交客户验收。验收项目包括链接的准确性和有效性、页面是否真实还原设计稿、浏览器的兼容性、功能模块的有效性等。如果客户满意，则进行下面一个步骤；如果不满意，商务人员或技术部相应人员要收集客户意见，并及时反馈到技术部，由技术部负责修改。

第十一步：用户最终确认。客户验收合格，由客户签写《网站建设验收确认书》，签字（盖章）确定网站建设成果。

第十二步：上传网站及结清余款。应客户委托，为客户注册域名，开通网站空间，将网站直接上传到指定服务器上。客户验收后支付余款。将所有网站文件及《网站维护说明书》一同递交给客户。至此，网站建设过程结束。

3.4.3 电子商务网站的上传

1. 网站上传

网站上传，也叫网站的发布，一般都是通过 FTP（File Transfer Protocol）软件，以远程文件上传方式将网站上传到服务器空间。

2. 上传工具介绍

上传工具软件有很多，既可以利用 Dreamweaver 自带的上传工具，也可利用专用的 FTP 工具。目前常用的 FTP 工具主要有 3 种：LeapFTP、CuteFTP、FlashFXP 等。

LeapFTP 是一个非常好用的 FTP 工具，具有友好的用户界面、稳定的传输速度，支持断点续传和整个目录的上、下载，可以轻松地完成上传和下载的任务。下面介绍 LeapFTP 软件的使用。

（1）LeapFTP 主界面。安装之后可直接在【开始】菜单中运行 LeapFTP。如图 3-9 所示是 LeapFTP 的用户界面，图中 4 个区域分别是本地目录窗口、远程目录窗口、队列窗口和状态窗口。

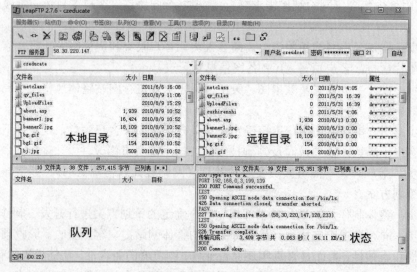

图 3-9　LeapFTP 主界面

（2）添加站点。要使用 FTP 工具来上传（下载）文件，首先必须设定好 FTP 服务器的网址（IP 地址）、授权访问的用户名及密码。

选择【站点】→【站点管理器】命令，打开【站点管理器】对话框，如图 3-10 所示。详细步骤如下。

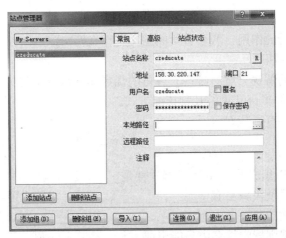

图 3-10　【站点管理器】对话框

第一步：单击【添加站点】按钮，输入站点的名称（它只是对 FTP 站点的一个说明）。

第二步：按照界面所示，分别输入 IP 地址（FTP 服务器所拥有的 IP）、用户名和密码（由 ISP 运营商或管理员提供）。另外，对于端口号在没有特别要求的情况下就使用默认的端口号 21，不必再进行改变。

第三步：设置远程及本地路径，远程路径其实就是连上 FTP 服务器后默认打开的目录；而本地路径就是每次进入 FTP 软件后默认显示的本地文件目录（也可以不设置远程及本地路径，系统将会使用自己的默认路径）。

第四步：连接上传。

① 连接。通过上面的设置之后即可连接 FTP 服务器上传文件了。单击工具栏下方的【连接】按钮，稍等片刻，即可连接上 FTP 服务器。

② 上传下载。不仅可以传输单个文件，还可以传输多个文件甚至整个目录，LeapFTP 主要提供了以下 5 种方法。

- 选中所要传输的文件或目录，直接拖放到右侧目标目录中即可。
- 选中所要传输的文件或目录，单击鼠标右键，在弹出的快捷菜单中选择【传输】命令即可。
- 双击想要传输的文件即可（但要先在选项中进行设置）。
- 选中所要传输的文件或目录，选择【命令】→【上传】命令即可。
- 将选中的文件或文件夹拖动到队列窗口中，然后通过执行鼠标右键菜单命令进行传输。

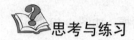思考与练习

一、简答题

1．简述域名解析的作用。域名备案的意义是什么？
2．什么是虚拟主机？
3．Web 服务器的解决方案有哪些？各自的优点和缺点分别是什么？
4．简述 Web 软件平台常见的几种搭配方式。
5．上传工具软件有哪些？

二、填空题

1．Windows 2003 集成的 Web 服务器软件是_____。
2．常用国际通用顶级域名有_____、_____、_____，国内顶级域名是_____。
3．电子商务网站的开发方式有_____、_____和_____ 3 种。
4．域名命名的规则规定域名中只能出现_____、_____和_____ 3 种字符。
5．Linux 系统具有_____、_____、_____、安全性及可靠性和强大的网络功能等特点。

技能实训

一、实训目的

1．掌握域名申请的方法和步骤。
2．了解虚拟主机提供商的服务和收费。
3．掌握上传工具 LeapFTP 软件的使用。

二、实训内容

1．为某一个企业尝试设计一个有意义的域名，然后到 CNNIC 进行域名查询，看其是否已被人注册。如没有注册，选择一家域名注册服务机构申请注册。

2．收集以下几家虚拟主机提供商的资料，比较其提供的服务和收费情况。

（1）中国万网。
（2）新网。
（3）中资源。
（4）西部数码。
（5）商务中国。

3．通过搜索引擎查询提供免费空间服务的网站，并进行申请，记录下 FTP 用户名和密码等信息。下载 LeapFTP 软件进行练习，尝试上传一些文件到免费空间。

说明：由于免费空间不稳定，如有条件，可申请价格稍低一些的虚拟主机开展实训。

第 2 篇　基本建站技术

第 4 章　建设网站的基础：HTML 语言

第 5 章　利用 Dreamweaver 设计网页

第 6 章　ASP 动态网站制作基础

第 7 章　数据库基础

第 8 章　ASP 存取数据库技术

第 9 章　电子商务网站设计与开发实例

第4章 建设网站的基础：HTML 语言

【学习目标】
① 掌握 HTML 文件的基本结构。
② 掌握 HTML 基本标记的使用。
③ 能够利用表格和框架标记进行网页布局。
④ 了解 CSS 样式的使用。

HTML 语言是网页制作的基础，是初学者必学的内容。虽然现在有许多所见即所得的网页制作工具，如 FrontPage、Dreamweaver 等，但学习 HTML 语言对于一个想成为网页制作高手的人来讲，仍是一个必不可少的重要环节。就像今天虽有计算器，但在学数学时仍须从"1+1=2"开始，这就是基本功。要知道"建立在沙漠中的宫殿，再豪华也会倒塌的"。在电子商务网站制作过程中，很多功能的实现需要编写代码，这时，如果基本的 HTML 语言都不懂的话，就寸步难行了。

4.1 什么是 HTML

HTML 的全称是 Hyper Text Markup Language，即"超文本标记语言"，是一种用标记（也可称为标签）来描述网页文档结构和表现形式的语言。HTML 是 WWW（World Wide Web）上发布信息的语言，也是网页制作的标准语言，且独立于各种操作系统平台，特点是功能强大、易学易用。

严格地说，HTML 语言并不是一种程序语言，只是包含一些标记的文本文件，这些标记告诉浏览器如何在网页页面上显示文字、表格、图片和超链接等。HTML 文件可以使用记事本、FrontPage、Dreamweaver 等任何文本编辑器编辑，编辑完毕后，保存为.htm 或.html 文件，然后就可以用 Web 浏览器如 IE（Internet Explorer）或其他浏览器打开查看了。

4.1.1 制作最简单的网页文件

下面从创建一个最简单的 HTML 文件开始讲解。
【例 4-1】 一个简单的 HTML 文件
打开记事本，新建一个文件并输入以下代码。

```
<html>
    <head>
        <title>我的第一个网页文件</title>
    </head>
<body>
    <h2 align="center" >我的主页</h2>
    欢迎光临我的主页。<br>
    这是我的第一个网页文件。
</body>
</html>
```

将其另存为 myfirst.html（保存类型设为"所有类型"）。要浏览 myfirst.html 文件，只需双击它即可在浏览器中查看效果，如图 4-1 所示。

说明：如何查看网页文件的源文件？

在 IE 7、IE 6 等版本的浏览器中打开网页后，可通过选择【查看】→【源文件】命令来查看网页的源文件。

在 IE 8 中，默认情况下源文件不是记事本打开的，所以不能编辑修改网页的源文件。要解决这个问题，可修改默认设置。按 F12 键或在 IE 中选择【工具】→【开发人员工具】命令，在打开的窗口中选择【文件】下面的【自定义查看】选项，选择【记事本】即可。

图 4-1 HTML 文件运行效果

网页的修改也可以在浏览器中，从【查看】菜单中选择【源文件】命令修改。

1．标记

在 HTML 文档中，<html>、</html>、<head>、</head>、<body>和</body>都称为标记，HTML 文件就是由标记和被标记的内容组成的，实际上正是这些标记规定了网页内容的显示方式，就像一个排版程序，将网页的文字、图片等内容排成理想的效果。

标记在使用时必须用尖括号"< >"括起来，而且大部分是成对出现，即一个起始标记和一个结束标记。

格式：<标记>受标记影响的内容</标记>

注意："<"与标记名之间不能留有空格或其他字符。标记字母大小写皆可，没有限制。也有少数标记可能单独出现，如
，表示插入一个换行符。

2．标记属性

在例 4-1 中，<h2>标记中多出了一些字符：

<h2 align="center" >我的主页</h2>

其中，align 称为属性，用来规定标题文字的对齐方式；center 是属性值，表示居中

显示。

所谓标记属性，是指为了明确元素功能，在标记中描述元素的某种特性的参数及其语法。

一般语法格式为：

<标记名 属性名="属性值" 属性名="属性值" …>……</标记名>

在 HTML 标记中可以有多个属性，中间用空格隔开。不同的标记通常有不同的属性，但也有一些属性是通用的，所以学习时要善于总结规律，以达到举一反三的目的。

4.1.2 HTML 文件的基本结构

HTML 文件的基本结构如下。

```
<html>
    <head>
        文档头部……………………………头部信息不会显示在浏览器窗口中
    </head>
    <body>
        文档主体……………………………主体内容显示在浏览器窗口中
    </body>
</html>
```

HTML 的语法比较简单，不管是上面简单的网页还是后面即将看到的复杂网页，其结构基本上都是相同的。一般来说，都是以<html>开头，以</html>结束，且分为文档头部和文档主体两个部分。

1．文档头部

在<head>和</head>之间的内容，是文档头部信息。尽管文档头部信息不显示在页面中，但仍然是非常重要的，它会告诉浏览器如何处理文档主体内的内容。

【例 4-2】　<title>和<meta>标记的使用

```
<html>
  <head>
    <title>电子商务教学网站</title>
    <meta name="Keywords" content="电子商务教学网站">
    <meta name="Description" content="这是一个电子商务专业师生交流的平台">
    <meta http-equiv="Content-Type" content="text/html; charset=gb2312">
    <meta http-equiv="Refresh" content="10">
  </head>
  <body >
  <p>该页面用来演示文档头部
```

```
</body>
</html>
```

（1）<title>标记。该标记用来设置网页的标题，其中的文字会显示在浏览器窗口的标题栏中。一般情况下，应该为网页添加一个合适的标题，这样可以方便搜索引擎的收录。

（2）<meta>标记。<meta>标记是一个辅助标记，主要用来提供描述网页的信息。不要小看<meta>标记，它有着很重要的作用。<meta>标记有 3 个最重要的属性，分别是 name、http-equiv 和 content 属性。需要注意的是，这几个属性的用法与其他标记的属性有些不同。

其中，name 和 content 为一组。name 的属性值一般是给定的，分别用来说明网页的生成工具、作者、关键字和网页的描述信息，而 content 的属性值则是由用户来设置的对应的信息，具体说明如下。

- Author：用来设置网页的作者姓名。
- Keywords：用来定义关键字。
- Description：用来定义网页的描述信息。

http-equiv 和 content 为另一组，http_equiv 的属性值一般也是给定的，用来说明网页的文件类型、语言编码方式和自动刷新时间等，而 content 的属性值也是用来设置对应的信息，具体说明如下。

- Content-type：说明文件的内容类型和语言编码方式，设定页面使用的字符集。本例中的 text/html 表示是 HTML 文档；meta 标签的 charset 参数是 gb2312 时表示中文简体，如果是 BIG5，则代表网站采用的编码是繁体中文；charset 参数如果是 UTF-8，表示为世界通用的语言编码。
- Refresh：用来设置网页自动刷新的时间，如本例中为 10 秒自动刷新一次。

另外，该属性还可以让网页在指定时间后自动跳转到另一个页面或网址，用法如下：

```
<meta http-equiv="Refresh" content="10;URL=http://www.sohu.com" >
```

2．文档主体

网页文档主体是指包含在<body>和</body>之间的所有内容，它们将显示在浏览器窗口内。这里的文档主体可以包含文字、图片、表格等各种标记。

<body>与<head>标记不同，它可以添加很多属性，用来设置网页背景、文字、页边距等。

看下面的一行代码：

```
<body text="blue" background="bg1.gif" bgcolor="#ffffff" leftmargin=2 topmargin=2>
```

这是一个<body>标记，其中包含了多个属性，说明如下。

- text：用以设定文字颜色。
- background：设定背景图片的路径。路径可以是绝对路径或相对路径。
- bgcolor：设定背景颜色。当设定背景图片时，背景颜色会失去作用。

- leftmargin：只适用于 IE 浏览器，设定页面左边距，单位为像素。
- topmargin：只适用于 IE 浏览器，设定页面上边距，单位为像素。

4.2 HTML 常用标记

4.2.1 常用排版标记

1．分段标记\<p>\</p>

段落标记放在一段文字的末尾，就定义了一个新段落的开始。\<P>标记不但能使后面的文字换到下一行，还可以使两段之间多一空行。由于一段的结束意味着新一段的开始，所以使用\<P>也可省略结束标记。

用法：\ 这是一个段落\

其中，属性 align 用来设置标题在页面中的对齐方式，属性值可以是 left、center 或 right。

**2．换行标记\
**

\
放在一行的末尾，可以使后面的文字、图片、表格等显示于下一行，而又不会在行与行之间留下空行，即强制文本换行。由于浏览器会自动忽略源码中空格和换行的部分，因此这使\
成为最常用的标记之一。

用法：床前明月光，\
疑是地上霜。

注意：如果在 HTML 代码中输入多个空格，浏览器中只会显示出一个空格，其他的空格会被忽略掉。要解决这个问题，可用 " " 输出空格。

例如，下面的代码可以输出 3 个空格：

3．标题标记\<hn>和\</hn>

在页面中，标题是一段文字内容的核心，所以总是用加强的效果来表示。网页中的信息可以通过设置不同大小的标题，为文章增加条理。

用法：\<hn align= "对齐方式"> 标题文字 \</hn>

其中，n 用来指定标题文字的大小。n 可以取 1～6 的整数值，取 1 时文字最大，取 6 时文字最小。属性 align 的取值与\<p>标记相同。

\<hn>…\</hn>标记会自动插入一个空行，不必用\<P>标记再加空行。在一个标题行中无法使用不同大小的字体。与用\<title>…\</title>定义的网页标题不同，标题显示在浏览器窗口内，而不是显示在浏览器的标题栏中。

4．文字标记\<font>\</font>

该标记可以用来设置文字的大小、字体、颜色。

用法：<font size="数字" face="字体" color="颜色">被设置的文字</font>

具体属性说明如下。

- size：用来设置文字的大小。数字的取值范围为 1～7，size 取 1 时最小，取 7 时最大。
- face：用来设置字体，如黑体、宋体、楷体_GB2312、隶书、Times New Roman 等。
- color：用来设置文字的颜色。

5. 水平线标记<hr>

在页面中插入一条水平线，可以将不同功能的文字分隔开，使页面看起来更加整齐明了。当浏览器解释到 HTML 文件中的<hr>标记时，会在此处换行，并加入一条水平线段。

用法：<hr align="对齐方式" size="粗细" width="长度" color="颜色" noshade>

具体属性说明如下。

- size：设定线条粗细，以像素为单位，默认为 2。
- width：设定线的长度，可以是绝对值（以像素为单位，不随窗口尺寸的改变而改变）或相对值（相对于当前窗口的百分比，窗口的宽度改变时，线段的长度也随之改变）。
- noshade：设定纯色，无阴影。

【例 4-3】 基本标记使用示例

```
<html><head><title>最简单网页示例</title></head>
  <body>
    <h3 align="center"> HTML 语言的学习</h3>
    <hr>
    <font size="6" color="blue">欢迎光临我的主页。</font><br>
    <p align="center"><b>今天我们学习了标记（标签）</b></p>
    这是我做的第一个网页。
    <p>大学之道，在明明德，在亲民，在止于至善。知止而后有定，定而后能静，静而后能安，安而后能虑，虑而后能得。物有本末，事有终始，知所先后，则近道矣。</p>
  </body>
</html>
```

在浏览器中进行查看，效果如图 4-2 所示。

6. 图片标记<img>

在网页中插入图片，可让网页变得丰富多彩，富有吸引力。目前，网页上经常使用的图片格式为 GIF 格式和 JPEG 格式。GIF 格式文件最多只能显示 256 种颜色，因而很少用于存储照片。但是，存放图标等对颜色要求不高的图片，GIF 格式文件已经足够了。GIF 格式图片的优点在于图片文件体积小，可以制作透明背景和动画效果。JPEG 格式文件适合存放高质量的彩色图片和照片。另外，JPEG 格式文件采用压缩方式存储文件信息，占空间也比较小，所以下载时间较短，浏览速度也较快。

图 4-2　基本标记使用示例

用法：<img src="图片文件路径" alt="说明" width="宽度" height="高度" border="边框宽度" >

具体属性说明如下。

- src：指定图片文件的路径（含文件名），可以是本地计算机的图片文件，也可以是其他图片的一个 URL 地址。
- alt：用于设置图片的说明信息。如果用户浏览器由于某些原因不能正常显示图片，则可在该位置显示文字来替换图片。若图片正常显示，则当鼠标指针置于图片上时也会显示文字。
- width：宽度（像素数或百分数）。通常只设为图片的真实大小，以免失真，若需要改变图片大小，最好事先使用图片编辑工具。若不设定图片的尺寸，图片将按照其本身的大小显示。
- height：设定图片的高度（像素数或百分数）。
- border：设定图片边框的宽度。

7. 在网页中插入多媒体

（1）加入背景音乐。
用法：<bgsound src="声音文件路径" loop="播放次数">
要加入的背景声音文件的格式可以是 wav、au 或 mid。
播放次数取-1 或 Infinite 时，声音将一直播放直到关闭该网页为止。
（2）加入视频。
用法：<embed src="视频文件路径"loop="播放次数" autostart="True/False"> </embed>
<embed>标记可用来插入各种多媒体，格式可以是 WMV、AVI、MIDI、WAV、AU、MP3 等，文件路径可以是相对路径或绝对路径。

8. 滚动字幕

用法：<marquee direction="left/right" behavior="滚动方式" scrollamount="移动速度" scrolldelay="延迟时间"width=x height=y >滚动文字（或图片）</marquee>

具体属性说明如下。

- width：设置字幕的宽，x 为像素数或相对于窗口宽的百分比。
- height：设置字幕的高，y 为像素数。
- behavior：值为 scroll 时，设置文字单向流动；值为 slide 时，设置流动文字到达边界停止；值为 alternate 时，设置流动文字到达边界后反向流动。
- scrollamount：指定每次移动速度，值越大速度越快。
- scrolldelay：移动每步的延时，单位是毫秒，时间越短，速度越快。

9. 列表标记

在 Word 中，经常使用项目符号或项目编号使文档变得更有条理，更便于阅读。在 HTML 中，也可以建立列表实现类似的效果。

（1）创建无序列表，格式如下：

```
<ul type="符号类型">
    <li   type="符号类型 1"> 第一个列表项
    <li   type="符号类型 2"> 第二个列表项
        …
</ul>
```

从浏览器上看，无序列表的特点是：列表项目作为一个整体，与上下段文本间各有一行空白；表项向右缩进并左对齐，每行前面有项目符号。

type 指定每个表项左端的符号类型，可为 disc（实心圆点）、circle（空心圆点）、square（方块），也可自己设置图片。

【例 4-4】 无序列表应用示例

```
<html>
    <head><title>无序列表</title></head>
    <body>
        <ul>
            <li type="circle">电子商务项目管理。
            <li type="square">电子商务顾问。
            <li type="disc">销售人员。
        </ul>
    </body>
</html>
```

在浏览器中进行查看，效果如图 4-3 所示。

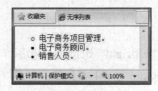

图 4-3 无序列表示例

(2) 创建有序列表。通过带序号的列表可以更清楚地表达信息的顺序。使用<ol>标记可以建立有序列表，表项的标记仍为<li>。格式如下：

    <ol type="符号类型">

        <li type="符号类型 1">第一个列表项

        <li type="符号类型 2">第二个列表项

        ……

    </ol>

在浏览器中显示时，有序列表的整个表项与上下段文本之间各有一行空白；列表项目向右缩进并左对齐；各表项前带顺序号。

可以改变有序列表中的序号种类，利用<ol>或<li>中的 type 属性设定 5 种序号：数字、大写英文字母、小写英文字母、大写罗马字母和小写罗马字母。默认的序号标记是数字。

在<ol>后指定符号的样式，可设定直到</ol>的表项加重记号。格式如下：

    <ol   type="1">   序号为数字

    <ol   type="A">   序号为大写英文字母

    <ol   type="a">   序号为小写英文字母

    <ol   type="I">   序号为大写罗马字母

    <ol   type="i">   序号为小写罗马字母

4.2.2 超链接标记

1. 超链接的概念

所谓的超链接是指从一个网页指向一个目标的连接关系，这个目标可以是另一个网页，也可以是同一网页上的不同位置，还可以是一个图片、一个电子邮件地址或一个文件。而在一个网页中用来超链接的对象，可以是文本，也可以是一个图片，甚至可以是图片的一部分。

2. 用法

<a href="链接目标的路径" name="锚点名称" target= "打开窗口方式" >链接主体</a>

说明：

(1) href：用来定义超链接文件的路径，可以是相对路径或绝对路径。

(2) target：指定打开超链接的窗口或框架。取值有以下 5 种情况。

- _blank：在新窗口中打开链接。
- _self：在当前窗口打开链接。默认为_self。
- _top：在整个浏览器窗口中打开链接。
- _parent：在当前窗口的父窗口打开链接。
- 框架名称：在指定名字的框架中打开链接。

（3）name：创建一个"锚点"的标识，让同页面上的另一个位置引用。相当于在某处加了个书签，需要时直接查找书签即可。

3．超链接的类型

根据链接目标的不同，可将超链接分为以下几种情况。

（1）站内链接。链接到本地站点上的某一文件，例如：

```
<a href="intro.html">企业简介</a>
```

（2）外部链接。链接到另一个站点的某一文件，例如：

```
<a href="http://www.dangdang.com/index.html">链接到当当网</a>
```

（3）锚点链接。链接到当前页面的某一位置，例如：

```
<a name="first">这里定义了一个锚点</a>
<a href="#first">指向同一页中的锚点 first</a>
```

（4）E-mail 链接。链接到一个电子邮箱地址，例如：

```
<a href="mailto:zhangjie@163.com">请与我联系</a>
```

【例 4-5】 超链接应用示例

```
<html>
  <body>
    <p>
      <a href="/intro.html">本文本</a> 是一个指向本网站中的一个页面的链接。</p>
      <a href="http://www.sohu.com/">本文本</a> 是一个指向万维网上的页面的链接。
  </body>
</html>
```

思考：如何将一个图片设置为超链接？

4.2.3 表格标记

1．表格

表格是网页设计中常用的元素，有两个常用功能：一是用来显示文字或图片内容；二是用来进行网页布局，使网页更规范、更美观。

表格的标记为<table>，使用<tr>标记可将一个表格划分成若干表格行，然后通过<td>标记将每个行划分成若干列（单元格）。数据内容放在<td>与</td>之间。单元格中的数据信息可以是文字、图片、列表，还可以是嵌套表格。

2. 语法格式

表格的用法如下：

```
<table>
    <tr> <td>表项1</td><td>表项2</td><td>…</td><td>表项n</td></tr>
    …
    <tr> <td>表项1</td><td>表项2</td><td>…</td><td>表项n</td></tr>
</table>
```

3. <table>属性

<table>的属性较多，下面介绍几个主要属性。

- border：定义表格边框的粗细，n取整数，单位是像素。如果省略，则不带边框。
- bgcolor：设置背景颜色。
- background：设置背景图片。
- width：定义表格的宽度，单位可以是绝对的像素数或窗口的百分比。
- height：定义表格的高度，单位是像素数。
- cellspacing：定义单元格之间的间隙宽度，单位是像素，默认为2。
- cellpadding：定义单元格内容与单元格边界之间的距离，单位是像素，默认为2。
- colspan和rowspan：可以分别制作跨多列（合并列）和跨多行（合并行）的表格。

注意：

（1）如果用<th></th>取代<td>与</td>，可使标记中文字按粗体显示，称为标题单元格。

（2）对于表格的宽度，如果为像素数，则为绝对宽度。如果为百分数，则为相对于浏览器窗口宽度的比例，也就是100%时表格宽等于窗口的宽度。不管是绝对宽度还是相对宽度，当数值太小不足以显示表格中的内容时，会自动以最小的宽度显示。

【例4-6】 表格边框属性示例

```
<html>
    <head>
        <title>表格的边框属性</title>
    </head>
    <body> <table border="10" cellspacing="2" cellpadding="3">
            <tr>
```

```
            <td>单元格 1</td>
            <td>单元格 2</td>
        </tr>
     </table>
  </body>
</html>
```

在浏览器中进行查看，结果如图 4-4 所示。

【例 4-7】 表格跨多行和跨多列属性示例

```
<html><head><title>表格跨多列属性</title></head>
   <body>
      <table border="1">
         <tr><th colspan="3">值班人员</th></tr>
         <tr><td>周一</td><td>周二</td><td>周三</td> </tr>
         <tr><td>张三</td><td>李四</td><td>王五</td> </tr>
      </table>
   </body>
</html>
```

在浏览器中进行查看，结果如图 4-5 所示。

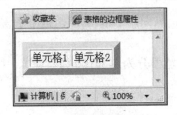

图 4-4 表格边框示例

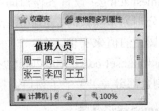

图 4-5 表格跨列示例

4.2.4 用框架进行网页布局

所谓框架网页，是在一个浏览器窗口中同时显示多个不同的 HTML 文档。利用框架结构可以在页面中同时浏览多个页面，还可以在一个区域中显示所有页面的总索引。通过单击该区域中的超链接，相关网页就会显示在另一个区域中，非常直观。这样当用户在浏览局部内容时，仍对整个网站的结构有着清晰的认识，不至于进入多层链接后而迷失方向。图 4-6 是一个框架网页的例子。

图 4-6 框架网页示例

1．框架的基本结构

定义框架网页要使用<frameset>框架集标记，这时 HTML 页面的文档主体标记<body>

被<frameset>所取代,然后通过<frameset>的框架标记<frame>定义每一个子窗口。

基本格式如下:

<html>

<frameset>

   <frame name="框架名" src="URL">

   <frame name="框架名" src="URL">

    …

</frameset>

</html>

注意:<frameset>不应该在<body>中出现,否则会导致无法正常显示框架。

2. <frameset>标记属性

- rows:设定横向分割的框架数目。
- cols:设定纵向分割的框架数目。
- border:设定边框的宽度。
- bordercolor:设定边框的颜色。
- frameborder:设定有/无边框。
- framespacing:设置各窗口间的空白。

将窗口分割为子窗口时,横向用 rows 属性,纵向用 cols 属性,每个子窗口的大小可以由这两个属性的值来实现。

例如,<frameset cols="100,200,*">表示将浏览器分为左(100 像素宽)、中(200 像素宽)、右(剩余部分宽)3 个子窗口。

3. <frame>标记属性

用<frameset>设置几个子窗口时必须对应几个<frame>标记,每个<frame>标记对应一个网页文件,也就是该框架要显示的网页内容。<frame>属性如表 4-1 所示。

表 4-1 <frame>属性

属性	说明
src	表示该框架对应的源文件
name	指定框架名
border	设定边框的宽度
bordercolor	设定边框的颜色
frameborder	设定有(yes)/无(no)边框
marginwidth	设置框架内容与左右边框的空白
marginheight	设置框架内容与上下边框的空白
scrolling	设置是(yes)/否(no)/自动(auto)加入滚动条
noresize	不允许各窗口改变大小,默认值为允许

【例 4-8】 框架网页示例

本例要实现如图 4-6 所示的结构和功能，共需要 7 个网页文件，这里给出主要的 3 个文件的源代码。

（1）index.html

```html
<html>
    <head>
        <title>框架页示例</title>
    </head>
    <frameset cols="20%,*">
        <frame name="left" src="left.htm">
        <frame name="right" src="welcome.html">
    </frameset>
</html>
```

（2）left.html

```html
<html>
    <head><title>目录</title>
    <base target="right">
    </head>
    <body>
        <p align="center"><a href="welcome.html">首页</a>
        <p align="center"><a href="myintro.html">个人简介</a>
        <p align="center"><a href="myphoto.html">我的照片</a>
        <p align="center"><a href="mydiary.html">我的日记</a>
        <p align="center"><a href="myshool.html" target="_blank">我的学校</a>
    </body>
</html>
```

（3）welcome.html

```html
<html>
    <head><title>我的个人网站</title>
    </head>
    <body>
        <h1 align="center">我的个人网站</h1>
        <p align="center">欢迎大家访问我的网站。</p>
    </body>
</html>
```

说明：<base>的作用是指定超链接默认在哪一个窗口中打开。本例指定超链接将在名为 right 的框架中打开。由于 target 属性指定了"_blank"，最后一个链接将在一个新窗口打开。

4.2.5 表单标记

在上网过程中，经常需要通过表单输入一些信息，如用户注册、用户留言、论坛发帖等。填写完信息后，单击【提交】按钮，就可以将相关信息提交给网站服务器。这里，用户要填写的文本框、下拉列表框等元素组合在一起就称为表单（Form）。在后面将要介绍的动态网站设计中，表单设计非常重要，因为在很多情况下，客户端都是通过表单将信息提交给服务器端，等服务器处理后，再将用户所需信息传送回客户端的浏览器上，从而实现客户端与服务器端的互动与交流。如图4-7所示为一个表单示例。

图 4-7　表单示例

1. 表单定义

要创建一个表单，可以用<form></form>标记来实现。表单像一个容器，能够容纳各种各样的控件（即表单元素）。下面介绍表单及构成表单的各个控件的用法。

格式：

<form action="表单处理程序的 url" method="get|post" >
　　<input type="控件类型" name="名称" >
　　…
</form>

说明：

（1）action：表单处理的方式，往往是 E-mail 地址或网址。

（2）method：表单数据的传送方式，可以是 get 方式，也可以是 post 方式。

- get：表示将表单信息附在 URL 地址后面传递给服务器。
- post：表示将所有信息当作一个表单传递给服务器。

（3）<input>标记主要用来设计表单中提供给用户的输入形式。

- type：指定要加入表单控件的类型（text、password、checkbox、radio、image、hidden、submit、reset）。
- name：该表单控件名，主要在处理表单时起作用。

2. 文本框

文本框是一种让访问者自己输入内容的表单对象，通常被用来填写简短的内容或回答，如姓名、地址等。

格式：<input type="text" name="名称" size="宽度" maxlength="最大长度" value="初始值">

说明：
- type：当类型为 text 时，定义单行文本框。
- name：定义文本框的名称，要保证数据的准确采集，必须定义一个独一无二的名称。
- size：定义文本框的宽度，单位是单个字符宽度。
- maxlength：定义最多输入的字符数。
- value：定义文本框的初始值。

3. 密码框

密码框是一种特殊的文本框，不同之处是当输入内容时，均以*表示，以保证密码的安全性。

格式：<input type="password" name="名称" size="宽度" maxlength="最大长度" >

4. 按钮

类型：普通按钮、提交按钮、重置按钮。

（1）普通按钮。当 type 的类型为 button 时，表示该控件是普通按钮。

格式：<input type="button" value="显示文本" name="名称">

说明：value 表示显示在按钮上面的文字。普通按钮经常和脚本一起使用。

（2）提交按钮。通过提交按钮（即 type 的类型为 submit 时）可以将表单（Form）中的信息提交给表单中 action 所指向的文件。例如，<input type="submit" value="提交">。

（3）重置按钮。当 type 的类型为 reset 时，表示该控件是重置按钮。单击该按钮后，浏览器将清除表单中的输入信息而恢复到默认的表单内容设置。

格式：<input type="reset" value="重置" >

5. 单选按钮和复选框

（1）单选按钮

格式：<input type="radio" name="名称" value="值" checked>

说明：
- checked：表示此项默认选中。
- value：表示选中后传送到服务器端的值。
- name：表示单选按钮的名称。如果是一组单选项，name 属性的值相同，有互斥效果。

（2）复选框

格式：<input type="checkbox" name="名称" value="值" checked >

说明：
- checked：表示此项默认选中。
- value：表示选中后传送到服务器端的值。
- name：表示复选框的名称。如果是一组单选项，即便 name 属性的值相同也不会有互斥效果。

6. 文件输入框

当 type 类型为 file 时,表示该控件是一个文件输入框,用户可以在文件输入框的内部填写自己硬盘中的文件路径,然后通过表单上传。

格式:`<input type="file" name="名称">`

7. 下拉列表框

下拉列表框(select)既可以设置为单选,也可以设置为复选。

下面是一个单选下拉列表框的例子:

```
<select name="fruit" >
  <option value="apple"> 苹果
  <option value="orange"> 桔子
  <option value="mango"> 芒果
</select>
```

如果要变成复选下拉列表框,只需加 multiple 即可。用户用 Ctrl 键来实现多选。

```
<select name="fruit" multiple>
```

用户还可以设置 size 属性来改变下拉列表框的大小。

8. 多行输入框

多行输入框(textarea)主要用于输入较长的文本信息。例如:

```
<textarea name="yoursuggest" cols ="50" rows = "3"></textarea>
```

其中,cols 表示 textarea 的宽度,rows 表示 textarea 的高度。

【例 4-9】 表单应用示例

```
<html><head><title>用户登记</title></head>
    <body>
        <table border="3" width="550" height="330" bordercolor="#336699" align="center">
        <tr><td><p align="center">亲爱的用户,请填写您的个人信息,便于我们及时与您联系。
</p>
        <form>姓名: <input type="text" name="user">
        <br>年龄: <input type="text" name="nianling">
        <br>性别: <input type="radio" name="xingbie" value="male" checked>男
        <input type=radio name=xingbie value="male">女</p>
        <p>文化程度: <select name="wnhua" size="1">
        <option value="xiaoxue" selected>小学
        <option value="高中">高中
```

```
            <option value="大学">大学</select>
            职业：<select name="zhiye">
            <option value="jiaoshi" selected>教师
            <option value="gongwuyuan">公务员
            <option value="zaiduxuesheng">在读学生
            </select>
            e-mail:<input type="text" name="mail"></p>
            <p>你的爱好：<input type="checkbox" name="aihao" value="dian">电影
            <input type="checkbox" name="aihao" value="yundong">运动
            <input type="checkbox" name="aihao" value="yinyue">音乐
            <input type="checkbox" name="aihao" value="tiaowu">跳舞
            <p><input type="submit" value="提交">
            <input type="reset" value="全部重写"></form>
            </td></tr></table>
    </body>
</html>
```

在浏览器中查看结果，如图 4-8 所示。

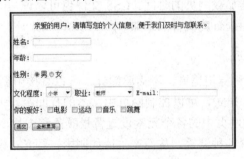

图 4-8　表单应用示例

4.3　CSS 样式

HTML 语言是制作网页的基础，但仅知道 HTML 语言是不够的，因为 HTML 语言在很多方面存在着不足。

（1）维护困难。HTML 标记中，经常为了修改某个标记的格式，需要花费很多的时间，尤其是对于整个网站而言，后期修改和维护的成本很高。

（2）标记不足。HTML 本身的标记很多都是为网页内容服务的，而关于美工样式的标记，如文字间距、行间距、段落缩进等，在 HTML 中很难找到。

（3）网页过"胖"。由于没有统一对各种风格样式进行控制，因此 HTML 的页面往往体积过大，占用很多宝贵的带宽。

（4）定位困难。为了解决 HTML 的种种不足，由此引入了 CSS 样式表这个新的规范。

具体来讲，由 HTML 确定网页的结构内容，而通过 CSS 来决定页面的表现形式。

2008 年汶川大地震期间，很多网站为表示哀悼而将网页变成了黑白色素装。一个网站是由众多页面组成的，如果修改每一个网页的每一个样式，这个工作量是非常巨大的。事实上，如果网页采用了 CSS 样式表，那么只要修改样式表文件，在其中加入一行代码即可。具体代码如下：

```
html { filter:progid:DXImageTransform.Microsoft.BasicImage(grayscale=1); }
```

4.3.1　CSS 概述

1. CSS 样式表的概念

CSS 即层叠样式表，是 Cascading Style Sheets 的缩写，是一种用于控制网页样式的标记性语言。通过使用 CSS 样式，可将页面的内容与表现形式分离。页面内容存放在 HTML 文档中，而用于定义表现形式的 CSS 规则存放在另一个文件中或 HTML 文档的某一部分。将内容与表现形式分离，不仅可使维护站点的外观更加容易，而且还可以使 HTML 文档代码更加简练，缩短浏览器加载网页的时间。CSS 文件也可以说是一个文本文件，它包含了一些 CSS 标记，必须使用.css 为文件名后缀。

2. CSS 样式表的特点

（1）CSS 语言是一种标记语言，不需要编译，可以直接由浏览器解释执行。

（2）通过设置 CSS 样式，可以控制网页中文本的行间距、大小、颜色，统一网站的整体风格；可以方便地为网页中的各个元素设置背景颜色和图片，并进行精确的定位控制；可以为网页中的元素设置各种滤镜，从而产生诸如阴影、辉光、模糊等只有在图像处理软件中才能实现的效果。

（3）CSS 文件可以用任何文本工具进行开发，如记事本、Dreamweaver 等。

（4）CSS 不是取代 HTML 语言，而是 HTML 语言很好的补充，可以弥补 HTML 在网页格式化功能上的不足。

（5）通过单个 CSS 样式表可以控制多个文档的布局。

4.3.2　CSS 样式类型

在 HTML 中有多种方法可以使用 CSS 样式。

1. 行内样式表（style 属性）

【例 4-10】　行内样式

```
<html>
  <head>
```

```
  <title>行内样式示例</title>
  </head>
  <body style="background-color: #FF0000;">
    <p>这个页面是红色的</p>
  </body>
</html>
```

行内样式是所有样式方法中最直接的一种，但由于需要为每一个标记设置 style 属性，造成网页容易过"胖"，所以很难体现出 CSS 样式的优势，不推荐使用。

2. 内部样式表（style 标记）

【例 4-11】 内部样式

```
<html>
  <head>
    <title>内部样式示例</title>
    <style type="text/css">
      body {background-color: #FF0000;}
    </style>
  </head>
  <body>
    <p>这个页面是红色的</p>
  </body>
</html>
```

在内部样式中，所有 CSS 代码部分被分离，集中在同一个区域，页面本身大大"瘦身"，所以相比于行内样式，提高了效率。但如果是一个网站，且拥有多个页面，如果都采用同样的样式风格，内部样式就会显得有些麻烦。因此，仅适用于单个页面设置单独的样式风格的情形。

3. 外部样式表（链接外部一个样式表文件）

链接外部样式表是使用频率最高、也是最为实用的方法。它将 HTML 页面本身与 CSS 样式风格分离为不同文件。外部样式表就是将一系列 CSS 样式放在一个扩展名为.css 的外部文件中，例如，样式表文件命名为 style.css，并存放于名为 style 的文件夹中。style.css 的内容如下：

```
hr {color: blue;}
p {margin-left: 20px;}
body {background-image: url（"images/back.gif"）;}
```

在一个 HTML 文档中引用外部样式表文件 style.css，具体如下。

格式：<link rel="stylesheet" type="text/css" href="style/style.css" />
注意：要在 href 属性中给出样式表文件的路径。这行代码必须被插入到 HTML 代码的头部<head>和</head>之间。

【例 4-12】 外部样式

```
<html>
  <head>
    <title>外部样式</title>
    <link rel="stylesheet" type="text/css" href="style/style.css" />
  </head>
  <body>
    ...
  </body>
</html>
```

这种方法的优越之处在于多个 HTML 文档可以同时引用一个样式表。换句话说，可以用一个 CSS 文件来控制多个 HTML 文档的布局。

例如，要修改某网站的所有网页（如果有 100 个网页）的背景颜色，采用外部样式表可以避免手工修改这 100 个 HTML 文档的工作，只需修改外部样式表文件中的代码即可。

4.3.3 CSS 选择器

CSS 样式表的规则由两个主要的部分构成，即选择器以及一条或多条声明。格式如下：
选择器{声明 1;声明 2; ...声明 n}
选择器，顾名思义，就是选择或指定对哪些网页元素进行设置。
每条声明由一个属性和一个值组成。属性和值用冒号分开。

1. 选择器的种类

选择器有标记选择器、类选择器和 ID 选择器 3 种。

（1）标记选择器。即为某个具体标记定义样式。一个 HTML 页面由很多不同的标记组成，如<p>、<body>等，而 CSS 标记选择器就是声明哪些标记采用 CSS 样式。因此，每种 HTML 标记都可以作为相应的标记选择器名称。

例如，下面这行代码：

```
h1 {color:red; font-size:14px;}
```

这行代码的作用是将 h1 标记内的文字颜色定义为红色，同时将字体大小设置为 14 像素。
在这个例子中，h1 是选择器，color 和 font-size 是属性，red 和 14px 是值。
用示意图表示上面这段代码的结构，如图 4-9 所示。

第 4 章 建设网站的基础：HTML 语言

图 4-9 标记选择器

【例 4-13】 标记选择器示例

```
<html>
  <head>
    <style type=" text/css " >
    <!--
    h2{
        font-family:幼圆;
        color:#0000ff;
    }
    -->
    </style>
  </head>
  <body>
    <h2>CSS 标记 1</h2>
    <p>CSS 标记的正文内容 1</p>
    <h2>CSS 标记 2</h2>
    <p>CSS 标记的正文内容 2</p>
    <h2>CSS 标记 3</h2>
    <p>CSS 标记的正文内容 3</p>
    <h2>CSS 标记 4</h2>
    <p>CSS 标记的正文内容 4</p>
  </body>
</html>
```

说明：将上面的 h2 标题改为红色、幼圆字体，可体会 CSS 样式的优势。另外，在<style>与</style>之间有时会见到"<!--"和"-->"将所有的 CSS 代码包含其中，这是为了避免老式浏览器不支持 CSS，将 CSS 代码直接显示在浏览器上面设置的 HTML 注释。

（2）类选择器。类选择器是指为一类标记定义样式。类选择器允许以一种独立于文档元素的方式来指定样式。该选择器可以单独使用，也可以与其他元素结合使用。

在 CSS 中，类选择器以一个点号显示，例如：

.center {text-align: center}

此时，所有拥有 center 类的 HTML 元素均为居中。

【例 4-14】 类选择器示例

```
<html><head>
    <style type="text/css">
    .important {color:red;}
    </style></head>
  <body>
    <h1 class="important">This heading is very important.</h1>
    <p class="important">This paragraph is very important.</p>
    <p>This is a paragraph.</p>
    <p>This is a paragraph.</p>
    <p>This is a paragraph.</p>
  </body>
</html>
```

有时，类选择器还可以结合标记选择器来使用。例如，希望只有段落显示为红色文本：

```
p.important {color:red;}
```

此时，选择器 p.important 解释为：class 属性值为 important 的所有段落。因为 h1 元素不是段落，这个规则的选择器与之不匹配，所以 h1 元素不会变成红色文本。如果确实要为 h1 元素指定不同的样式，可以使用选择器 h1.important。

（3）ID 选择器。ID 选择器的使用方法与类选择器基本相同，不同之处在于 ID 选择器前面是一个#号，而且，ID 选择器只能在 HTML 页面中使用一次，因此其针对性更强。

【例 4-15】 ID 选择器示例

```
<html>
  <head><style type="text/css">
    #intro {font-weight:bold;}
    </style>
  </head>
  <body>
    <p id="intro">This is a paragraph of introduction.</p>
    <p>This is a paragraph.</p>
    <p>This is a paragraph.</p>
  </body>
</html>
```

2. 选择器的声明

（1）集体声明

【例 4-16】 集体声明示例

```
<html>
  <head>
```

```
<title>集体声明</title>
<style type="text/css">
<!--
    h1, h2, h3, h4, h5, p{        /*集体声明*/
    color:purple;                 /*文字颜色*/
    font-size:15px;               /*字体大小*/
    }
    h2.special, .special, #one{   /*集体声明*/
    text-decoration:underline;    /*下划线*/
    }
-->
</style>
</head>

<body>
    <h1>集体声明 h1</h1>
    <h2 class="special">集体声明 h2</h2>
    <h3>集体声明 h3</h3>
    <h4>集体声明 h4</h4>
    <h5>集体声明 h5</h5>
    <p>集体声明 p1</p>
    <p class="special">集体声明 p2</p>
    <p id="one">集体声明 p3</p>
</body>
</html>
```

（2）选择器的嵌套

【例 4-17】 选择器嵌套示例

```
<html>
  <head>
    <title>CSS 选择器的嵌套声明</title>
    <style type="text/css">
    <!--
    p b{                          /*嵌套声明*/
    color:maroon;                 /*颜色*/
    text-decoration:underline;    /*下划线*/
    }
    -->
    </style>
  </head>
  <body>
    <p>嵌套使<b>用 CSS</b>标记的方法</p>
```

```
    嵌套之外的<b>标记</b>不生效
  </body>
</html>
```

4.3.4 CSS 样式常用属性

熟练掌握 CSS 的各种属性,可使我们对页面设计更加得心应手。下面就来介绍 CSS 样式的部分常用属性。

1. 字体属性

(1) font-family:用于为选择器选择一组字体,如宋体、黑体等。
(2) font-size:用于设置网页中文字的大小,如 9pt、12px 等。
(3) font-style:设置字体风格。Normal 表示普通,italic 表示斜体。
(4) font-weight:设置字体粗细,如 normal、bold(加粗)等。

2. 颜色和背景属性

(1) color:定义文字的颜色,如 red、#00ff3d。
(2) background-color:定义元素的背景色。
(3) background-image:定义元素的背景图像。例如,url(back.jpg)。
(4) background-repeat:指定图像的重复方式。例如,repeat-x,水平平铺。

3. 文本与边框属性

(1) text-decoration:文字修饰。例如,underline,下划线。
(2) line-height:行高。
(3) text-align:定义对齐方式。
(4) letter-spacing:定义字符之间的间隔。
(5) border:定义边框。
(6) border-color:定义边框颜色。
(7) border-style:定义边框风格。

除了上面介绍的 CSS 样式的常用属性外,还有很多属性,如定位、滤镜等。大家可参考相关的 CSS 教材。

4.3.5 <div>标记和<span>标记

<div>和<span>标记早在 HTML 4.0 就已经出现了,但那时并不常用,直到 CSS 的普及,才逐渐发挥出它的优势。利用这两个标记,结合 CSS 样式的控制,可以很方便地实现各种效果。

1. **<div>标记的使用**

（1）定义

<div>可定义文档中的分区或节。简单而言就是一个区块容器标记，即<div></div>之间相当于一个容器，可以容纳段落、标题、表格、图片等各种 HTML 元素。<div>标记可以把文档分割为独立的、不同的部分。

（2）用法

<div>是一个块级元素。这意味着它的内容自动地开始一个新行。实际上，换行是<div>固有的唯一格式表现。可以通过<div>的 class 或 id 属性应用 CSS 样式进行控制，实现各种效果。下面举一个简单的例子。

【例 4-18】 认识<div>标记

```
<html>
<head>
<title>div 标记</title>
<style type="text/css" >
#header {
font-size:18px;         /*字号大小*/
font-weight:bold;       /*字体粗细*/
font-family:Arial;      /*字体*/
color:#FFFF00;          /*颜色*/
background-color:#0000FF;/*背景颜色*/
text-align:center;      /*对齐方式*/
width:760px;            /*块宽度*/
height:200px;           /*块高度*/
}
</style>
</head>
<body>
<div id="header">这是一个 div 标记</div>
</body></html>
```

通过 CSS 对<div>块的控制，制作了一个宽 760px、高 200px 的蓝色区域，并进行了文字效果的相应设置，效果如图 4-10 所示。

2. **<span>标记的使用**

（1）定义

<span>标记被用来组合文档中的行内元素。

（2）用法

<span>标记与<div>标记一样，作为容器标记而被广泛应用。在<span>与</span>中间

同样可以容纳各种 HTML 元素，从而形成独立的对象。从这个意义上讲，二者没有什么不同。

图 4-10　标记选择器

3. \<div\>与\<span\>标记的区别

\<div\>与\<span\>的区别在于，\<div\>是一个块级元素，它包围的元素会自动换行，而\<span\>仅仅是一个行内元素，在它的前后不会换行。\<span\>没有结构上的意义，纯粹是应用样式，当其他行内元素都不合适时，就可以使用\<span\>元素。

下面看一个例子。

【例 4-19】　\<div\>与\<span\>的区别

```
<html>
<head>
<title>div 与 span 的区别</title>
</head>
<body>
    <p>div 标记不同行：</p>
    <div><img src=" dog.jpg" border="0"></div>
    <div><img src=" dog.jpg" border="0"></div>
    <div><img src=" dog.jpg" border="0"></div>
    <p>span 标记同一行：</p>
    <span><img src=" dog.jpg" border="0"></span>
    <span><img src=" dog.jpg" border="0"></span>
    <span><img src=" dog.jpg" border="0"></span>
</body>
</html>
```

执行结果如图 4-11 所示。\<div\>标记的 3 幅图片被分在了 3 行中，而\<span\>标记的图片没有换行。

此外，\<span\>标记可以包含于\<div\>标记之中，成为它的子元素，而反过来则不成立，即\<span\>标记不能包含\<div\>标记。

通常情况下，对于页面中大的区块使用\<div\>标记，为 HTML 文档内大块的内容提供结构和背景，而<span>标记仅用于需要单独设置样式风格的小元素，在行内定义一个区域，如一个单词、一幅图片和一个超链接等。

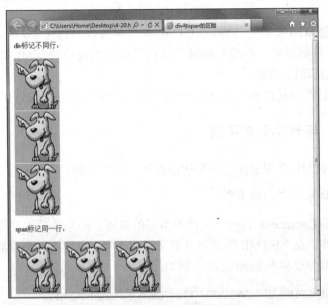

图 4-11　标记选择器

4.4　从 HTML 到 XHTML

4.4.1　XHTML 是什么

1．为什么要引入 XHTML

在前面的学习中已经体会到 HTML 语法要求比较松散，如标记的大小写没有限制，属性值可省略等，这对网页编写人员来说的确是带来了方便，但对于机器来说，语言的语法越松，处理起来就越困难。因此，产生了由 DTD 来定义规则、语法要求更加严格的 XHTML。

2．什么是 XHTML

XHTML 是指可扩展超文本标签语言（eXtensible Hyper Text Markup Language），以 HTML 4.0 为范本，然后按照 XML 的语法规则重新对 HTML 的规则进行了扩展，语法上更加严格。XHTML 是一个 W3C 标准。

3．XHTML 的特点

XMTML 具有如下几个特点。

（1）XHTML 解决了 HTML 语言所存在的严重制约其发展的问题。例如，手机、PDA、信息家电都不能直接显示 HTML；由于 HTML 代码不规范、臃肿，浏览器需要足够智能和庞大才能够正确显示 HTML；数据与表现混杂，要改变页面显示，就必须重新制作 HTML。

（2）XML 是 Web 发展的趋势。XHTML 是当前替代 HTML 4.0 标记语言的标准，使用 XHTML 1.0，只要遵守一些简单规则，就可以设计出既适合 XML 系统，又适合当前大部分 HTML 浏览器的页面。

（3）XHTML 能与其他基于 XML 的标记语言、应用程序及协议进行良好的交互工作。

4.4.2　XHTML 与 HTML 的不同

XHTML 与 HTML 之间的区别主要体现在以下几个方面。

1. 选择 DTD 定义文档的类型

DOCTYPE 是 Document Type（文档类型）的简写，用来说明本文件用的 XHTML 或 HTML 是什么版本。在 XHTML 中必须声明文档的类型，以便告诉浏览器正在浏览的文档类型，而且声明部分要加在 head 之前。例如：

```
<!DOCTYPE html PUBLIC "-//W3C//DTD XHTML 1.0 Transitional//EN"
"http://www.w3.org/TR/xhtml1/DTD/xhtml1-transitional.dtd">
```

2. 设定命名空间

命名空间是收集元素类型和属性名称的一个详细的 DTD，命名空间声明允许通过一个在线地址指向来识别命名空间，只需在 DOCTYPE 声明后添加如下代码：

```
<html xmlns="http://www.w3.org/1999/xhtml">
```

3. 定义语言编码

为了被浏览器正确解释和通过标记检验，所有的 XHTML 文档都必须声明它们所使用的编码语言。例如：

```
<meta http-equiv="Content-Type" content="text/html; charset=gb2312" />
```

这里声明的编码语言是简体中文 GB2312。

4. XHTML 元素必须被正确地嵌套

在 HTML 中，某些元素可以彼此不正确地嵌套：

```
<b><i>This text is bold and italic</b></i>
```

在 XHTML 中，所有的元素必须彼此正确地嵌套：

```
<b><i>This text is bold and italic</i></b>
```

5. XHTML 元素必须被关闭

在 HTML 中，
、<img>等是单标记。在 XHTML 中，这些标记都必须关闭。例如：

、<img src="logo.gif" />

6. 标签名必须用小写字母

<BODY>是错误的，必须为<body>。

7. XHTML 文档必须拥有根元素

在 XHTML 文档中必须存在 html、head、body 元素，而且 title 元素必须位于 head 元素中。

8. 属性名称必须小写，属性值必须加引号，属性不能简写，用 id 属性代替 name 属性

如果要将一个 HTML 页面转换为 XHTML，可到 W3C 官方网站上进行校验，看其是否符合标准。校验网址为 http://validator.w3.org/check/referer。接下来，可能还会有少数的错误被发现，应逐一对这些错误进行手工修正。

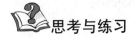

思考与练习

一、简答题

1. 简述 HTML 文件的基本结构。
2. 简述超链接的种类。
3. 常用的网页布局有几种方式？
4. 表单在网页中具有什么作用？常用的表单控件有哪些？
5. 简述在 HTML 文件中加入 CSS 样式的几种方法。
6. CSS 在网页制作中的作用如何？

二、选择题

1. （   ）标记是文件头部的开始。
   A．<html>　　　B．<head>　　　C．<frame>　　　D．<form>
2. 设置图像替代文字使用标记<img>的（   ）属性。
   A．src　　　　B．href　　　　C．alt　　　　D．width
3. 定义表格行的标记是（   ）。
   A．<tr>　　　　B．<th>　　　　C．<td>　　　　D．<table>
4. 在下列 HTML 代码中，（   ）可以产生超链接。
   A．<a url="http://www.sohu.com">sohu</a>

B. <a href="http://www.sohu.com">sohu</a>

C. <a>http://www.sohu.com</a>

D. <a name="http://www.sohu.com">sohu</a>

5. 在下列 HTML 代码中，（   ）可以插入图像。

　　A. <img href="image.gif">　　　　B. <image src="image.gif">

　　C. <img src="image.gif">　　　　D. <img>image.gif</img>

6. 当前文件夹下有一个文件 a.htm 和一个子文件夹 B，文件夹 B 中有一个图片文件 flower.jpg，请问下面可以在 a.htm 中插入该图片的写法是（   ）。

　　A. <img src="flower.jpg">　　　　B. <img src="..\flower.jpg">

　　C. <img src="B\flower.jpg">　　　D. <img href="\B\flower.jpg">

7. 在表单中，下列（   ）属性用于指定表单处理程序文件的地址。

　　A. method　　　B. action　　　C. get　　　D. post

8. 在一组单选按钮中，下面（   ）属性可用来默认选中某个选项。

　　A. selected　　　B. checked　　　C. multiple　　　D. noresize

9. 下列框架集的（   ）属性可以用来对窗口进行纵向分割。

　　A. cols　　　B. rows　　　C. scrolling　　　D. noresize

10. 要在表单中创建一个普通文本框，以下写法中正确的是（   ）。

　　A. <input type="text">　　　　B. <input type="password">

　　C. <input type="checkbox">　　D. <input type="radio">

技能实训

一、实训目的

1. 掌握 HTML 语言的基本标记。
2. 通过实训掌握表格布局和框架布局。
3. 了解 CSS 样式的使用方法。

二、实训内容

1. 制作如图 4-12 所示的网页。

要求：

（1）章为标题 h2，居中，黑体，红色。

（2）节为标题 h3，居左，隶书，绿色。

（3）正文为宋体，蓝色。整个网页背景色为灰色。

2. 表格制作练习。

（1）制作如图 4-13 所示的表格。

第 4 章　建设网站的基础：HTML 语言

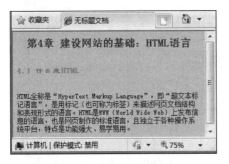

图 4-12　网页基本编辑

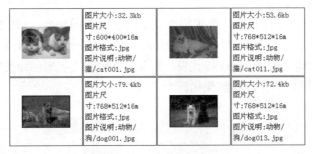

图 4-13　表格制作

（2）利用表格布局制作如图 4-14 和图 4-15 所示的网页。

图 4-14　表格布局练习 1

图 4-15　表格布局练习 2

3．利用框架进行布局。

参考例 4-8，采用框架布局制作个人主页，展示自己的风采。要求：

（1）左右布局。

（2）不少于 7 个页面。

（3）链接正确，无空链、错链。

4．制作如图 4-16 所示的表单。

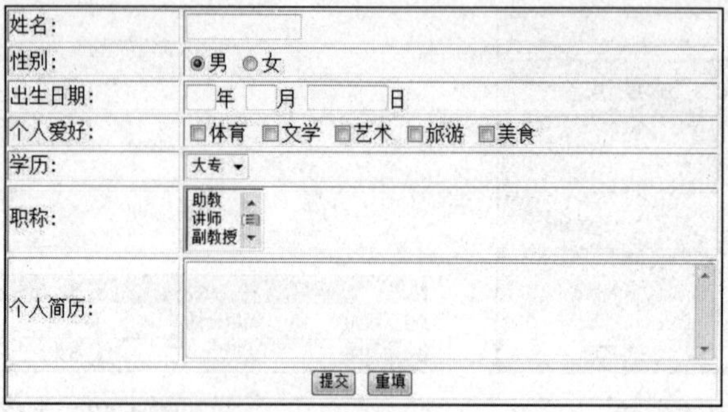

图 4-16　表单制作练习

5．CSS 样式练习。

（1）新建一个 CSS 样式表，要求网页文字内容显示为 9pt，行距 150%。保存文件名为 style.css，然后再建立 1.html、2.html 和 3.html，并应用这个样式，让 3 个网页风格一致。

（2）修改刚才建立的 style.css 样式表，要求网页中的文字颜色为红色、背景为淡灰色，重新打开上面 3 个网页文件，观察变化。

第 5 章 利用 Dreamweaver 设计网页

【学习目标】

① 了解 Dreamweaver 的首选参数。
② 掌握创建、管理站点的方法。
③ 掌握网页文档的基本编辑方法。
④ 掌握使用表格和框架布局网页的方法。
⑤ 了解模板的使用方法。

学习网站制作，必须选择一款适合自己的网页制作软件。而 Dreamweaver CS3 正是专业网页设计人员首选的开发工具，利用它可以轻松地制作出充满动感的网页。

5.1 创建站点

5.1.1 Dreamweaver 基础

Dreamweaver 是美国 Adobe 公司收购 Macromedia 公司后开发的集网页制作和管理网站于一身的所见即所得网页编辑器。下面用 Dreamweaver CS3 版本进行介绍，CS3 以上版本同样适用。

1. 初识 Dreamweaver CS3 的操作环境

在首次启动 Dreamweaver CS3 时会出现一个【工作区设置】对话框，在对话框左侧是设计视图，右侧是代码视图。设计视图布局提供了一个将全部元素置于一个窗口中的集成布局。通常，选择面向设计者的设计视图布局。

新建或打开一个文档，进入 Dreamweaver CS3 的标准工作界面，如图 5-1 所示。

（1）标题栏。启动 Dreamweaver CS3 后，标题栏将显示文字 Adobe Dreamweaver CS3。新建或打开一个文档后，在后面还会显示该文档所在的位置和文件名称。

（2）菜单栏。Dreamweaver CS3 的菜单共有 10 个。其中，编辑菜单中提供了对【首选参数】的访问。

- 文件：用来管理文件。例如，新建、打开、保存、另存为、导入、输出打印等。
- 编辑：用来编辑文本。例如，剪切、复制、粘贴、查找、替换和参数设置等。
- 查看：用来切换视图模式以及显示、隐藏标尺、网格线等辅助视图功能。

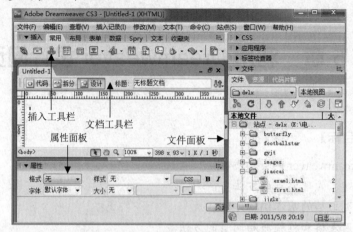

图 5-1　Dreamweaver CS3 的工作环境

- 插入记录：用来插入各种元素，如图片、多媒体组件、表格、框架及超链接等。
- 修改：具有对页面元素进行修改的功能。例如，在表格中插入表格，拆分、合并单元格等。
- 文本：用来对文本操作。例如，设置文本格式等。
- 命令：所有的附加命令项。
- 站点：用来创建和管理站点。
- 窗口：用来显示和隐藏控制面板以及切换文档窗口。
- 帮助：联机帮助功能。

（3）插入工具栏。插入工具栏中集成了所有可以在网页应用的对象。通过一个个的图形按钮，可以很容易地加入图像、声音、表格、框架、表单和 Flash 等网页元素。插入工具栏如图 5-2 所示。

（4）文档工具栏。文档工具栏包含各种按钮，它们提供各种"文档"窗口视图（如设计视图和代码视图）、各种查看选项和一些常用操作（如在浏览器中预览），还可以通过单击文档标签选择当前编辑文档。文档工具栏如图 5-3 所示。

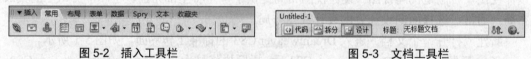

图 5-2　插入工具栏　　　　　　　　图 5-3　文档工具栏

（5）文档窗口。文档窗口用来显示当前编辑的网页文档，网页编辑工作就是在这个窗口完成的，如输入文字、插入表格和编辑图片等操作。该窗口提供了 3 种视图。设计视图是一个用于可视化页面布局、可视化编辑的设计环境。在该视图中，Dreamweaver 显示文档的完全可编辑的可视化表示形式，类似于在浏览器中查看页面时看到的内容。代码视图是一个用于编写和编辑 HTML、服务器语言代码以及任何其他类型代码的手工编码环境。拆分视图使用户可以在单个窗口中同时看到同一文档的代码视图和设计视图。

（6）状态栏。文档窗口底部的状态栏提供与正创建的文档有关的其他信息。标记选择器显示环绕当前选定内容的标记的层次结构。单击该层次结构中的任何标签可以选择该标记及其全部内容。例如，单击<table>可以选择整个表格，如图5-4所示。

图5-4　状态栏

（7）属性面板。属性面板并不是将所有的属性加载在面板上，而是根据选择的对象来动态显示对象的属性。例如，当前选择了一幅图像，那么属性面板上就出现该图像的相关属性；如果选择了表格，那么属性面板会相应地变化成表格的相关属性。属性面板如图5-5所示。

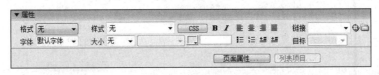

图5-5　属性面板

（8）浮动面板。其他面板可以统称为浮动面板，这些面板都浮动于编辑窗口之外，根据功能被分成了若干组。在窗口菜单中，选择不同的命令可以打开文件面板、代码面板组、应用程序面板组、资源面板组和其他面板组。

2．设置首选参数

在制作网页之前，应根据实际需要，通过【首选参数】对话框来定义 Dreamweaver CS3 的使用规则。

在【首选参数】对话框中选择【常规】选项，如图5-6所示，在【编辑选项】栏中提供了网页文档编辑时的很多选择。例如，使用 CSS 样式还是使用 HTML 标记等。

选择【新建文档】选项，如图5-7所示，【默认文档类型】下拉列表框决定每次新建一个 HTML 页面时系统为页面加上何种 DOCTYPE 声明。

5.1.2　站点定义

站点是一个存储区，存储了一个网站包含的所有文件。建立站点时，一般在自己的计算机上建一个文件夹，然后把制作的所有网页及图片放在此文件夹中，最后把这个文件夹上传到 Web 服务器以供网上的所有用户浏览。制作一个网站，首先需要在本地计算机上进行，放置在本地磁盘上的网站称为本地站点，位于 Web 服务器的网站称为远程站点。Dreamweaver CS3 提供了对本地站点和远程站点强大的管理功能。

1．规划站点结构

网站是多个网页的集合，包括一个首页和若干个网页。这种集合不是简单的集合。为了达到最佳效果，在创建任何 Web 站点页面之前，要对站点的结构进行设计和规划。网页文件分门别类地放置在各自的文件夹中，可以使网站的结构清晰明了，便于管理和查找。

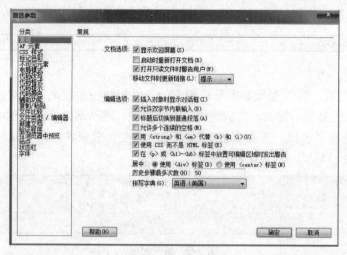

图 5-6　设置常规选项

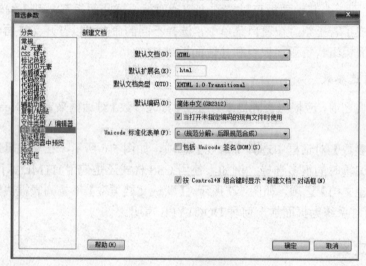

图 5-7　设置新建文档

2. 创建站点

在 Dreamweaver CS3 中可以有效地建立并管理多个站点。创建站点有两种方法，一是利用向导，二是利用高级设定。

下面以建立玖丰电子机箱公司站点"万象园"为例，介绍创建站点的步骤。

（1）选择【站点】→【管理站点】命令，弹出【管理站点】对话框。单击【新建】按钮，选择弹出菜单中的【站点】选项。

（2）在打开的对话框上方有【基本】和【高级】两个选项卡，可以在站点向导和高级设置之间切换。选择【基本】选项卡，如图 5-8 所示。

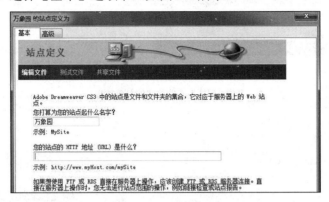

图 5-8　站点名称定义

（3）在【您打算为您的站点起什么名字？】文本框中输入一个站点名字，如"万象园"，以在 Dreamweaver CS3 中标识该站点。单击【下一步】按钮，在弹出的界面中询问是否要使用服务器技术。由于现在建立的是一个静态页面，所以选中【否，我不想使用服务器技术。】单选按钮，如图 5-9 所示。

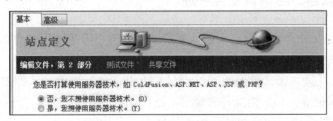

图 5-9　指定是否使用服务器技术

（4）单击【下一步】按钮，在弹出的界面中设置本地站点文件夹的地址，如 E:\mysite，如图 5-10 所示。

（5）单击【下一步】按钮，进入站点定义界面，由于将在站点建设完成后再与 FTP 链接，所以这里选择【无】选项，如图 5-11 所示。

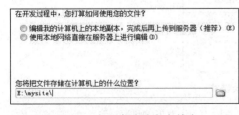

图 5-10　定义本地站点文件夹

图 5-11　定义是否连接远程服务器

（6）单击【完成】按钮，结束【站点定义】界面的设置，如图 5-12 所示。

103

至此，完成站点的创建，如图 5-13 所示。

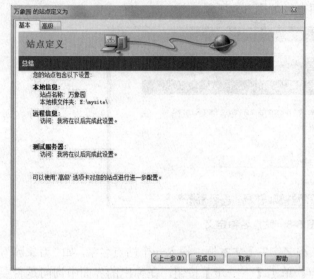

图 5-12　【站点定义】界面

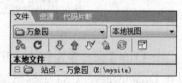

图 5-13　站点文件面板

5.1.3　搭建站点目录结构与文件管理

站点是文件与文件夹的集合，下面就在前面建立的"万象网"站点的基础上，新建站点的目录结构，并进行站点的文件管理。

（1）新建文件夹。在文件面板的站点目录下单击鼠标右键，从弹出的快捷菜单中选择【新建文件夹】命令，然后给文件夹命名。这里新建 3 个文件夹，分别命名为 img、fla、chp，分别用来存放图片、动画和产品图片信息。

（2）创建新的网页文件。在文件面板的站点目录下单击鼠标右键，从弹出的快捷菜单中选择【新建文件】命令，然后为文件命名。例如，要添加企业简介页面，可将其命名为 about.html。新建的文件夹和文件如图 5-14 所示。

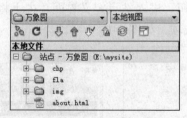

图 5-14　站点目录结构

对于建立的文件和文件夹，可以进行移动、复制、重命名和删除等基本的管理操作。右击需要管理的文件或文件夹，在弹出的快捷菜单中选择【编辑】命令，即可进行相关操作。

5.2 网页的基本编辑

5.2.1 设置页面属性

单击属性面板中的【页面属性】按钮，打开【页面属性】对话框，如图 5-15 所示。

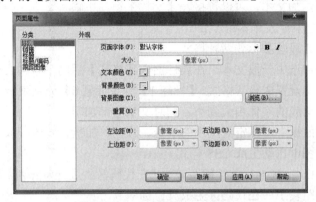

图 5-15 【页面属性】对话框

【外观】选项用来设置页面的一些基本属性，可以定义页面中的默认文本字体、文本字号、文本颜色、背景颜色和背景图像等。

【链接】选项内是一些与页面的链接效果有关的设置，如图 5-16 所示。

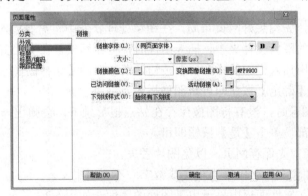

图 5-16 【链接】选项

【链接颜色】选项用来定义超链接文本默认状态下的字体颜色，【变换图像链接】选项用来定义鼠标放在链接上时文本的颜色，【已访问链接】选项用来定义访问过的链接的颜色，【活动链接】选项用来定义活动链接的颜色。【下划线样式】选项用来定义链接的下划线样式。

在【页面属性】对话框中，除了可以设定外观和链接属性，还可以通过【标题】选项设置标题字体的一些属性，包括粗体、斜体、大小和颜色，以及通过【跟踪图像】选项将已经绘制的草图作为跟踪图像铺在网页的下面作为背景，用于引导网页的设计。

5.2.2 文本、图像编辑与超链接

1. 插入文本并进行格式设置

要向网页文档添加文本，可以直接在【文档】窗口中输入文本，也可以剪切并粘贴，还可以从 Word 文档中导入文本。

网页的文本分为段落和标题两种格式。

在文档编辑窗口选中一段文本，在属性面板【格式】后的下拉列表框中选择【段落】选项，把选中的文本设置成段落格式。【标题 1】到【标题 6】分别表示各级标题，应用于网页的标题部分。对应的字体由大到小，同时文字全部加粗。

另外，在属性面板中可以定义文字的字号、颜色、加粗、斜体、水平对齐等属性。设置后，会在代码视图中自动生成 CSS 样式。

文本换行，按 Enter 键换行的行间距较大（在代码区生成<p></p>标签），按 Shift+Enter 快捷键换行的行间距较小（在代码区生成
标签）。

文本空格，选择【编辑】→【首选参数】命令，在弹出的对话框左侧的分类列表中选择【常规】选项，然后在右侧选中【允许多个连续的空格】复选框，就可以直接按空格键给文本添加空格了。

2. 插入图像

在制作网页时，先构想好网页布局，在图像处理软件中将需要插入的图像进行处理，然后存放在站点下的图像文件夹中。插入图像时，将光标放置在文档窗口需要插入图像的位置，然后单击常用插入栏中的【图像】按钮，在弹出的【选择图像源文件】对话框中选择图像文件，单击【确定】按钮即可将图像插入到网页中。

（1）在插入图像时，没有将图像保存在站点根目录下，会弹出一个对话框提醒要把图像保存在站点内部，单击【是】按钮即可。

（2）插入图像前先保存网页，以免图片丢失。

（3）网页、图像文件名应采用英文或数字，不要用中文。

选中图像后，在属性面板中显示出了图像的属性，如图 5-17 所示。

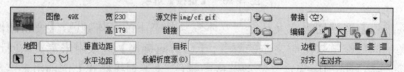

图 5-17 【图像属性】对话框

- 在属性面板的左上角，显示当前图像的缩略图，同时显示图像的大小。在缩略图

右侧有一个文本框,在其中可以输入图像标记的名称。
- 【水平边距】和【垂直边距】文本框:用来设置图像左右和上下与其他页面元素的距离。
- 【边框】文本框:用来设置图像边框的宽度,默认的边框宽度为0。
- 【替换】下拉列表框:用来设置图像的替代文本,可以输入一段文字。当图像无法显示时,将显示这段文字。
- 单击属性面板中的对齐按钮,可以分别将图像设置成浏览器居左对齐、居中对齐、居右对齐。在属性面板中,【对齐】下拉列表框可设置图像与文本的相互对齐方式,共有 10 个选项。通过它可以将文字对齐到图像的上端、下端、左边和右边等,从而可以灵活地实现文字与图片的混排效果。

3. 插入其他图像元素

单击常用插入栏中的【图像】按钮,除了插入图像以外,还可以插入【图像占位符】、【鼠标经过图像】和【导航条】等项目。

4. 创建超链接

在文档窗口选中文字或图片,单击属性面板【链接】后的 按钮,弹出【选择文件】对话框,选择要链接到的网页文件,即可链接到这个网页。也可以拖动【链接】后的 按钮到站点面板上的相应网页文件。此外,还可以直接在【链接】文本框中输入网页 URL。

【例5-1】 制作玖丰电子机箱公司企业简介网页(如图 5-18 所示)

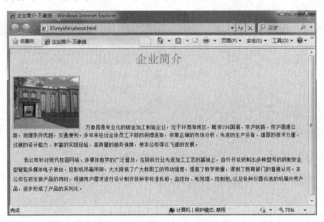

图 5-18 企业简介页面效果

具体步骤如下。

(1)组织素材,建立站点"万象园",站点结构如图 5-14 所示。图片素材复制到相应文件夹下。

(2)新建网页文件,并命名为 about.html。将文档标题改为"企业简介-万象园"。

（3）设置页面属性，在【外观】选项卡中单击【背景图像】右侧的【浏览】按钮，找到 img/bg.gif 图像文件，单击【确定】按钮。

（4）输入正文标题"企业简介"，选中文字并在属性面板中进行设置：字体大小为 40，颜色为#FF6600，对齐方式为居中对齐。

（5）输入第二段文字（或复制粘贴），设置为居左对齐，字体为宋体，字号 18。

（6）输入第三段文字，和上面的设置相同。将光标分别移到二、三段首，按住 Shift+Ctrl+Space 组合键输入空格。

（7）将光标移到第三段段首，插入图像，找到 img/cf.gif 后确定，并设置属性为左对齐。按 F12 键预览，效果如图 5-18 所示。

5.2.3 用 CSS 样式表设置网页样式

CSS 样式表的创建可以统一控制网页文字的大小、字体、颜色、边框和链接状态等效果，在 Dreamweaver CS3 中，则提供了更为方便、快捷的 CSS 样式设置方式。

1. 创建 CSS 样式

打开 CSS 样式面板，如图 5-19 所示。

单击 CSS 样式面板右下角的【新建 CSS 规则】按钮，打开【新建 CSS 规则】对话框，如图 5-20 所示。

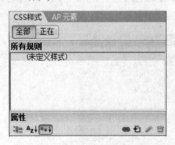
图 5-19 CSS 样式面板

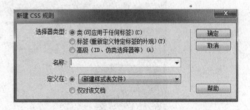
图 5-20 【新建 CSS 规则】对话框

在【选择器类型】栏中，可以选择创建 CSS 样式的方法。

（1）类（可应用于任何标签）：类样式也可称为自定义样式，由用户命名，可应用于任何标签。

（2）标签（重新定义特定标签的外观）：重新定义 HTML 标记的默认格式。定义的样式将只应用于选择的标签。例如，为<td>重定义了样式，大小为 14px，颜色为红色，那么定义完成后，网页中所有单元格中的文本大小为 14px，颜色为红色。

（3）高级（ID、伪类选择器等）：为特定的标签定义样式，使用 ID 作为属性，以保证文档具有唯一可用的值。高级样式是一种特殊类型的样式，常用的有 4 种，分别介绍如下。

- a:link：设定正常状态下链接文字的样式。

➢ a:active：设定鼠标单击时链接的外观。
➢ a:visited：设定访问过的链接的外观。
➢ a:hover：设定光标置于链接文字之上时文字的外观。

在图 5-20 中，类样式的名称必须以点（.）开始。自定义样式名可以是字母与数字的组合，但点之后必须是字母。

对于重新定义 HTML 标记，可以在【标签】下拉列表框中输入或选择重新定义的标记。

对于 CSS 选择器样式，可以在【选择器】下拉列表框中输入或选择需要的选择器。

在图 5-20 的【定义在】栏中有两个选项，即【新建样式表文件】和【仅对该文档】。如果选中【新建样式表文件】单选按钮，将弹出【保存样式表文件为】对话框，为样式表命名后保存，弹出【.gg 的 CSS 规则定义】对话框，如图 5-21 所示。如果选中【仅对该文档】单选按钮，即内部样式表，直接弹出【.gg 的 CSS 规则定义】对话框。

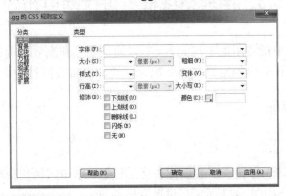

图 5-21　【.gg 的 CSS 规则定义】对话框

在【.gg 的 CSS 规则定义】对话框中设置 CSS 规则定义，共包含类型、背景、区块、方框、边框、列表、定位和扩展 8 项。每个选项都可以对所选标签做不同方面的定义，可以根据需要设定。定义完毕后，单击【确定】按钮，完成 CSS 样式的创建，如图 5-22 所示。

2. 编辑 CSS 样式

选中需要编辑的样式类型，单击【编辑样式】按钮，在弹出的【CSS 规则定义】对话框中修改相应的设置。编辑完成后单击【确定】按钮，CSS 样式即编辑完成。

3. 应用 CSS 自定义样式

右击在网页中被选中的元素，在弹出的快捷菜单中选择【CSS 样式】命令，在其子菜单中选择需要的自定义样式。

4. 附加样式表

单击【附加样式表】按钮，打开【链接外部样式表】对话框，可以链接外部的 CSS 样式文件，如图 5-23 所示。

图 5-22 创建 .gg 样式后的 CSS 样式面板

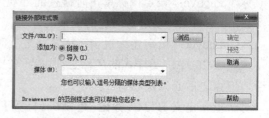

图 5-23 【链接外部样式表】对话框

在【文件/URL】下拉列表框中设置外部样式表文件的路径，单击【浏览】按钮，在打开的【浏览】窗口中找到样式表文件，单击【确定】按钮，CSS 文件即被链接到当前页面。

5.3 用表格或框架进行网页布局

表格是网页设计中最常用的布局元素。它以简洁明了和高效快捷的方式将图片、文本、数据和表单的元素进行有序的定位并显示出来，设计出赏心悦目的页面。

5.3.1 表格基本操作

1. 创建表格

在文档窗口中，将光标置于需要创建表格的位置，单击常用快捷栏中的【表格】按钮，弹出【表格】对话框，如图 5-24 所示。设置表格的属性后，即可插入表格。

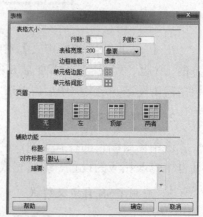

- 【行数】：用来设置表格的行数。
- 【列数】：用来设置表格的列数。
- 【表格宽度】：用来设置表格的宽度，可以输入数值。单位有百分比和像素两种，选择百分比时，表格的宽度是一个相对值，会随浏览器窗口的大小而改变；选择像素时，表格的宽度是一个固定的绝对值。
- 【边框粗细】：用来设置表格的边框的宽度。
- 【单元格边距】：用来设置单元格的内部空白的大小。

图 5-24 【表格】对话框

- 【单元格间距】：用来设置单元格与单元格之间的距离。

2. 选取表格元素

对于表格、行、列、单元格属性的设置，都是以选取这些对象为前提的。下面简单介绍相应的选取方法。

（1）选择整个表格。将鼠标指针移到表格边框线上，当出现双向箭头标志时单击即可选中整个表格；在表格内任意处单击，然后在状态栏中选中<table>标签；单击鼠标右键，在弹出的快捷菜单中选择【表格】→【选择表格】命令。

（2）选取单元格。按住 Ctrl 键，在需要选中的单元格上单击即可；选中状态栏中的<td>标签。

（3）选取行或列。将光标移动到行左侧或列上方，鼠标指针变为向右或向下的箭头图标时单击即可。

3．设置表格属性

选中一个表格后，可以通过属性面板更改表格属性，如图 5-25 所示。

图 5-25　表格属性

- 【填充】：用来设置单元格边距。
- 【间距】：用来设置单元格间距。
- 【对齐】：用来设置表格的对齐方式，默认的对齐方式为左对齐。
- 【边框】：用来设置表格边框的宽度。
- 【背景颜色】：用来设置表格的背景颜色。
- 【边框颜色】：用来设置表格边框的颜色。
- 【背景图像】：可以为表格添加背景图像。

4．设置单元格属性

把光标移动到某个单元格内，可以对这个单元格的属性进行设置，如图 5-26 所示。

图 5-26　单元格属性

- 【水平】：设置单元格内元素的水平排版方式，是居左、居右或居中。
- 【垂直】：用来设置单元格内的垂直排版方式，是顶端对齐、底端对齐或居中对齐。
- 【宽】、【高】：用来设置单元格的宽度和高度。
- 【不换行】：可以防止单元格中较长的文本自动换行。

- 【背景】：用来设置单元格的背景图像。
- 【背景颜色】：用来设置单元格的背景颜色。
- 【边框】：用来设置单元格边框的颜色。

5．嵌套表格

网页的排版有时会很复杂，只凭借表格的单元格合并和拆分，容易引起行高列宽的冲突，给表格的制作带来困难。使用嵌套表格，可由总表格负责整体布局，由嵌套的表格负责各个子栏目的排版，并插入到总表格的相应位置中，各司其职，互不冲突。

【例 5-2】 使用表格布局制作"企业简介"页面（如图 5-27 所示）

图 5-27 企业简介页面

（1）站点结构仍如图 5-14 所示，将教材配套素材复制到相应文件夹下。将原来的 about.html 删除，然后新建网页文件，命名为 about.html。

（2）设置页面背景图像为 img/bg.gif。

（3）新建表格，设定为 1 行 1 列，宽为 766px，其余为 0。对齐方式为居中。

（4）选中单元格，设定背景图像为 img/bgy.jpg，垂直对齐方式为顶端对齐，高度为 463px。将光标移至单元格内，插入嵌套表格，设定为 1 行 1 列，宽 100%，其余为 0。插入图像 img/t11.jpg。然后，在上面的表格下方插入第 2 个嵌套表格，设定为 1 行 2 列，宽 100%，其余为 0。将光标移至右侧单元格，设定宽度为 568px，插入导航图片 img/dh.jpg，利用图像热点工具在导航图片上分别制作 5 个超链接，分别链接到 index.html、about.html 等页面（也可暂时设为空链接#）。再把光标移至左侧单元格，设定背景图像为 img/dhbj.jpg。

（5）在上面的表格下方插入第 3 个嵌套表格，设定为 1 行 2 列，宽 100%，其余为 0。

选中该表格，设定背景图像 img/bnbg.jpg。将光标移至左侧单元格，设定宽度为 35%，高度为 74px。将光标移至右侧单元格，插入 Flash 文件 fla/1.swf，选中 Flash，在属性面板上单击【参数】按钮，设置参数为 wmode，值为 transparent，确定后将 Flash 文件的背景设为透明。按 F12 键预览上面的页眉与导航布局，效果如图 5-28 所示。

图 5-28　页眉与导航布局效果

（6）在上面的表格下方插入第 4 个嵌套表格，设定为 1 行 3 列，宽 99%，其余为 0。

选中左侧单元格，设置宽为 170，高为 246，垂直对齐方式为顶端对齐。在该单元格内插入嵌套表格，设定为 9 行 2 列，宽为 140px，居中对齐。将光标置于嵌套表格的左侧单元格，设定宽度为 14px，右侧则为 126px。分别在这两列内插入小图标 img/dot_05.gif 和相关产品名称，如图 5-29 所示。

选中中间单元格，设定宽为 1px，背景颜色为 #FCBF5B。

选择右侧单元格，完成企业简介正文内容。首先，将光标置于右侧单元格，设定宽为 595px，垂直对齐方式为顶端对齐。插入一个 2 行 1 列的嵌套表格，设定宽为 95%，边框为 0。将光标置于上面单元格，插入图像 img/jj-1.jpg，再将光标置于下面单元格，输入正文内容，插入厂区图片，如图 5-30 所示。

图 5-29　左侧嵌套表格

图 5-30　右侧嵌套表格

（7）制作版权区域。选中上面的 1 行 3 列大表格，在其下方新建一个 1 行 1 列的表格，设定宽为 99%，其余为 0，居中。选中单元格，设置背景图片为 img/dbg.jpg，高为 57px。将光标移到该单元格，输入相关版权信息。至此，企业简介页面架构基本完成。可按 F12 键预览网页效果。为了美化页面，可统一定义一些样式，控制页面内容的显示，这里不再赘述。详细网页文件内容可参考本书配套的相关案例素材。

5.3.2 框架应用

框架可以用来拆分浏览器窗口,在不同的区域显示不同的 HTML 网页。在第 4 章已经学习了如何使用 HTML 语言来制作框架页,此方法稍显麻烦。在 Dreamweaver CS3 中,利用系统提供的强大工具和面板可以更方便快捷地制作框架页面。

1. 框架和框架集

(1) 框架(Frame)是浏览器窗口中的一个区域,可以显示与浏览器窗口的其余部分所显示内容无关的网页文件。

(2) 框架集(Frameset)是一个网页文件,定义了一组框架的布局和属性,包括框架的数目、大小和位置以及在每个框架中要显示的网页文件的 URL。

如果一个站点在浏览器中显示为包含 3 个框架的单个页面,则它实际上至少由 4 个单独的网页文件组成:1 个框架集文件以及 3 个文档,这 3 个文档包含这些框架内初始显示的内容。在 Dreamweaver CS3 中设计此框架集的各页面时,必须全部保存这 4 个文件。

2. 创建框架和框架集

(1) 新建一个 HTML 文件,在快捷工具栏中选择【布局】命令,单击【框架】按钮,在弹出的菜单中选择【顶部和嵌套的左侧框架】命令(如图 5-31 所示),弹出如图 5-32 所示的对话框。

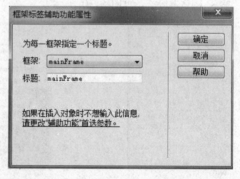

图 5-31 框架列表菜单　　　　图 5-32 【框架标签辅助功能属性】对话框

(2) 在图 5-32 中,可以为每个框架指定标题。这里按默认方式设置各框架标题,单击【确定】按钮。此时要调整框架的高度和宽度,可直接用鼠标拖放框架边框。

3. 保存框架和框架集

每一个框架都有一个框架名称,用户可以用默认的框架名称,也可以在属性面板中修改名称,这里采用系统默认的框架名称 topFrame(上方)、leftFrame(左侧)、mainFrame(主框架)。

要保存上面的框架集和框架，可选择【文件】→【保存全部】命令，这里将框架集保存为 index.html，上方框架保存为 1.html，左侧框架保存为 2.html，右侧主框架保存为 3.html。需要注意的是，只有将框架集和各个框架保存在本地站点根目录下，才能保证浏览页面时显示正常。

4. 选择框架和框架集

（1）在【框架】面板中选择框架和框架集。【框架】面板提供框架集内各框架的可视化表示形式，能够显示框架集的层次结构。环绕每个框架集的边框非常粗，而环绕每个框架的是较细的灰线，并且每个框架由框架名称标识。要选择某个框架，单击需要的框架部分即可；要选择框架集，单击环绕框架集的边框即可。

（2）在【文档】窗口中选择框架和框架集。在文档窗口中，要选择一个框架可在按住 Alt 键的同时单击框架内部即可。此时，在框架周围显示一个选择轮廓。要选择一个框架集，单击框架集的某一内部框架边框即可。此时，在框架集周围显示一个选择轮廓。

5. 设置框架属性

选中框架，在属性面板上可以设置框架属性，如框架名称、源文件、空白边距、滚动条、重置大小和边框属性等。需要注意的是，在创建链接时要用到框架名称，所以要在这里清楚每个框架的框架名。

6. 在框架中使用超链接

在框架网页中制作超链接时，一定要设置链接的目标属性，为链接的目标文档指定显示窗口。在导航条上创建链接时，一般将目标文档放在另一个框架中显示。

5.4 用 DIV 与 CSS 样式布局

1. DIV+CSS 布局的优势

利用 DIV+CSS 布局，可以有效地对页面的布局、字体、颜色和其他效果实现精确控制，并且只要对相应的代码做一些简单的修改，就可以改变同一页面的不同部分，或不同页面的外观和格式，这是表格布局所无法做到的。总的来讲，DIV+CSS 布局有以下三个优势。

（1）代码精简，减少因嵌套多而影响搜索引擎蜘蛛爬行的问题

使用一般的表格架构，为了达到一定的视觉效果，不得不套用多个表格。而使用 DIV+CSS 布局，页面代码比较精简。代码精简所带来的直接好处有两个：一是提高搜索引擎蜘蛛爬行效率，能在最短的时间内爬完整个页面，这样对收录质量有一定好处；二是由于能高效地爬行，页面会受到"蜘蛛"喜欢，这样对收录数量有一定好处。

（2）方便修改与维护

使用了 DIV+CSS 布局，在修改页面时会变得更加容易。根据区域内容标记，到 CSS 样式中找到相应的 ID，然后就可以修改相关页面标记的设置，且不会破坏页面其他部分的布局样式。

（3）内容与表现分离，页面载入得更快

由于将大部分页面代码写在了 CSS 当中，使得页面体积容量变得更小，缩减带宽成本，页面载入得更快，从而提高浏览速度。

2. CSS 盒子模型

传统的表格排版是通过大小不一的表格和表格嵌套来定位排版网页内容，改用 CSS 排版后，就是通过由 CSS 定义的大小不一的盒子和盒子嵌套来编排网页。因为用这种方式排版的网页代码简洁，更新方便，能兼容更多的浏览器。

什么是 CSS 的盒子模型呢？在网页设计中常见的属性名，如内容（content）、填充（padding）、边框（border）、边界（margin）等，在 CSS 盒子模型中都具备这些属性。如图 5-33 所示是标准 W3C 盒子模型。

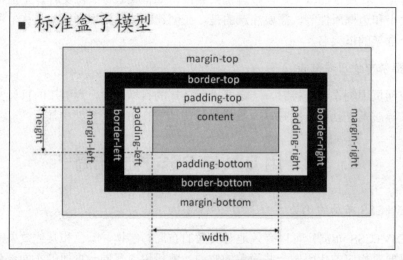

图 5-33　CSS 盒子模型

这些属性可以把它用日常生活中的盒子来理解。生活中所见的盒子也具有这些属性，内容（content）就是盒子里装的东西；填充（padding）就是担心盒子里装的东西损坏而添加的泡沫或其他辅料；边框（border）就是盒子本身；至于边界（margin）则说明盒子摆放时要留一定空隙。通常来讲，与页面的相对位置主要由 margin 属性来控制，而 padding 属性则用来控制内容的周边空格。

这里值得注意的是，IE 盒子模型的范围也包括 margin、border、padding、content，但是和标准 W3C 盒子模型不同的是，IE 盒子模型的 content 部分包含了 border 和 pading。那怎样才能做到选择"标准 W3C 盒子模型"呢？很简单，就是在网页的顶部加上 DOCTYPE 声明。如果不加 DOCTYPE 声明，那么各个浏览器会根据自己的行为去理解网页，即 IE 浏览器会采用 IE 盒子模型去解释你的盒子，而 Firefox 火狐浏览器会采用标准 W3C 盒子模型解释你的盒子，所以网页在不同的浏览器中就显示的不一样了。反之，如果加上了 DOCTYPE 声明，那么所有浏览器都会采用标准 W3C 盒子模型去解释你的盒子，网页就能在各个浏览器中显示一致了。

3．网页布局常见问题与思路

（1）保持居中

要保持整体页面居中，可以通过 CSS 的 margin 属性对<body>标记进行设置，实现控制网页居中显示。

```
<body>{text-align:center;margin:0 auto;}
```

margin:0 auto 代表上下边距为 0，左右为自动调整边距。

若保持页面背景居中，可以使用下面的定义。

```
<body>{background:url() #fff no-repeat center;}
```

若需要文字图片内容居中，可以直接使用 text-align:center。

（2）内容排版

在水平排版时，如导航、水平排列的用户名和输入框、水平排列的图片等，都可以采用水平列表排版，并且通过 margin-left 或 margin-right 来调整左右间距达到合适效果；如果垂直排版的内容，则需要采用无序列表，通过 margin-top 或 margin-bottom 调整上下间距达到合适的效果。

（3）DIV+CSS 设计思路

下面制作一个分栏结构，即包含页头、导航栏、内容和版权的版面，如图 5-34 所示。

首先，用<div>来定义页面结构。即定义 4 个盒子，并让这些盒子等宽，从上到下整齐排列，然后在整个页面中居中对齐。为了方便控制，再把这 4 个盒子装进一个更大的盒子，这个盒子就是<body>。

```
<body>
<div id="header"></div>
<div id="nav"></div>
<div id="content"></div>
<div id="footer"></div>
</body>
```

要让最外边的大盒子（装着小盒子的大盒子）在页面居中，并定义其宽度为 760 像素，同时加上边框，那么它的样式是：

```
body {
font-family: Arial, Helvetica, sans-serif;
font-size: 12px;
margin: 0px auto;
height: auto;
width: 760px;
border: 1px solid #006633;
}
```

图 5-34 用<div>来定义页面结构

其次,用 CSS 来美化各区块,加入背景、线条边框、对齐属性等。页头为了简单起见,整个区块只应用一幅背景图即可,并在其下边界留下一定间隙,目的是让页头的图像不要和下面要做的导航栏连在一起。导航栏则由若干个小按钮组成,鼠标移上去会改变按钮背景色和字体色,实际上这些按钮就是用<div>实现,这是一个盒子嵌套问题。内容部分主要放入文章内容,有标题和段落,标题加粗,为了规范化,采用 H 标签,段落要自动实现首行缩进 2 个字,同时所有内容看起来要和外层大盒子边框有一定距离,这里用填充。版权区块,可以加个背景,与页头相映,里面文字要自动居中对齐。CSS 代码如下:

```
<style type="text/css">
<!--
* {
margin: 0px;
padding: 0px;
}
body {
font-family: Arial, Helvetica, sans-serif;
font-size: 12px;
margin: 0px auto;
```

```css
height: auto;
width: 760px;
border: 1px solid #006633;
}
#header {
height: 100px;
width: 760px;
background-image: url(banner.jpg);
background-repeat: no-repeat;
margin:0px 0px 3px 0px;
}
#nav {
height: 25px;
width: 760px;
font-size: 14px;
list-style-type: none;
}
#nav li {
float:left;
}
#nav li a{
color:#000000;
text-decoration:none;
padding-top:4px;
display:block;
width:97px;
height:22px;
text-align:center;
background-color: #009966;
margin-left:2px;
}
#nav li a:hover{
background-color:#006633;
color:#FFFFFF;
}
#content {
height:auto;
width: 740px;
line-height: 1.5em;
padding: 10px;
}
#content p {
```

```css
text-indent: 2em;
}
#content h5 {
font-size: 16px;
margin: 10px;
}
#footer {
height: 50px;
width: 740px;
line-height: 2em;
text-align: center;
background-color: #009966;
padding: 10px;
}
-->
</style>
```

最后，在这个 CSS 定义的盒子内加上内容，如文字、图片等（没有表现属性的标签）。效果如图 5-35 所示。

```html
<body>
<div id="header"></div>
<ul id="nav">
<li><a href="#">首页</a></li>
<li><a href="#">企业新闻</a></li>
<li><a href="#">产品展示</a></li>
<li><a href="#">企业简介</a></li>
<li><a href="#">企业论坛</a></li>
<li><a href="#">帮助</a></li>
</ul>
<div id="content">
<h5>宏业简介</h5>
<p>第一段内容</p>
<h5>主要产品</h5>
<p>第二段内容</p>
</div>
<div id="footer">
<p>关于宏业 |宏业招聘 |宏业简介 | 客服中心 | QQ 留言 | 网站管理 | 会员登录 | 购物车</p>
<p>Copyright ©2015 CAZTC. All Rights Reserved</p>
</div>
</body>
```

第 5 章 利用 Dreamweaver 设计网页

图 5-35 DIV+CSS 布局页面效果

4. DIV+CSS 布局实例

【例 5-3】 使用 DIV+CSS 布局库花网首页（如图 5-36 所示）

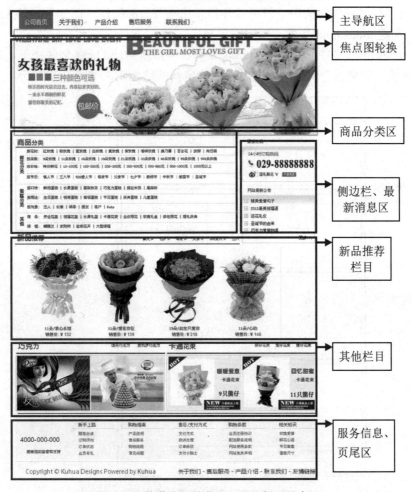

图 5-36 库花网网站首页及页面栏目分布

121

库花网定位于小型电子商务网站,用户通过该网站可了解库花品牌旗下鲜花库存信息、库花资讯及相关鲜花品牌优惠情况等。从页面栏目来看,页面主要分为主导航、焦点图轮换、商品分类、侧边栏、新品推荐、其他栏目、信息服务与页尾等多个模块。

本案例将网站宽度定为980px。该页面结构划分具体如下。

- 导航条,具有按钮特效。Width:960px,Height:50px。
- 焦点图轮换窗口,包含促销推广图片等。Width:960px,Height:290px。
- Content 网站的主要内容。Width:960px,Height:320px。
- 侧边框,一些附加信息。Width:240px,Height:280px。
- 新品推荐,新上架商品推荐。Width:960px,Height:300px。
- 其他栏目,其他商品推荐。Width:960px,Height:200px。
- Footer 网站底栏,包含版权信息等。Width:960px,Height:60px。

在确定了网站整体结构后,便可以开始库花网首页的制作。部分步骤如下:

(1)新建index.html 文件,确定首页布局

新建 index.html 文件,并创建 css.css 文件,存放于对应的 css 文件夹下。建立一个宽960px 的区块,它将包含网站的所有元素。确定网站结构图,如图 5-37 所示。

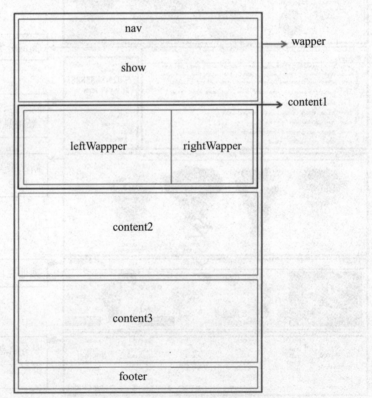

图 5-37 网站首页结构布局

（2）根据布局，在 html 文件的<body>和</body>之间写入

```
<div class="wapper">
<div class="nav">导航</div>
<div class="show">焦点图</div>
<div class="content1">
<div class="leftWapper">商品分类</div>
<div class="rightWapper">侧边栏</div>
</div>
<div class="newGoods">最新商品栏目</div>
<div class="content2">其他栏目</div>
<div class="content3">服务信息</div>
<div class="footer">页尾</div>
</div>
```

（3）着手每个栏目的编写

由于篇幅关系，这里仅以商品分类栏目、侧边栏为例，简单介绍一下代码。从结构来看，可以看到栏目布局如图 5-38 所示。

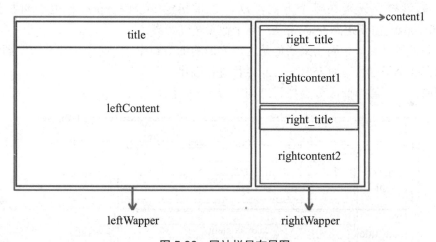

图 5-38　网站栏目布局图

根据页面结构，content1 被分为 leftWapper 及 rightWapper 左右两部分，leftWapper 又分为 title 及 leftContent；rightWapper 分为 right_title、rightcontent1 及 rightcontent2，故页面代码如下：

```
<div class="conten1">
<div class="leftWapper">
<div class="title">商品分类</div>
    <div class="leftContent"></div></div></div>
<div class="rightWapper">
```

```html
<div class="right_title">服务热线</div>
<div class="rightcontent1"> </div>
<div class="right_title">网站最新公告</div>
    <div class="rightcontent2"></div>
</div>
</div>
```

对 css 文件进行编辑，加入如下代码：

```css
.conten1{ widows:960px; height:320px; margin-top:10px;}
/*--商品分类、服务热线、公告--begin--*/
.leftWapper{ width:710px; float:left; height:300px;}
.title{ width:100%; height:35px; line-height:35px; font-size:22px; border-bottom:2px solid #aa0000; }
.leftContent{ width:708px; height:279px; border:1px solid #e7e7e7; border-top:none}
.rightWapper{ width:240px; height:280px; float:left; margin-left:10px;    display:inline;}
.right_title{ width:100%; height:35px;line-height:35px; font-size:18px;}
.rightcontent1{ width:238px; height:100px; border:1px solid #e7e7e7; }
.rightcontent2{ width:218px; height:134px; padding:5px 10px; border:1px solid #e7e7e7; }
```

float 属性定义元素在哪个方向浮动，这里指定 rightWapper 右边栏向左悬浮，margin-left:10px，需要距离 leftWapper 10 个像素宽度距离。

商品分类栏目大体布局出来后便是内容方面的细节制作，根据图 5-38 所示，商品分类栏目下包含 3 个子栏目。对 leftContent 栏目进行细化。

从布局设计上看，商品分类栏目结构如图 5-39 所示。

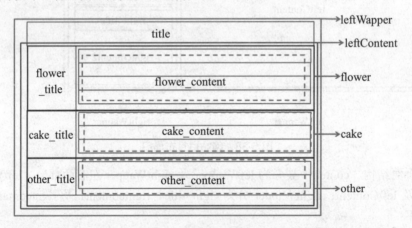

图 5-39　商品分类栏目结构

从图 5-39 可以看到，商品分类栏目在 leftWapper 下被划分为 title 及 leftContent 模块，leftContent 被划分为 flower、cake、other 3 个模块，每个模块下对应相应的 title、content 模块，每个 content 模块下对应 column 列表菜单，故网页代码如下：

```html
<div class="title">商品分类</div>
<div class="leftContent">
<div class="flower">
        <div class="flower_title">鲜花分类</div>
        <div class="flower_content">
         <div class="flower_column">
          <ul>
            <li class="color1">按花材:</li>
            <li>白玫瑰</li>
            <li>水仙</li>
          </ul>
         </div>
         <div class="flower_column">
          <ul>
            <li class="color1">按花材:</li>
            <li>白玫瑰</li>
          </ul>
         </div>
         <div class="flower_column">
          <ul>
            <li class="color1">按花材:</li>
            <li>白玫瑰</li>
          </ul>
         </div>
         <div class="flower_column">
          <ul>
            <li class="color1">按花材:</li>
            <li>白玫瑰</li>
          </ul>
         </div>
       </div>
     </div>
</div>
```

对 CSS 样式中 leftContent 进行编辑，如下所示：

```css
.leftContent{ width:708px; height:279px; border:1px solid #e7e7e7; border-top:none}
.flower{ width:708px; height:115px; padding-top:5px; border-bottom:1px dashed #e7e7e7;  }
.flower_title{ width:15px; padding:10px 10px 0px 10px; font-size:14px;   height:100px; float:left;}
.flower_content{ width:673px; height:100px; float:left}
.flower_column{ width:673px; height:16px; padding:6px 0px; }
.flower_column ul li{height:14px;padding:0px 5px; line-height:14px; border-right:1px solid #c3c3c3; float:left; display:inline }
```

修改后商品分类栏目页面呈现如图 5-40 所示。

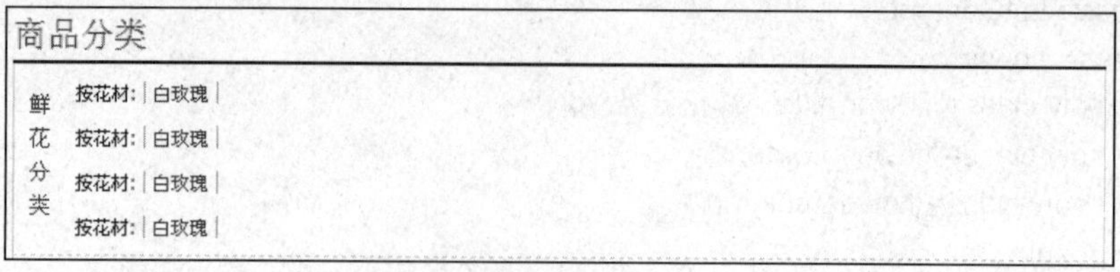

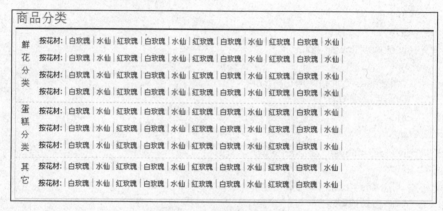

图 5-40　商品分类栏目

最终，商品分类栏目界面如图 5-41 所示。

图 5-41　商品分类栏目

从图 5-38 侧边栏布局上看，侧边栏被分为两个栏目，一个是服务热线栏目，另一个为网站最新公告，结构如图 5-42 所示。

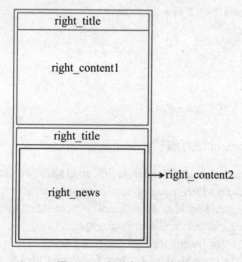

图 5-42　侧边栏栏目结构

```html
<div class="rightWapper">
    <div class="right_title">服务热线</div>
    <div class="right_content1">
      <div class="hour">24 小时订购热线.</div>
      <div class="call">029-12345678</div>
      <div class="sina">鲜花</div>
    </div>
    <div class="right_title">网站最新公告</div>
    <div class="right_content2">
      <div class="rightNews">
       <ul>
       <li>的风格和发帖工具和一个愉</li>
       <li>的风格和发帖工具和一个愉</li>
       <li>的风格和发帖工具和一个愉</li>
       <li>的风格和发帖工具和一个愉</li>
       <li>的风格和发帖工具和一个愉</li>
       </ul>
      </div>
      <div class="more">更多...</div>
    </div>
  </div>
```

侧边栏 CSS 代码如下：

```css
.rightWapper{ width:240px; height:280px; float:left; margin-left:10px;   display:inline;}
.right_title{ width:100%; height:35px;line-height:35px; font-size:18px;}
.rightcontent1{ width:238px; height:100px;
 background:url(../images/right_bg.png) repeat-x;border:1px solid #e7e7e7; }
.hour{ width:218px; margin-top:5px; padding:0px 10px; font-size:14px}
.call{ width:198px; height:21px; line-height:21px; margin:10px; background:url(../images/call.png) no-repeat; padding-left:20px; font-size:20px;color:#a90909}
.sina{ width:200px; height:16px;margin:0px 10px;
padding-left:18px; font-size:14px; background:url(../images/sina.png) no-repeat;}
.rightcontent2{ width:218px; height:134px; padding:5px 10px; background:url(../images/right_bg.png) repeat-x;border:1px solid #e7e7e7; }
.rightNews{ width:218px; }
.rightNews ul li{ height:14px; width:210x; line-height:14px; margin-top:8px;
 background:url(../images/point.png) no-repeat; padding-left:18px;}
.more{ width:100%; height:14px; line-height:14px; text-align:right}
```

最终样式呈现如图 5-43 所示。

图 5-43 侧边栏

5.5 表单制作

一个完整的表单由两部分组成：一是使用 HTML 语言编写的网页界面，其中包含了用于收集信息的各类表单对象；二是应用程序，可以是服务器端的，也可以是客户端的，用于对客户信息进行分析处理。

Dreamweaver CS3 创建表单的功能非常强大，其表单工具栏如图 5-44 所示。

图 5-44 表单工具栏

1. 创建表单

在 Dreamweaver CS3 中可以创建各种各样的表单。表单中可以包含各种对象，如文本域、按钮和列表等。

（1）将插入点放在希望表单出现的位置，选择【插入】→【表单】命令，或选择【插入】栏中的【表单】类别，然后单击【表单】图标。

（2）选中表单，在属性面板上设置表单的各项属性，如图 5-45 所示。

图 5-45 表单属性面板

- 【动作】：指定处理该表单的动态或脚本的路径。
- 【方法】：选择将表单数据传输到服务器的方式。POST 方式表示将在 HTTP 请求中嵌入表单数据。GET 方式则是将值附加到请求该页的 URL 中。

2. 表单的应用

【例 5-4】 制作个人信息调查表（如图 5-46 所示）

（1）新建网页文件 diaochabiao.html，插入表单，此时窗口出现一个红色虚线框。将光标置于表单域中，插入 1 个表格：9 行 1 列，宽为 400px，边框为 1，其他为 0，居中。选中所有单元格，设置高为 30px，垂直居中。

（2）在单元格中输入相应的文字信息。将光标移到表格第 2 行的文字右侧，插入面板组中表单选项下的【文本字段】按钮，在属性面板中设置文本域名称为 name。同理，在第 5 行和第 7 行也插入文本字段，名称分别为 password 和 email。第 8 行也为文本字段，但要设定属性类型为"多行"，名称为 note。

图 5-46　个人信息调查表效果图

（3）将光标移到第 3 行文字右侧插入单选按钮组，在弹出的对话框中设置标签和值均为男、女。此时按钮组垂直排列，切换到代码视图，删除
标记，即可排成一行。

（4）在第 4 行年月日前分别插入【列表/菜单】按钮，在属性面板中设为"列表"，名称为 year,month,day。在【列表值】对话框中添加标签和值分别为 1991、1992、1993。月和日的设定同理。

（5）在第 6 行的付费项目中分别单击【表单】选项下的【复选框】按钮，在属性面板的【选定值】中输入相应的支付项目名称。

（6）将光标移到第 9 行，在【表单】选项下单击【按钮】图标插入一个按钮，在属性面板中设置【值】为"提交"，【动作】为"提交表单"。重复上述操作，插入第 2 个按钮，将【按钮】值改为"重置"，【动作】改为"重设表单"。

（7）调整单元格中文字及表单对象的位置，设置表格的【背景颜色】为#EEEEEE，按 F12 键预览。

5.6　模板应用

很多网页中都会用到相同的元素，如文字、版式等，要做到这一点并且避免重复劳动，可以采用网页模板来实现。

模板是能够生成其他网页样板的特殊网页。模板文件的显著特征是分为可编辑区域和锁定区域两个部分。锁定区域用来锁定网站风格，是相对固定、不可改变的；可编辑区域用来定义网页的具体内容。使用模板建立网页时，用户只需编辑可编辑区域即可，网站的维护由此变得简单。

1. 模板的创建

创建模板有两种方法：一是将现有文件另存为模板，二是在【新建文件】对话框中选择【空模板】。这里以第一种方法为例来建立模板。

2. 模板的应用

【例5-5】 利用企业产品页面建立模板

（1）打开要制作模板的网页 chp.html，如图5-47所示。

图5-47 企业产品页

（2）可编辑区域的建立与取消。将光标定位在要建立可编辑区域的位置，选择企业产品名称"09型—A型 多媒体移动讲台"，如图5-48所示。

单击插入面板的【常用】选项中的按钮右边的向下箭头，在弹出的菜单中选择，建立可编辑区域。系统提示"Dreamweaver会将此文档转换为模板"，单击【确定】按钮，修改可编辑区域为"产品名称"。单击【确定】按钮，至此，可编辑区域创建完成。

用同样的办法将正文区域中的产品图片、产品特点定义为可编辑区域，如图5-49所示。

将光标置于要删除的可编辑区域，选择【修改】→【模板】→【删除模板标志】命令，即可删除该可编辑区域。

（3）保存模板。选择【文件】→【另存为模板】命令，取名为 chp.dwt。

（4）利用所建模板建立 chp2.html 文件。选择【文件】→【新建】命令，打开【新建文档】对话框，在【模板中的页】选项卡中选择【模板】所在的站点，再在右侧选择模板chp.dwt。单击【创建】按钮，即可创建基于模板的网页。网页中的可编辑区域被套上蓝色边框，只有可编辑区域的内容能够编辑。然后，删除可编辑区域内空的页面。

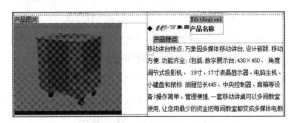

图 5-48　选择区域　　　　　　　　　　图 5-49　可编辑区域

在产品名称、图片、产品特点等处可编辑区域输入另一产品的名称和特点的信息，将光标定位在"产品图片"位置，插入该产品图片。

（5）将网页保存为 chp2.html。按 F12 键预览。

说明：模板实际上也是一种文档，它的扩展名是.dwt，存放在站点目录下的 Templates 文件夹中。该文件夹将在保存新模板时由 Dreamweaver 自动创建。

3．通过更新模板来更新网页

通过模板创建网页可以方便快捷地建立格式相同的一组网页，而在网页的维护中，如果需要修改该组网页的共同部分，则可以通过更新模板来更新本组网页。

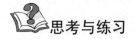
思考与练习

一、简答题

1．如何在 Dreamweaver CS3 中定义站点？
2．如何在 Dreamweaver CS3 的文件面板中新建文件夹和文件？
3．如何使网页中插入的 Flash 动画背景透明？
4．如何使用表格进行布局？布局时应注意哪些问题？
5．简述框架和框架集的区别。

二、选择题

1．如果要使用 CSS 样式将文本样式定义为粗体，则需要设计（　　）文本属性。
　　A．font-family　　B．font-style　　C．font-weight　　D．font-size
2．使用 Dreamweaver CS3 创建站点，叙述不正确的是（　　）。
　　A．站点中的文件和文件夹命名最好用英文或英文和数字的组合
　　B．网页文件应分类存入不同文件夹

C. 必须首先创建站点，才能创建网页文件
D. 静态文件的默认扩展名为.htm 或.html

3. （　　）的设置对于搜索引擎在互联网上搜索到网页没有帮助。
   A. 关键字　　　B. META　　　C. 图片的 ALT 说明　　　D. 图片的尺寸

4. 超链接标记具有 4 种不同的状态，下列不属于标记状态的是（　　）。
   A. a:active 活动的链接　　　B. 鼠标移到链接对象上的状态 a:hover
   C. a:link 链接初始状态　　　D. 没有访问过的链接 a:unvisited

5. 下面（　　）是 Dreamweaver CS3 的模板文件的扩展名。
   A. .html　　　B. .htm　　　C. .dwt　　　D. .txt

6. 如果在表格中设置背景图像后又在该表格的某一单元格中设置了背景颜色，那么下面说法中正确的是（　　）。
   A. 表格背景图像将失去意义
   B. 表格中的背景图像将完全被单元格颜色取代
   C. 表格中的背景图像依然存在，但该单元格中只显示单元格的背景颜色
   D. 单元格中的背景颜色无效

7. 下列（　　）不是单元格的水平对齐方式之一。
   A. 两端对齐　　　B. 默认　　　C. 居中对齐　　　D. 右对齐

8. 一个有 3 个框架的 Web 页实际上至少有（　　）个独立的 HTML 文件。
   A. 2　　　B. 3　　　C. 4　　　D. 5

9. 文档标题可在（　　）对话框中修改。
   A. 首选参数　　　B. 页面属性　　　C. 编辑站点　　　D. 标签编辑器

10. Dreamweaver CS3 启动浏览器进行网页预览的快捷键是（　　）。
    A. F2　　　B. F4　　　C. F12　　　D. F8

技能实训

一、实训目的

1. 掌握 Dreamweaver CS3 的基本编辑，如文字设置、图片插入、超链接等。
2. 掌握在 Dreamweaver CS3 中创建和管理站点的方法。
3. 能综合利用表格、框架等工具制作小型的静态网站。

二、实训内容

1. 利用 Dreamweaver CS3 重新完成第 4 章中的技能实训第 1～4 题。
2. 根据教材中提供的实例和素材，模仿制作万象园-玖丰企业网站。
   方法和步骤如下。

（1）观察网页布局（必要时查看源代码），记录页面布局由几个表格组成，如何嵌套，并记录相关参数。

（2）利用表格模仿制作网页布局。

（3）插入文本和相关图片。

（4）分析素材网页中的样式和其他效果，并尝试自己去实现。

（5）按 F12 键预览，比较差异，并进行修改。

3．制作个人信息调查表。

4．根据教材中提供的素材，制作某企业网站，如图 5-50 所示。

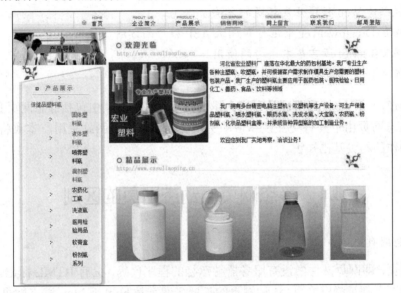

图 5-50　某企业网站首页

第 6 章　ASP 动态网站制作基础

【学习目标】

① 了解静态网页与动态网页的区别。
② 掌握搭建 Web 程序开发环境的方法。
③ 掌握在 Dreamweaver 中运行和调试 ASP 程序的方法。
④ 掌握 VBScript 语言基本语句的使用。
⑤ 掌握 ASP 内置对象的常用属性和方法。

我们知道，一个电子商务网站是由大量的网页组成的，其中包括静态网页和动态网页两大类。动态网页由于具有交互性和自动更新功能而被许多网站采用。本章将介绍 ASP 动态网页制作的相关基础知识。

6.1　静态网页与动态网页的区别

1. 静态网页

静态网页，即网页文件中没有服务器端运行的程序代码，只有 HTML 标记。前面章节学习制作的网页都是静态网页，这种网页的扩展名通常是.html 或.htm。静态网页一经完成，内容不会再有变化，不管何时何人访问，看到的都是同样的内容。如果要修改网页内容，需要重新修改源文件，然后重新上传到服务器。早期的网站一般都是由静态网页制作的。各种动态的效果，如 GIF 格式的动画、Flash、滚动字幕等，都只是视觉上的，与下面将要介绍的动态网页是不同的概念。

静态网页的优点是内容相对稳定，因此容易被搜索引擎检索。缺点主要有两个：一是不易维护，由于没有数据库的支持，静态网页在网站制作和维护方面工作量较大，必须不断地重复制作 HTML 文档，随着网站内容和信息量的日益扩增，更新网站会变得越来越困难；二是不能实现和浏览网页的用户之间的交互，信息流向是单向的，即从服务器端到客户端的浏览器。其工作原理如图 6-1 所示。

2. 动态网页

所谓"动态"，并不是指那几个放在网页上的 GIF 动态图片，而是说网页文件中不仅含有 HTML 标记，而且含有服务器端运行的程序代码。网页的扩展名一般根据程序设计语言的不同而不同,如 ASP 文件的扩展名为.asp。

图 6-1 静态网页的工作原理

　　动态网页具有两方面的特性:一是"交互性",即网页会根据用户的要求和选择而动态改变和响应;二是"自动更新",即无须手动地更新网页文档,通过前台的用户参与及网站的后台管理,能自动生成新的页面,大大降低了工作量。常见的 BBS、用户注册、订单管理及留言板一般都是由动态网页实现的,如图 6-2 所示。

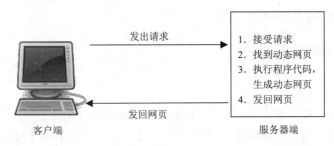

图 6-2 动态网页的工作原理

　　静态网页是网站建设的基础,静态网页和动态网页之间也并不矛盾。为了适应搜索引擎检索的需要,网站即使采用动态网站技术,也可以将网页内容转换为静态网页发布。网站还可以采用静动结合的原则,适合采用动态网页的地方用动态网页,适合使用静态网页的地方可以考虑用静态网页的方法来实现,在同一个网站上,动态网页内容和静态网页内容同时存在也是很常见的事情。

　　下面看一个简单的例子,认识一下动态网页。

【例 6-1】 制作最简单的动态网页

```
<html><head><title>欢迎你的来访</title></head>
  <body>
    <%
    Dim a
    a="你的来访日期是: " & date()
    Response.write a
    %>
  </body>
</html>
```

将以上文件保存为 6-1.asp。显然，与静态网页都是由 HTML 标记组成相比，此文件中多了一部分<% %>代码，这一部分就是由服务器来执行的 ASP 程序代码。

说明：在 ASP 程序中，字母不区分大小写。在本书的后面程序中，有的地方用大写，主要是为了突出语法，方便理解。建议大家在程序中统一用小写字母。

6.2 搭建 Web 程序开发环境

要运行 ASP 程序，服务器端需要安装 Web 服务器软件，即 Internet 信息服务 IIS（Internet Information Server 的缩写），主要包括 WWW 服务器、FTP 服务器等。IIS 是微软公司主推的 Web 服务器之一。Windows 2000 Advanced Server 和 Windows XP 操作系统中已经包含了 IIS 5.0，Windows Server 2003 操作系统中已经包含了 IIS 6.0，Windows 7 的系统中也集成了 IIS 7.0。在自己的计算机中安装上 IIS，就可以用本地计算机作为服务器，建立强大、灵活而安全的 Internet 和 Intranet 站点。

6.2.1 安装 IIS 和配置 IIS

1. 安装 IIS

Windows 7 中已经自带了 IIS，只需要在控制面板中打开即可。

选择【开始】→【控制面板】→【程序】→【程序和功能】→【打开或关闭 Windows 功能】→【Internet 信息服务】命令，并对其中功能作相应勾选，如图 6-3 所示。

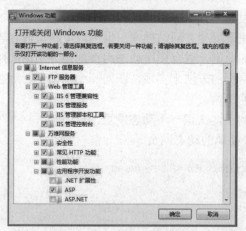

图 6-3　打开 Windows 7 的 IIS

下面主要介绍在 Windows XP 操作系统上安装 IIS 的具体步骤。

（1）选择【开始】→【控制面板】命令，打开【控制面板】窗口，如图 6-4 所示。

第 6 章 ASP 动态网站制作基础

图 6-4 安装 IIS（一）

（2）双击【添加或删除程序】选项，弹出【添加或删除程序】对话框，单击对话框左边的【添加/删除 Windows 组件】按钮，弹出【Windows 组件向导】对话框，并在该对话框中选中【Internet 信息服务（IIS）】复选框，如图 6-5 所示。单击【详细信息】按钮，查看 IIS 所包括的组件。

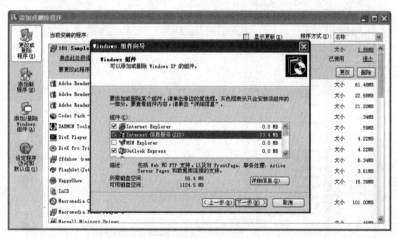

图 6-5 安装 IIS（二）

（3）插入 Windows XP 系统光盘，并单击【下一步】按钮，进入安装界面，如图 6-6 所示。

（4）安装完成后，显示【完成'Windows 组件向导'】界面，单击【完成】按钮即可完成 IIS 的安装过程，如图 6-7 所示。

安装完毕后，可在 IE 浏览器地址栏中输入"http://localhost"并按 Enter 键，如显示 IIS 欢迎页面，则表明 IIS 已经成功安装。

137

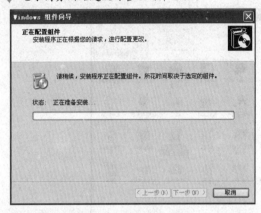
图6-6 安装IIS（三）

图6-7 安装IIS（四）

2. 配置IIS

下面介绍在Windows XP操作系统中配置IIS的具体步骤。

（1）打开控制面板，双击管理工具，打开【Internet信息服务】窗口，依次展开【本地计算机】→【网站】→【默认网站】，如图6-8所示。

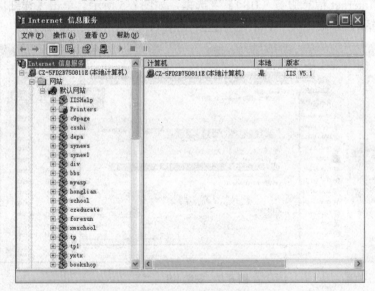
图6-8 【Internet信息服务】窗口

（2）右击【默认网站】，在弹出的快捷菜单中选择【属性】命令，弹出【默认网站属性】对话框，此时已经显示了【网站】选项卡的配置，如图6-9所示。在【网站】选项卡中可以配置IIS的IP地址、TCP端口等属性，系统的默认值分别为"全部未分配"和"80"。

（3）选择【主目录】选项卡。该选项卡可以设置IIS的本地路径的各种属性，如访问路径、访问权限等，如图6-10所示。IIS的本地路径默认主目录为C:\inetpub\wwwroot。

第 6 章 ASP 动态网站制作基础

图 6-9 【默认网站 属性】对话框

图 6-10 设置主目录

（4）设置默认文档。默认文档常称为"首页"，一般作为网站的入口页面。一般以 index.htm、default.asp 等页面作为默认文档。还可以添加 index.html、index.asp 等文档，使之成为默认文档，如图 6-11 所示。

3. 浏览 ASP 文件

仍以例 6-1.asp 文件为例，将 6-1.asp 文件复制到主目录 C:\inetpub\wwwroot 下，有两种方法可以浏览 6-1.asp 文件。第一种方法是在浏览器中输入"http://localhost/6-1.asp"，或者输入"http://计算机名/6-1.asp"，按 Enter 键运行，结果如图 6-12 所示。第二种方法是在 IIS 的窗口中找到该文件，右击文件，在弹出的快捷菜单中选择【浏览】命令，也可查看网页效果。

图 6-11 添加默认文档

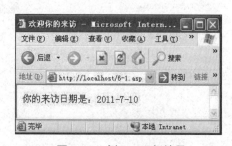

图 6-12 例 6-1 运行结果

思考：如果在主目录下建立子文件夹，将上述 ASP 文件移到子文件夹中，如何访问？

4. 添加虚拟目录

在本地计算机上制作网站，人们不一定将网站保存在主目录下，更多情况是放在其他目录下。例如，将站点存放在 E:\asplx。此时，要发布我们的网站，就需要建立虚拟目录。

目录分为两种类型，即物理目录和虚拟目录。物理目录是位于计算机物理文件系统中的目录，它可以包含文件及其他目录。虚拟目录是在 IIS 中指定并映射到本地或远程服务器上的物理目录的目录名称。建立虚拟目录的步骤如下。

（1）打开【Internet 信息服务】窗口，右击【默认网站】节点，在弹出的快捷菜单中选择【新建】→【虚拟目录】命令，弹出【虚拟目录创建向导】对话框，如图 6-13 所示。

（2）单击【下一步】按钮，出现【虚拟目录别名】界面，在【别名】文本框中输入"mysite"，如图 6-14 所示。

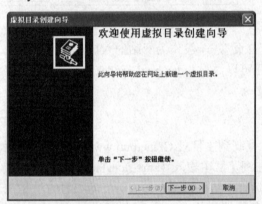

图 6-13 【虚拟目录创建向导】对话框　　　　图 6-14 创建虚拟目录 mysite（一）

（3）单击【下一步】按钮，设置网站的真实物理路径为 E:\asplx，如图 6-15 所示。

（4）单击【下一步】按钮，并设置访问网站的权限为"读取"和"运行脚本"，如图 6-16 所示。

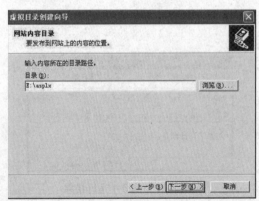 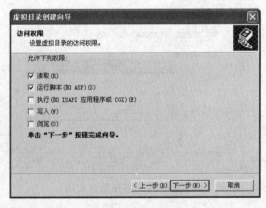

图 6-15 创建虚拟目录 mysite（二）　　　　图 6-16 创建虚拟目录 mysite（三）

（5）单击【下一步】按钮，完成虚拟目录的创建，如图 6-17 所示。此时，虚拟目录 mysite 和物理路径 E:\asplx 就建立了映射关系。

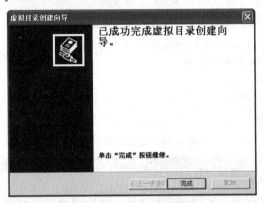

图 6-17　创建虚拟目录 mysite（四）

虚拟目录建立以后，就可以在地址栏中访问网站了。访问形式有如下几种。
- http://localhost/虚拟目录名/网页文件名。
- http://计算机名字/虚拟目录名/网页文件名。
- http://计算机的 IP 地址/虚拟目录名/网页文件名。

6.2.2　在 Dreamweaver 中运行 ASP 程序

Dreamweaver 不仅可以用来制作静态网页文档，而且它还是调试和运行动态 ASP 程序的强大利器。当然，这里有一个前提，就是首先要在 Dreamweaver 中建立测试服务器。这里仍选择 Dreamweaver CS3 版本进行介绍。

假定把 ASP 程序文件放在 E:\mysite 文件夹下，并且在 IIS 中已经建立了虚拟目录 mysite 映射到物理路径 E:\mysite 文件夹。

在 Dreamweaver CS3 中建立测试服务器的方法和步骤如下。

（1）启动 Dreamweaver CS3，选择【站点】→【管理站点】命令，在打开的对话框中单击【新建】按钮，开始新建站点。

（2）设置测试服务器，有【基本】和【高级】两种方式，这里以【基本】方式进行站点定义，如图 6-18 所示。

输入站点名字 myweb，该名字只起着识别的作用，与本地站点或远程站点保存文件的文件夹名字以及网站发布后真实的名字无关，但最好还是使用具有一定意义的英文作为站点名。站点 URL 输入"http://localhost/mysite"，然后单击【下一步】按钮。

（3）如图 6-19 所示，静态网站不需要使用服务器技术，但现在运行的是动态网页，因此应选中【是，我想使用服务器技术。】单选按钮，并选择 ASP VBScript 服务器技术，单击【下一步】按钮。

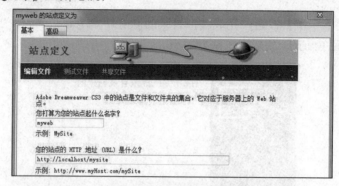

图 6-18 站点定义（一）

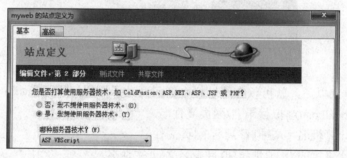

图 6-19 站点定义（二）

（4）如图 6-20 所示，通常选中【在本地进行编辑和测试】单选按钮。然后，在下面的文本框中选择站点文件在本地硬盘上的保存位置或直接输入站点路径，单击【下一步】按钮。

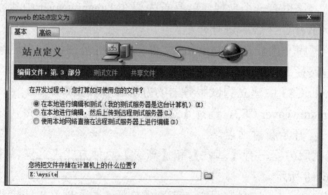

图 6-20 站点定义（三）

（5）如图 6-21 所示，询问用什么 URL 浏览站点根目录，在文本框中输入"http://localhost/mysite/"，继续单击【下一步】按钮。

（6）如图 6-22 所示，询问是否使用远程服务器，选中【否】单选按钮，单击【下一步】按钮。

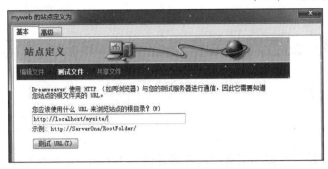

图 6-21　站点定义（四）

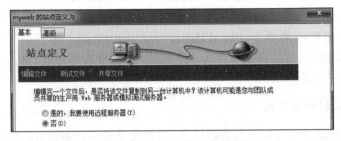

图 6-22　站点定义（五）

（7）如图 6-23 所示，站点定义完成，并显示站点的总结信息，包括本地信息、远程信息和测试服务器信息。

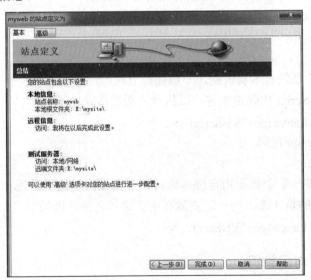

图 6-23　站点定义（六）

至此，站点 myweb 和测试服务器搭建完毕。这样，可以在 Dreamweaver CS3 中预览 ASP 程序，而不必在 IE 浏览器的地址栏中输入 URL 来运行。

6.3 动态网站制作基础——VBScript 语言

6.3.1 VBScript 概述

1. 简介

ASP 本身并不是一种脚本语言,但它却为嵌入 HTML 页面中的脚本语言提供了运行环境。在 ASP 程序中常用的脚本语言有 VBScript 和 JavaScript 等语言,系统默认的语言为 VBScript。

VBScript 语言直接来源于 Visual Basic,是 Visual Basic 的一个子集,编程方法和 Visual Basic 基本相同。它具有简单易学、使用灵活、标准规则开放、与 ActiveX 控件紧密结合、功能强大等特点。

2. VBScript 的语法格式

VBScript 脚本语言既可以在服务器端执行,也可以在客户端执行。不过,就 ASP 来讲,其中的 VBScript 都是放在服务器端执行的。具体方法有以下两种。

方法一:<%VBScript 代码%>

方法二:<Script Language="VBScript" Runat="Server">
　　　　　VBScript 代码
　　　　</Script>

说明:

(1) 这两种方法没有本质区别,一般使用方法一,方法二很少使用。

(2) 如果 VBScript 代码是在客户端执行,语法格式如下:

　　<Script Language="VBScript" >
　　　　VBScript 代码
　　</Script>

(3) 如果在某一单个页面指定脚本语言,可在文件初始部分用一条声明语句进行指定。需要特别注意的是,该语句一定要放在所有语句之前,语句格式如下:

　　<%@　Language="VBScript" %>

6.3.2 数据类型与运算符

1. 数据类型

VBScript 只提供了一种数据类型,即变体类型(Variant)。可以根据用途的需要选择最合适的子类型,如整型、布尔类型、字符串类型等来存储数据。在程序中,可以使用

VBScript 的 Vartype()函数来返回 Variant 数据的子类型。

2. 运算符

VBScript 的运算符包括算术运算符、逻辑运算符、连接运算符和比较运算符。

（1）算术运算符：加（+）、减（-）、乘（*）、除（/）、取余（Mod）、求幂（^）及整除（\）等。

（2）逻辑运算符：逻辑与（And）、逻辑或（Or）、逻辑非（Not）和逻辑异或（Xor）。其返回值为真（True）或假（False）。

（3）字符串（连接）运算符：&和+。

（4）比较运算符：等于（=）、不等于（<>）、小于（<）、大于（>）、小于等于（<=）、大于等于（>=）。

6.3.3 变量与常量

1. 定义常量

在程序运行过程中，其值不能被改变的量称为常量。常量有两种：一种是直接常量，如 100 是一个整数常量；另一种是符号常量，在定义符号常量时要用到 Const 语句，例如：

```
<%
Const PI=3.1415926          '表示数值型常量
Const str1="电子商务"        '表示字符串型常量
Const birthday=#1992-6-6#   '表示日期型常量
%>
```

注意：如果定义的常量为字符串，则要用双引号引起；如果定义的常量为日期（时间）子类型，要用符号#括起。

2. 变量的声明与赋值

什么是变量呢？先看下面这段代码：

```
<%
 a="asp 很有用，我一定好好学"
 Response.Write a
%>
```

代码中，把 a 看成一个盒子，先将字符串"asp 很有用，我一定好好学"装进盒子 a 里，而 Response.Write a 则相当于将盒子 a 里的东西输出。这里，a 就是一个变量。

变量为计算机内存中的一块空间，在这个空间中，可以保存程序执行过程中所产生的信息。

VBScript 中的数据类型只有 Variant 一种,所以变量的类型也都是 Variant 类型的。将整数数据指定给变量,该变量就是整数变量;指定日期给该变量,该变量就是日期类型的变量。

变量的命名规则如下。
(1) 必须以英文字母开头,且只可以使用字母、数字和下划线的组合。
(2) 变量名称的长度不能超过 255 个字符。
(3) 在定义的有效范围中必须是唯一的。
(4) 不能与 VBScript 的关键词相同。

变量的定义用 Dim,称"显式声明"。如 Dim x,y,z。

变量如果没有定义直接使用,则称为"隐式声明"。不用声明即可使用,看起来很方便,但是其实也可能引起不必要的麻烦。如果在程序中不小心输错了变量名,自然会引起程序错误,而这种错误很难发现。所以,建议在以后的编程中,尽量养成"先声明后使用"的习惯。在 ASP 程序中,强制要求所有的变量必须先声明才能使用。方法如下:在 ASP 文件中所有的脚本语句之前添加<%Option Explicit%>语句。

3. 数组的定义

定义数组与变量类似,只是在变量名后加(),在()中加入数字(这个数字总是比数组元素个数少一个,因为在 VBScript 中数组元素的下标是从 0 开始的)。例如:

```
<%
 Dim a(2)      '定义一个元素数为 3 的数组
 A(0)=1        '给第 1 个数组元素 a(0)赋值
 A(1)=10       '给第 2 个数组元素 a(1)赋值
 A(2)=20       '给第 3 个数组元素 a(2)赋值
%>
```

上面的代码中声明了数组 a,数组 a 有 3 个元素,每个元素都可作为一个普通变量使用。

VBScript 还可以定义变长数组。即在程序运行过程中可以动态地改变数组的大小,这里要用到 Redim 关键字。例如:

```
<% Dim a() %>
```

当需要使用时,可以用 Redim 语句重新声明该数组。例如:

```
<%
 Redim a(3)    '重声明数组,长度为 4
 A(3)=100
 Redim a(5)    '重声明数组,长度为 6
 A(5)=300
%>
```

说明：定义变长数组的方法与普通数组类似，只是括号中不指明长度。当需要使用时，可任意多次重声明，但要注意，重声明后，原有的数值将全部清空。如果希望保留，可以使用 Preserve 关键字。例如：

```
<% Redim Preserve a(3) %>
```

6.3.4 函数与过程

所谓函数，指的是一段用来表示完成某种特定的运算或功能的程序，并返回一个函数值。VBScript 提供了大量的内置函数，大家不用关心它内部具体是如何实现的，只要在程序中会引用即可。下面介绍最常用的内置函数。

1. 函数

（1）数学函数。

① 取绝对值。

格式：Abs(<数值表达式>)

② 取整：返回数值表达式的整数部分。

格式：Int(<数值表达式>)

③ 求随机数：返回一个小于 1 大于 0 的随机数。

格式：Rnd()

【例 6-2】 产生 1～10 之间的随机数

```
<html>
  <body>
    <%
    randomize timer()              '初始化随机数生成器
    temp=int(10*rnd())+1           '产生 1～10 之间的整数
    Response.Write temp
    %>
  </body>
</html>
```

说明：randomize timer()语句用于初始化随机种子，否则产生的随机值都一样。

（2）字符串函数。在 ASP 程序开发中，用得最多的还是字符串。如用户注册时的用户名、口令，还有发布的企业新闻的标题、内容等信息都是作为字符串处理的。VBScript 提供了大量的字符串函数，如表 6-1 所示。使用这些函数可完成字符串的截取与替换等操作。

表 6-1　常用的字符串函数及用法

函　　数	功　　能	用　　法
Len(string)	返回字符串 string 的长度	如 Len("hello")返回 5
Trim(string)	将字符串 string 前后的空格去掉	如 Trim("　hello　")返回"hello"
Mid(str, start, len)	从字符串 str 的 start 位置取长度为 len 的子字符串	如 Mid("VB Script is fun!", 4, 6)返回"Script"
Left(str, len)	从左边取 len 个字符	如 Left(hello", 3)返回"hel"
Right(str, len)	从右边取 len 个字符	如 Right(hello", 3)返回"llo"
Instr(str1, str2)	返回 str2 在 str1 中第一次出现的位置，两字符串相同返回 0	如 Instr("hello", "ell")返回 2
Split(str1,符号)	根据符号将 str1 拆分成一维数组	如 Split("VBScriptXisXfun!", "X")返回数据元素分别为 VBScript、is 和 fun
Replace(str1,str2,str3)	将 str1 中的 str2 全部换成 str3	如 Replace("VBVB","B", "C")返回"VCVC"

（3）日期函数。论坛发帖、发布新闻都需要用到日期和时间函数来得到各种格式的日期和时间。常用的日期和时间函数如表 6-2 所示。

表 6-2　常用的日期和时间函数及用法

函　　数	功　　能	用　　法
Now()	得到系统当前的日期和时间	如 Now()返回当前日期和时间
Date()	得到系统的日期	如 Date()返回"年：月：日"
Time()	得到系统的时间	如 Time()返回"时：分：秒"
Year(Date)	取得 Date 中的年	如 Year(#2008-10-1#)返回 2008
Month(Date)	取得 Date 中的月	如 Month(#2008-10-1#)返回 10
Day(Date)	取得 Date 中的日	如 Day(#2008-10-1#)返回 1
WeekDay(Date)	取得 Date 中的日期是星期几	如果是星期天，返回 1；如果是星期一，返回 2；依此类推
DateDiff("str",d1,d2)	计算两个日期 d1 和 d2 之间的间隔	如果 str 是 yyyy，则计算年间隔，m 计算月间隔，d 计算日间隔，ww 计算星期间隔，h 代表小时间隔，s 代表秒间隔
DateAdd("str",d1,d2)	返回 d2 加上 d1，其中 d1 的单位根据 str 的不同而不同	如果是 DateAdd("yyyy",15,Date())，则返回 15 年以后的日期。如果 yyyy 变成 d，则计算 15 天以后的日期

【例 6-3】　计算距离某天还有多少天

```
<html>
  <body>
    <%
```

```
response.write formatdatetime(date(),vblongdate)
numtemp=datediff("d",date(),#1/1/2013#)
Response.Write "距离 2013 还有："&numtemp&"天"
%>
  </body>
</html>
```

（4）检验函数。有时需要判断一个变量究竟是什么数据子类型，此时就要用到检验函数，如表 6-3 所示。

表 6-3　检验函数及用法

函　　数	功　　能	用　　法
VarType(Variant)	检查变量 Variant 的值	返回 0 表示空，2 表示整数，7 表示日期，8 表示字符串，11 表示布尔变量，8192 表示数组
IsNumeric(Variant)	检查是否为数字类型	IsNumeric(11)返回 True
IsDate(Variant)	检查是否为日期型	IsDate(Date())返回 True
IsNull(Variant)	检查是否为 Null 值	IsNull(Null)返回 True
IsEmpty(Variant)	检查是否为空值	IsEmpty(Empty)返回 True
IsArray(Variant)	检查是否为数组	IsArray(数组名)返回 True

2. VBScript 过程

本节已经学习了很多内置函数，但仍有很多情况没有现成的函数可用，这时就需要我们自己编制过程。在 VBScript 中，过程有两种：一种是 Sub 子程序，另一种是 Function 函数。两者的区别在于前者只执行程序不返回值，而后者会返回值。

（1）Sub 子程序。Sub 子程序的语法格式如下：
Sub 子程序名([形参 1,形参 2,…])
…
End Sub
说明：如果 Sub 子程序无任何形式参数，Sub 语句中也必须使用空括号。
调用 Sub 子程序有以下两种方式。
① Call 子程序名([实参 1,实参 2,…])
② 子程序名 [实参 1,实参 2,…]

【例 6-4】　求两个数的平方和

```
<html>
  <body>
    <%
    dim m,n,sum
    m=3
```

```
        n=4
        pingfanghe m,n
        sub pingfanghe(a,b)
        sum=a^2+b^2
        Response.Write "a 与 b 的平方和:"&cstr(sum)
        end sub
     %>
   </body>
</html>
```

（2）Function 函数。Function 函数的语法格式如下：

Function 函数名（[形参1,形参2,…]）

…

End Function

说明：调用 Function 的语法和前面的函数一样。

【例6-5】 仍求两个数的平方和

```
<html>
   <body>
     <%
     dim m,n,sum
     m=3
     n=4
     sum=pingfanghe(m,n)
     Response.Write("平方和:"&sum)
     function pingfanghe(a,b)
     dim sum0
     sum0=a^2+b^2
     pingfanghe=sum0
     end function
     %>
   </body>
</html>
```

（3）子程序和函数的位置。子程序和函数的位置也可以放在另外一个 ASP 文件中。如上面的例 6-5 也可以改写成以下两个 ASP 文件。

【例6-6】 主程序 6-6.asp 和 function.asp

主程序（6-6.asp）代码如下：

```
<!-- #include file="function.asp" -->
<html>
   <body>
     <%
```

```
    dim m,n,sum
    m=3
    n=4
    sum=pingfanghe(m,n)
    Response.Write("平方和:"&sum)
%>
</body>
</html>
```

function.asp 代码如下:

```
<%
  function pingfanghe(a,b)
    dim sum0
    sum0=a^2+b^2
    pingfanghe=sum0
  end function
%>
```

说明：利用上述方法可将常用的函数都放在一个文件中，然后在其他文件中需要时用 #include file 命令包含该文件即可，可大大提高效率。

6.3.5 控制语句

程序的基本结构有 3 种。第一种，如前面的例子中的程序语句基本上是一条一条按顺序进行的，这样的语句叫做顺序语句。第二种，在程序执行过程中，还经常需要先判断，然后决定执行哪一段程序，即条件控制，如用户注册时，判断用户填写的密码是否正确等。第三种，要求计算机重复做某一件事情，直到某一条件成立或不成立为止，也就是所谓的循环控制。下面介绍后两种控制语句。

1．条件控制语句

条件控制语句的特点是根据所给定的选择条件为真（即条件成立）或为假，而决定从各分支中执行某一分支的相应操作。

（1）If…then…形式

格式：If 条件表达式 then 程序语句

功能：若条件成立，执行 then 后面的程序语句，否则跳过继续执行下一条语句。

（2）If…then…end If 形式

格式：If 条件表达式　then
　　　　程序语句组
　　　end If

功能：若条件成立，执行 then 后面的程序语句组，否则跳过继续执行下一条语句。"语句组"可以是一条语句，也可以是多条语句。

（3）If…then…else…end If 形式

格式：If 条件表达式　then
　　　程序语句组 1
　　else
　　　程序语句组 2
　　end If

功能：若条件成立，执行 then 后面的程序语句组，否则跳过继续执行下一条语句。"语句组"可以是一条语句，也可以是多条语句。

（4）If…then…else If…then…else…end If 形式

格式：If 条件表达式 1　then
　　　程序语句组 1
　　else If 条件表达式 2　then
　　　程序语句组 2
　　　…
　　else
　　　程序语句组 n
　　end If

功能：若条件 1 成立，执行 then 后面的程序语句组 1，然后跳出 if 语句，继续执行 end if 之后的语句；否则计算条件表达式 2，若为 True，执行程序语句组 2，然后跳出 if 语句……若条件都不成立，执行程序语句组 n。

（5）Select Case 语句

格式：Select Case 表达式
　　　Case 结果 1
　　　　程序语句组 1
　　　Case 结果 2
　　　　程序语句组 2
　　　…
　　　Case 结果 n
　　　　程序语句组 n
　　　Case else
　　　　程序语句组 n+1
　　　End Select

功能：首先计算表达式，然后将运算结果依次与结果 1 到结果 n 进行比较，当找到相等结果时，就执行该程序语句组，执行完毕就跳出 Select Case 语句，继续执行 End Select

之后的语句。当运算结果与所有结果都不相等时,执行 Case else 后面的程序语句组 n+1。

说明:多条件采用 If…then…else…end If 形式比较复杂,不好理解。这时可采用 Select Case,以使程序更简洁。

【例 6-7】 设计一程序,实现根据学生学号判断其所在专业

```
<% Option Explicit %>
<html>
  <body>
  <%
   Dim number,num
   number="05132356"            '简单起见,这里直接赋值,一般应从页面上读取
   num=mid(number,4,1)          ' number 中的第 4 位代表专业
   Select Case num
   Case "1"
       Response.Write "会计学专业"
   Case "2"
       Response.Write "计算机专业"
   Case "3"
       Response.Write "电子商务专业"
   Case else
       Response.Write "你的学号输错了!"
   End Select
  %>
  </body>
</html>
```

2. 循环控制语句

(1) For…Next 循环

格式:For 循环变量=初值 to 终值 [step 步长]
　　　执行语句
　　　Next

执行过程:假定步长为正。先将初值赋给循环变量,如果初值小于终值,进入循环体,执行体内的语句。然后执行 Next 语句,循环变量增加一个步长,继续与终值比较,如果仍小于终值,则开始第二次循环。周而复始,直到初值超出终值,循环结束。

【例 6-8】 计算 1+2+3+…+100

主要代码如下:

```
<%
  Dim sum,i
  Sum=0
```

```
for i=1 to 100
sum=sum+i
next
Response.Write "1+2+3+…+100="&sum
%>
```

(2) Do…Loop 循环

格式：Do While 条件

  执行语句

  Loop

【例 6-9】 利用 Do…Loop 循环计算 1+2+3+…+100

```
<%
Dim sum,i
Sum=0
Do while i<=100
sum=sum+i
i=i+1
loop
= Response.Write "1+2+3+…+100="&sum
%>
```

说明：Do 循环还有另外一种形式，即：

Do

执行语句

Loop While

这种循环执行时先执行语句，然后进行测试，如果条件为 False，则跳过循环体；若为 True，再重复执行循环体内的语句，直到条件变为 False 退出循环。

(3) For Each…Next 循环

这是一种特殊的循环，既不指定循环次数，也不指定循环条件，而是对集合中的元素进行枚举，当枚举结束后退出循环。

语法：

For Each 元素 In 集合

  程序语句组

Next

6.4 Response 对象与 Request 对象

实现动态网站的各种功能，仅有脚本语言是不够的，还需要利用 ASP 的内置对象。在

ASP 中，提供了许多强大的对象，这些对象不需要经过声明或创建可直接使用。一般情况下，并不需要知道这些对象内部的工作原理，只要掌握它们的属性、方法，完成编程要求即可。常用的 5 大内置对象如下。

（1）Response 对象：将信息发送给客户端浏览器。
（2）Request 对象：获取客户端的信息。
（3）Application 对象：存储一个应用程序中所有用户之间共享的信息。
（4）Session 对象：存储单个用户的信息。
（5）Server 对象：提供服务器端的许多应用函数，如创建对象和组件等。

6.4.1 利用 Response 对象向客户端输出信息

在前面学习 VBScript 语言时，很多例子中使用 Response.Write 方法向客户端输出信息，实际上，Response 对象的功能还有很多，如重定向到另一个 URL、设置 Cookie 的值等。

下面重点介绍 Response 对象的常用方法和属性。

1．Write 方法

Write 方法是最常用的方法之一，可以将指定的信息从服务器端发送到客户端输出。语法如下：

Response.Write 字符串或表达式

事实上，如果输出的信息不是字符串信息，ASP 会自动将其转换为字符串。

【例 6-10】 利用 Write 方法输出信息

```
<%
  Response.Write "欢迎来到我们的网站"              '输出字符串
  Response.Write "欢迎光临，今天是"&date()&"<br>"   '输出一表达式
  Response.Write " <h1 align= 'center'>我的主页</h1> "   '输出 HTML 字符串
%>
```

另外，Write 方法还有一种简略写法，用法如下。
<%=字符串或表达式%>，例如上面的例子可以改写为：

```
<%= "欢迎来到我们的网站"%>
<%="欢迎光临，今天是"&date()&"<br>"%>
```

注意：在使用简略写法时，必须在每一个输出的字符串或表达式两端加上<%和%>。另外，输出 html 字符串时，其中的" "要改为' '。

【例 6-11】 关于 VBScript 脚本与 HTML 的混合使用

```
<html><body>
  <% dim i
```

```
    for i = 1 to 5 %>
 <font size= "<%=i %>">Hello World</font><br>
 <% next %>
</body></html>
```

程序运行结果如图 6-24 所示。

图 6-24　例 6-11 运行结果

对于例子中少量的 html 标记，也可以放在 VBScript 脚本中使用。如例 6-11，可以改写如下：

```
<html><body>
  <% dim i
    for i = 1 to 5
    Response.Write"<font size="&i&">Hello World</font><br>"
    next
  %>
</body></html>
```

程序运行结果与上面结果完全相同。

2．Redirect 方法

在网页中，可利用超链接引导用户至另一个页面，但是必须要用户单击超链接才行。如果在某些情况下希望网页自动引导到其他页面，如进行网上考试，当考试时间到时，应跳转到结束界面，这时就需要使用 Redirect 方法。

自动引导又叫做"重定向"，使用 Response 对象的 Redirect 方法可以使浏览器从当前页面重定向到另一个页面上。

用法：Response.Redirect URL，其中 URL 表示网页的网址（可以是相对路径，也可是绝对路径）。

例如：

```
<%
  Response.Redirect " http://www.sohu.com"    '将用户引导至搜狐网
```

```
Response.Redirect "admin\manage.asp"        '将用户引导至本地网站某网页
%>
```

【例 6-12】 根据用户类型引导至不同页面

```
<html>
  <body>
    <form name="form1" method="post" action="">
        请选择用户类型：
        <input type="radio" name="usertype" value="vip">vip 会员
        <input type="radio" name="usertype" value="guest">普通会员
        <input type="submit" value="确定">
    </form>
    <%
    if request.form("usertype")="vip" then
        Response.Redirect "vip.asp"              '将用户引导至 vip 网页
    elseif request.form("usertype")="guest" then
        Response.Redirect "guest.asp"            '将用户引导至普通会员网页
    end if
    %>
  </body>
</html>
```

说明：如果是引导至站内网页，通常使用相对路径，本例由于处于同一文件夹，则直接写文件名即可。

3. Buffer 属性

Buffer 从英文直译过来的意思是"缓冲区"，缓冲区是指服务器端内存中的一块区域，是存储一系列数据的地方。如果没有设置缓冲区，那么每个访问 ASP 程序的人的客户端所得到的结果都是 ASP 程序执行一次所得到的结果，此时，页面内容是一边处理一边直接输出到客户端。而假如预先将 ASP 程序缓冲，那么每个客户端所得到的结果就是缓冲区的结果。例如有 1 000 个用户同时访问一个 ASP 页面，假如这个 ASP 程序没有缓冲，那么程序将被执行 1 000 次，这样服务器的负荷就会很大，从而导致客户端打开页面速度变慢；假如这个 ASP 程序被缓冲了，那么结果就会不同，每个客户端直接从缓冲区获得数据，服务器将不会因为访问增加而增加程序执行次数，因此客户端打开页面的速度也就比上一种情况要快。

利用 Buffer 属性可设置服务端是否将页面先输出到缓冲区。实现方法很简单，只要在 ASP 程序的第一行加上：

```
<% Response.Buffer = True %>
```

当 Buffer 属性设置为真时，服务器会阻止向浏览器的响应，直到所有的服务器脚本均被处理，或者直到脚本调用了 Flush 或 End 方法。

说明：IIS Version 4.0 中 Buffer 值默认为 False，而 IIS Version 5.0 及更高的版本默认为 True。在低版本 IIS 中使用 Response 的 Redirect 方法时，应在文件头设置 Buffer 为 True。

4. End 方法

使用 End 方法可以终止脚本程序。在 ASP 程序中，遇到 Response.End 语句后，将不再执行后面的语句，而把之前的页面内容发送到客户端。在调试程序时这个方法很有用，类似设置断点，特别是你的程序有问题而无法看到中间结果时，在 Response.Write 后加入 Response.End，即可查看到中间结果。

用法：Response.End

例如：

```
<%
  Response.Write "这是第一句"
  Response.End
  Response.Write "这是第二句"
%>
```

这一段程序执行结果只会输出第一句，而第二句则不会输出。也可以用注释语句屏蔽掉后面的语句。

5. Clear 方法

该方法用于清除服务器缓冲区要输出的 html 数据。

用法：Response.Clear

例如：

```
<%
  Response.Write now()
  Response.Clear
  Response.Write rnd()
%>
```

6. Flush 方法

该方法用于立刻将缓冲区中的内容输出到客户端。

用法：Response.Flush

例如：

```
<%
  Response.Write "第一句"
  Response.Flush '立刻输出缓冲区中的内容
  Response.Write "第二句"
```

```
Response.Clear'清除缓冲区中的内容
Response.Write "第三句"
%>
```

说明：由于 Flush 方法可以立刻将缓冲区中的内容输出到客户端，所以"第一句"会显示出来，而"第二句"则不会显示；"第三句"不受影响，会正常显示。

6.4.2 利用 Request 对象从客户端获取信息

与 Response 的作用正好相反，Request 对象的作用是与客户端交互，收集客户端的 Form、Cookies 等信息。如常见的注册，用户通过浏览器在表单中输入姓名等内容后，单击【提交】按钮后将数据传送到服务器端，而服务器端利用 Request 对象就可以获取这些信息。

1．Request 对象简介

Request 对象获取客户端信息，主要依靠 5 种获取方法（也称集合），如表 6-4 所示。

表 6-4 Request 对象简要说明

集合	说明
Form	获取用户在客户端表单中输入的相关字段的值
QueryString	获取客户端附在 URL 查询字符串中的变量值，变量附在 URL 的"?"符号之后，一般用在页面的参数传递中
Cookies	取得存放在客户端中 Cookies 的内容
ServerVariables	获取客户端的 HTTP 请求信息中的头信息及服务器端环境变量值
ClientCertificate	获取客户端身份验证信息

Request 对象的语法格式如下：

Request[.获取方法](变量名)

说明：变量名主要是指要获取的元素的名称，可以是字符串常量或字符串变量。[]之间的获取方法可以省略，此时由于没有指定获取方法，ASP 会依次在 QueryString、Form、Cookies、ServerVariables 和 ClientCertificate 这 5 种集合中检查是否有信息传递。

2．使用 Form 集合获取表单信息

在前面的章节中已经学过了如何制作表单，但是在表单提交后，如何在服务器端获取表单的内容并没有解决。下面就来学习如何利用 Request 的 Form 集合来获取这些表单元素的值。

格式：Request.Form(表单元素名称)

【例 6-13】 填写表单信息

```
<html><body>
    <form name="test" method="post" action="reqtest2.asp">
```

```
    请输入姓名：<input type="text" name="name" >
    <input type="submit" value="确定">
  </form>
</body></html>
```

输入姓名，单击【确定】按钮，即可将输入的信息传递给处理程序 reqtest2.asp。

【例 6-14】 获取表单信息（reqtest2.asp）

```
<html><body>
   你输入的姓名是：<%=Reqtest.Form("name") %>
</body></html>
```

程序运行结果如图 6-25 和图 6-26 所示。

图 6-25　输入数据前的执行界面

图 6-26　输入数据后的执行结果

说明：<form>标记中的 method 属性的值 post，表示表单提交方式是按照 post 方式提交。如果将其改为 get 方式，那么表单信息就会附在 url 后面提交到服务器端，此时就要用到后面的 QueryString 来获取信息。

【例 6-15】 填写注册信息

```
<html><body>
    <h2 align="center">请填写以下注册信息</h2>
    <form  method="post"   action="reqtest3.asp" >
       姓名：<input type="text" name="username" > <br>
       密码：<input type="password" name="password" > <br>
       性别：<input type="radio" name="sex" value="男">男
<input type="radio" name="sex" value="女">女<br>
       爱好：<input type="checkbox" name="hobby" value="音乐">音乐
<input type="checkbox" name="hobby" value="计算机">计算机<br>
       职业：<select name="career">
              <option value="教育">教育</option>
              <option value="IT 业">IT 业</option>
              <option value="电子商务">电子商务</option>
            </select><br>
       简述：<textarea name="intro" rows="2" cols="40" ></textarea>
       <br>
```

```
            <input type="submit" value=" 确 定 ">
            <input type="reset" value="重新填写">
      </form>
</body> </html>
```

运行结果如图 6-27 所示。

【例 6-16】 读取并显示注册信息（reqtest3.asp）

```
<html><body>
      <h2 align=center>下面是您的注册信息</h2>
      <%
      Dim user,pass,sex,hobby,career,intro
      user=Request.Form("user_name")
      pass=Request.Form("password")
      sex=Request.Form("sex")
      hobby=Request.Form("hobby")
      career=Request.Form("career")
      intro=Request.Form("intro")
      Response.Write "<br>姓名："  & user
      Response.Write "<br>密码："  & pass
      Response.Write "<br>性别："  & sex
      Response.Write "<br>爱好："  & hobby
      Response.Write "<br>职业："  & career
      Response.Write "<br>简介："  & intro
      %>
</body></html>
```

运行结果如图 6-28 所示。

说明：对于文本框（包括单行文本框、密码框和多行文本框），Form 集合获取的是用户输入的内容；对于单选按钮、复选框和下拉列表框，Form 集合获取的是 value 属性的值。

也可将表单程序和获取表单内容的程序合并为一个程序文件，此时，表单的 action 属性应为空，即 action=""，表示表单提交的处理程序是它自身。

【例 6-17】 将上述两个文件合二为一

```
<html>
      <body><h2 align="center">请填写以下注册信息</h2>
      <form   method="post"   action="reqtest.asp" >
            姓名：<input type="text" name="username" > <br>
            …（此处略去代码同例 6-15）
            <input type="submit" value=" 确 定 ">
            <input type="reset" value="重新填写">
      </form>
<% Dim user,pass,sex,hobby,career,intro
```

```
    user=Request.Form("user_name")
    pass=Request.Form("password")
    sex=Request.Form("sex")
    hobby=Request.Form("hobby")
    career=Request.Form("career")
    intro=Request.Form("intro")
    If user<>"" then
  %>
<h2 align=center>下面是您的注册信息</h2>
  <% Response.Write "<br>姓名：" & user
    Response.Write "<br>密码：" & pass
    …（此处略去代码同例6-16）
    Else
        Response.Write "请填写姓名等内容"
    End if
  %>
  </body>
</html>
```

图 6-27　输入数据前的执行界面

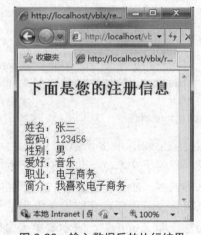

图 6-28　输入数据后的执行结果

3. 使用 QueryString 集合获取查询字符串信息

QueryString 集合用于获取 HTTP 查询字符串中的变量值，一般应用于网页间参数的传递。

查询字符串是指附加在网页 URL 后从"?"开始直到结尾的一串字符。当浏览器从一个页面重定向到另一个页面时，URL 附带查询字符串一并传送到目标页面，此时在目标页面中可以利用 QueryString 集合取得查询字符串带过来的信息。例如：

http://www.xxx.com/search.asp?name=张三&age=16

其中，附加在 URL 后面的"?name=张三&id=16"就是一个查询字符串，查询字符串由"变量名=值"的格式构成，若有多个变量，变量之间要用"&"连接，中间不要留有空格。

【例 6-18】 准备传送信息

```
<html>
  <body>
    <a href="search.asp?name=张三&age=16">单击此处</a>
  </body>
</html>
```

说明：单击超链接，就会打开 search.asp，在其中使用 QueryString 集合即可获取传递过来的值。

【例 6-19】 显示获取的信息（search.asp）

```
<html><body>
  <%
  Dim name,age
  name=Request.QueryString("name")      '返回姓名，注意两个 name 的含义不同
  age=Request.QueryString("age")        '返回年龄，注意两个 age 的含义不同
  Response.Write "欢迎您， " & name & "，您的年龄是： " & age
  %>
</body></html>
```

前面提到如果表单采用 Post 方式提交，应使用 Form 集合获取表单数据。那么，如果表单以 Get 方式提交，应如何获取呢？

事实上，Get 方式将表单中的数据直接附加到 URL 地址后面，以查询字符串的形式提交给服务器，因此，这时也要使用 QueryString 集合获取。

【例 6-20】 以 Get 方式提交表单中的数据

```
<html><body>
  <form name="form1" method="get" action="q2.asp">
  姓名：   <input type="text" name="name"> <p>
  密码：   <input type="password" name="password"><p>
           <input type="submit"    value="提交">
  </form></body>
</html>
```

【例 6-21】 显示用 QueryString 集合获取的信息（q2.asp）

```
<html>
  <body>
    <%  Dim xm,pass
```

163

```
        xm=Request.QueryString("username")
        pass=Request.QueryString("password")
        if pass="123456" then response.write "欢迎您，"&xm&"<br>"
        else
        Response.Write "您刚输入的密码是："&pass&"<br>"
        Response.Write "你的密码不对，请返回"
        end if
    %>
  </body>
</html>
```

运行结果如图 6-29 和图 6-30 所示。

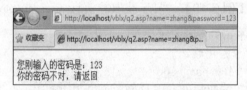

图 6-29　输入数据前的执行界面　　　　图 6-30　输入数据后的执行界面

说明：比较图 6-29 与图 6-30 的变化，在图 6-30 的 URL 地址栏后附加了刚输入的姓名及密码等数据，这正是采用 Get 方式提交表单的结果。

表单提交中，Get 方式和 Post 方式的区别可归纳为如下几点。

- Get 是把参数数据队列附加到提交表单的 Action 属性所指的 URL 中，值和表单内各个字段一一对应，在 URL 中可以看到。Post 是通过 HTTP post 机制将表单内各个字段与其内容放置在 HTML header 内一起传送到 Action 属性所指的 URL 地址。用户看不到这个过程。
- 对于 Get 方式，服务器端用 Request.QueryString 获取变量的值；对于 Post 方式，服务器端用 Request.Form 获取提交的数据。
- Get 传送的数据量较小，Post 传送的数据量较大。
- Get 安全性非常低，Post 安全性较高。

4．使用 ServerVariables 集合获取环境变量信息

在浏览器中浏览 Web 页面时使用的传输协议是 HTTP，在 HTTP 头文件（header）中会记录一些客户端的信息，如客户的 IP 地址、服务器的名称、发送的请求端口号、浏览器的类型、版本等。有时服务器需要根据客户端信息作出不同的反映，这时就要用到 ServerVariables 集合来获取所需信息。如 QQ 中的天气预报就是首先获取客户端的 IP，进而显示当地的天气预报的。

语法格式：Request.ServerVariables(环境变量名)

常用的环境变量介绍如下。

（1）ALL_HTTP：客户端发送的所有 HTTP 请求信息中的所有头信息。

（2）CONTENT_TYPE：客户端发出请求数据的类型。如"text/html"。

（3）LOCAL_ADDR：服务器端 IP 地址。

（4）PATH_INFO：客户提供的路径信息。

（5）REMOTE_ADDR：客户端 IP 地址。

【例 6-22】 显示来访者的 IP 地址

```
<html>
  <head>
    <title> ServerVariables 用法示例</title>
  </head>
  <body>
    <%
    Dim IP
    IP=Request.ServerVariables("REMOTE_ADDR")
    Response.Write "你好，你的 IP 地址是： " & IP
    %>
  </body>
</html>
```

说明：这个程序最好能上传服务器或在局域网中两台不同机器上进行测试。

6.4.3 利用 Cookies 集合在客户端保存信息

在 Response 对象和 Request 对象中都有 Cookies 集合。那么什么是 Cookies？Cookies 有什么作用？Response 中的 Cookies 和 Request 中的 Cookies 有什么区别？下面介绍 Cookies 集合。

1．Cookie 简介

Cookie 俗称小甜饼，用来在客户端长期保存信息。很多网站用 Cookies 来记住客户端用户的访问次数和用户名，当用户访问网站服务器时，服务器在客户端留下一个"标记"，当下次该用户再次访问服务器时，服务器就可以通过读取客户端的 Cookies，达到"记忆"的效果。这样，本来需要在服务器上数据库中保存的数据，此时只要保存在客户端即可，从而减轻了服务器的一些负担。

例如，你可以在站点上放置一个调查问答表，询问访问者最喜欢的颜色和字体，然后根据这些定制用户的 Web 界面。并且你还可以保存访问者的登录密码，这样当访问者再次访问这个站点时，不用再输入密码进行登录。

存入 Cookies 的文件名命令规则为：用户名@网站名.txt，它保存在用户的计算机中，

Windows XP 系统中 Cookies 位置为 C:\Documents and Settings\相应的用户名文件夹，Windows 7 系统中 Cookies 的位置为 C:\Users\用户名\AppData\Roaming\Microsoft\Windows\Cookies。

有两种使用 Cookies 的基本方式，如下所示。

（1）将 Cookies 写入访问者（本地）的计算机（使用 Response.Cookies 来创建 Cookies 对象）。

（2）从访问者的计算机中取回 Cookies（使用 Request.Cookies 来读取 Cookies 值）。

2. 使用 Response 对象创建 Cookies

利用 Response 对象的 Cookies 集合，服务器端可以将 Cookies 的值写入客户端。

语法格式：Response.Cookies(Cookies 名)[关键字|.属性]=Cookies 值

其中，Cookies 名与 Cookies 值为必选，关键字与属性为可选。关键字如省略，表示一个单值 Cookies；若指定了关键字，则该 Cookies 为多值 Cookies，包含多个元素，可分别赋值。

Response 的 Cookies 集合的主要属性如表 6-5 所示。

表 6-5 Response 的 Cookies 集合的属性

名称	说明
Expires	用来设置 Cookies 的过期时间
Domain	用来指定 Cookies 将发送到哪个域的请求中去
Path	若被指定，则 Cookies 将只发送到对该路径的请求中
Secure	指定 Cookies 是否安全

读以下两个程序：先运行程序 1，然后运行程序 2。

【例 6-23】 程序 1：设置 Cookies

```
<%
  Response.Cookies("username")="张颖"                        '创建不含关键字的单值 Cookies
  Response.Cookies("book")("bookname")="电子商务"            '创建含关键字的多值 Cookies
  Response.Cookies("book")("price")="28"
  Response.Cookies("username").expires=#2018-8-8#            '创建单值 Cookies 的有效期
%>
```

说明：Cookies("username")由于设置了有效期，Cookies 值被存储在用户的硬盘上，即使关闭浏览器，该 Cookies 在有效期内也不会消失。而 Cookies("book")由于没有设置有效期，是临时性的，只在浏览器打开时存在。

3. 使用 Request 对象读取 Cookies 值

利用 Request 对象的 Cookies 集合，服务器端可以获取客户端 Cookies 的值。

语法格式：Request.Cookies(Cookies 名)[关键字|.属性]

其中，Cookies 名、关键字和属性的用法与 Response 对象相同。

下面获取例 6-23 中的 Cookies 值。

【例 6-24】 程序 2：获取 Cookies 值

```
<% dim username ,bookname,price
   username= Request.Cookies("username")              '返回"张颖"
   bookname= request.Cookies("book")("bookname")     '返回"电子商务"
   price=request.Cookies("book")("price")
   Response.Write "姓名是："& username & "<br>"       '返回 28
   Response.Write "图书名称是：" & bookname & "  价格是："& price &"<br>"
%>
```

4. Cookies 应用

【例 6-25】 通过留在本地磁盘上的 Cookies 来记录访问本站的次数，第一次显示"您是第 1 次访问本站"，以后显示"您已是第 N 次访问本站点了"。

```
<html><body>
<%
Dim num                                              '定义一个访问次数变量
num=Request.Cookies("num")                           '读取 Cookies 值
if num="" then
    num=1                                            '如果是第一次，则令访问次数为 1
else
    varNumber=varNumber+1                            '如果不是第一次，则令访问次数加 1
end If
Response.Write "您是第" & num & "次访问本站"
Response.Cookies("num")=num                          '将新的访问次数存到 Cookies 中
Response.Cookies("num").Expires=#2018-1-1#           '设置有效期
%>
</body></html>
```

运行结果如图 6-31 所示。

图 6-31　例 6-25 运行结果

6.5 利用 Session 对象和 Application 对象保存用户信息

6.5.1 利用 Session 对象保存单个用户信息

上网浏览网页离不开 HTTP 协议,但利用 HTTP 协议却很难跟踪用户。当用户客户端发出 HTTP 请求时,服务器就会返回一个响应信息,之后这次会话就结束了。若客户端再次发出一个 HTTP 请求,服务器端并不记得刚才的会话,而是像对待新人一样再发回一个响应。所以说,这种联系是离散的,不能持续连接。

例如,我们可以利用超链接很方便地从一个页面跳到另一个页面,如果客户在前一个页面中输入了自己的用户名和密码进行了登录,在其他页面还需要使用该用户名,那么用什么方法可以记住用户名呢?我们可能会想到利用 Cookies 保存信息,这个方法虽然也可以,但是由于它是把信息保存在客户端,很不安全。

Session 的引入可以弥补 HTTP 协议的缺陷,它主要用于存储特定用户会话所需的信息。当某个用户在 Web 站点的多个页面间切换时,Session 保存的信息可以被该站点的任何一个页面读取,如图 6-32 所示。

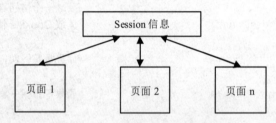

图 6-32 Session 对象示意图

Session 对象的工作原理比较复杂,当一个用户访问一个网站时,服务器端为每个访问者都设立一个独立的 Session 对象,用以存储 Session 变量,并自动产生一个长整型数 SessionID(也称会话标识符),各个访问者的 SessionID 都不相同,所以各自的 Session 对象互不干扰。由于 SessionID 会自动保存在客户端的 Cookies 中,所以 Session 的使用要求用户浏览器必须支持 Cookies,如果浏览器不支持使用 Cookies,或者设置为禁用 Cookies,那么将不能使用 Session。

1. 利用 Session 存储信息

语法格式:Session(变量名)=值

【例 6-26】 存入 Session 信息

```
<%
Dim username,password
```

```
username="李静"
password="123456"
Session("username")=username                    '给 Session 赋值
Session("password")=password
%>
```

【例 6-27】 读取 Session 信息

```
<%
Dim username
username=Session("username")                    '将 Session 值赋给变量
Response.Write username & "您好，欢迎您<br>"
Response.Write "您的密码是" & Session("password")  '直接使用 Session 值
%>
```

运行结果如图 6-33 所示。

说明：注意 Session 变量和普通变量的联系和区别，两者的赋值和引用方式都是一样的；但是二者的命名方式有一些区别，对于 Session 变量来说，括号中的字符串才是该变量的名字；另外，普通变量只在本页面内有效，而 Session 在整个会话期间一直有效。

图 6-33　读取 Session 信息

上面的例子实际上很有意义，很多网站要求用户在首页登录，并将用户信息保存在 Session 变量中，在其他页面只需要验证这些变量的值是否为空，即可判断出该用户是否已登录，从而可以决定是否重定向到首页。

另外，利用 Session 还可以存储数组信息。具体看下面的例子。

【例 6-28】 存入数组信息

```
<%
Dim username(2)                                 '声明一个数组
username(0)="小海"
username(1)="小玉"
Session("arry_username")=username               '传入数组到 Session 对象
Response.Write "该程序仅用来存入 Session 数组"
%>
```

【例 6-29】 读取 Session 中的数组信息

```
<%
Dim username                                    '注意声明方法，不要加括号
username=Session("arry_username")               '返回 Session 数组元素
Response.Write username(0) & "您好，欢迎您<br>"
Response.Write username(1) & "您好，欢迎您<br>"
%>
```

说明：利用 Session 存储数组信息与存储变量信息基本相同，但要注意需要将数组作为一个整体存入和取出。如果要修改某一个元素，则需要将 Session 赋给一个数组变量，然后在数组中进行操作。

2. Session 的属性

（1）TimeOut

功能：以分钟为单位为 Session 对象指定有效时限。如果用户在该有效时限内不刷新或请求网页，则该会话将终止。TimeOut 的默认值是 20 分钟。

用法：Session.TimeOut=分钟数

例如：

<% Session.Timeout=5   '可将有效期设置为 5 分钟%>

提示：此属性经常用于用户登录的页面中，可以采用 Session 变量记录用户登录的信息，如果用户在 Timeout 的时限内没有请求页面或刷新，当用户连接该页面时，浏览器将显示让用户登录的页面。

建议不要设置很长的失效时间，设置一个合适的失效时间会使程序更加安全，而且可以减少消耗服务器资源。

（2）SessionID

功能：用于返回用户的会话标识。即前面提到的由服务器端为每一个会话生成一个单独的标识，会话标识以长整型数据类型返回。

用法：长整型变量=Session.SessionID

例如：

你的 SessionID 为：<%=Session.SessionID%>

在电子商务网站中经常利用 Session 对象实现购物车功能。用户在不同页面选择不同的商品，所有商品名称、价格等信息都可保留在 Session 对象中，直到去收银台结账，Session 对象中的数据才被清除。而另一个用户进来时，系统自动产生一个新的 SessionID，会重新分配一个购物车，将购物信息重新保存在一个 Session 对象中。

3. Session 的方法

Session 对象到期后会自动清除，但到期前可用 Abandon 方法强行清除。例如，在网站中用户若要退出登录，就可以利用此方法清除 Session 中保存的用户名等信息。

用法：Session.Abandon

功能：清除所有存储在 Session 对象中的对象并释放这些对象的资源。

一旦这条语句被执行，所有存储在 Session 对象中的信息将被清除，这与 Session 超时效果一样。

4. Session 对象的两个事件

（1）Session_Onstart：当某个用户第一次访问网站的网页时发生。

格式：

  Sub Session_Onstart

   程序区域

  End Sub

（2）Session_Onend：当某个用户 Session 超时或关闭时发生。

格式：

  Sub Session_Onend

   程序区域

  End Sub

6.5.2 利用 Application 对象保存所有用户共享信息

Session 对象解决了保存单个用户信息的问题，但是有时需要记录所有用户的共享信息，例如统计网站的访问总次数和聊天室（如 QQ 群）的发言内容，此时就需要用到 Application 对象。

Application 对象是一个应用程序级的对象，其作用表现在以下两个方面。

（1）使用 Application 对象定义变量，与全局变量类似，该变量保存的信息可以在整个 Web 站点中被所有用户使用，如图 6-34 所示。

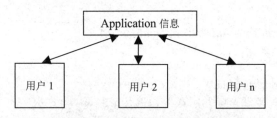

图 6-34　Application 对象示意图

（2）所保存的信息可以在站点运行期间持久保存，没有有效期的限制，从服务器启动后第一个用户访问到所有用户都结束访问，它一直是有效的。

1．Application 对象的方法

Application 提供了两种方法，即 Lock 和 Unlock。

在电子商务网站中，经常会出现一种冲突情况：两个以上用户同时修改某个 Application 变量的值。此时，可以利用 Lock 方法，将 Application 对象锁定，确保在同一时刻只有一个用户可以修改或存储 Application 对象中的变量，之后再使用 Unlock 方法解除锁定。

语法格式如下：

Application.Lock

Application.Unlock

2. 利用 Application 存储信息

Application 对象的使用也是比较简单的，可以把变量或字符串等信息很容易地保存在 Application 中。

语法格式：Application("Application 名")=变量或字符串信息

例如：

```
<%
  Application.Lock                          '先锁定
  Application.("visitnum")=100              '给 Application 变量赋值
  Application.("school")="清华大学"          '给 Application 变量赋值
  Application.Unlock
%>
```

读取 Application 信息就不需要锁定了：

```
<% num=Application.( "visitnum")            '读取 Application 变量的值%>
```

【例 6-30】 网页计数器

```
<html><body>
  <%
    Application.lock
    Application("NumHits")=Application("NumHits")+1
    Application.unlock
    Dim num
    num= Application("Numhits")
    Response.Write "欢迎光临<br>" & "本页被点击过" & num &"次！"
  %>
</body></html>
```

3. Application 应用

【例 6-31】 最简单的聊天室

聊天室允许多用户实时进行信息交流,所有用户可以看到彼此的信息,这与 Application 对象的特点正好符合，只要把所有用户聊天的信息存储在一个 Application 变量中，用户发言就是不断向这个 Application 变量添加内容，所以可以利用 Application 方便地实现聊天室。

要求聊天室实现以下功能。

- 用户在页面上输入姓名和发言内容,提交后,发言内容显示在页面上。
- 页面每 5 秒钟刷新一次。

聊天室共由 3 个程序文件组成,即框架页面 index.asp、发言表单页面(say.asp)和显示发言页面(message.asp)。

(1) 创建页面框架(index.asp)

```
<html>
  <frameset rows="*,60">
    <frame name="message" src="message.asp">
    <frame name="say" src="say.asp">
  </frameset><noframes></noframes>
</html>
```

(2) 输入发言内容页面(say.asp)

```
<html>
  <body>
    <form name="form1" method="post" action="">
        昵称:<input type="text" name="txtName" size="10">
        发言:<input type="text" name="txtSay" size="30">
        <input type="submit" value=" 发送 ">
    </form>
    <%
    '如果提交了表单,就将发言内容添加到 Application 对象中
    If Trim(Request.Form("txtName"))<>"" And Trim(Request.Form("txtSay"))<>"" Then
        '下面获取本次发言字符串,包括发言人和发言内容
        Dim strSay
        strSay=Request.Form("txtName") & "在" &Now()& "说: " & Request.Form("txtSay") & "<br>"
        '下面将本次发言添加到聊天内容中
        Application.Lock                        '先锁定
        Application("strChat")=strSay & Application("strChat")
        Application.Unlock                      '解除锁定
    End if
    %>
  </body>
</html>
```

(3) 显示发言内容(message.asp)

```
<html>
  <head>
    <title>显示发言页面</title>
    <meta http-equiv="refresh" content="5">
```

```
</head>
<body>
    <% Response.Write Application("strChat")    '显示聊天内容 %>
</body>
</html>
```

本程序可在局域网内运行，由一台计算机作为服务器，其他人可访问此台计算机上的聊天室程序。运行结果如图 6-35 所示。

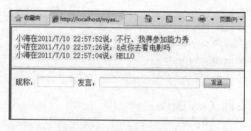

图 6-35　聊天室运行结果

6.5.3　Application 对象和 Session 对象的区别

Application 对象与 Session 对象都可以用于保存信息，但在很多方面存在区别。

（1）应用范围不同。Application 对象是针对所有用户，可以被多个用户共享。从一个用户接收到的 Application 变量可以传递给另外的用户。而 Session 对象是针对单一用户，某个用户无法访问其他用户的 Session 变量。

（2）存活时间不同。由于 Application 变量是多个用户共享的，因此不会因为某一个用户甚至全部用户离开而消失。一旦建立了 Application 变量，就会一直存在，直到网站关闭或这个 Application 变量被卸载（Unload）。而 Session 变量会随着用户离开网站而被自动删除。

Application 对象主要被用于：
- 统计网站访问的人数。
- 统计广告点击的次数。
- 创建聊天室。

而 Session 对象则常被用于：
- 创建购物车。
- 保存用户的身份标记，实现用户的身份认证和用户权限管理等。

6.6　Server 对象

尽管利用前面学习的内置对象可以实现动态网站的很多交互功能，但仍然有些特殊功能是 ASP 本身无能为力的，如读取数据库文件、文件上传到服务器等，这时就需要利用 Server 对象来调用其他程序和组件去实现这些功能。

1. Server 对象的属性

ScriptTimeOut：规定脚本文件最长执行时间，超过时间就停止执行。默认为 90 秒。

该属性就是用来规定脚本文件执行的最长时间。如果超出最长时间还没有执行完毕，就自动停止执行，并显示超时错误。

语法如下：

Server.ScriptTimeOut=number

其中，number 表示最长时间，默认为 90 秒。

例如：

```
<% Server.ScriptTimeOut=300      '设置最长执行时间为 300 秒%>
```

2. Server 对象的方法

（1）CreateObject：用于创建已注册到服务器的 ActiveX 组件、应用程序或脚本对象的实例。这是 Server 对象最主要的方法，它用于创建组件、应用程序或脚本对象的实例，利用它就可以调用其他外部程序或组件的功能。

语法如下：

Server.CreateObject(progID)

其中，progID 表示组件、应用程序或脚本对象的对象类型。

下面的语句将创建一个数据库连接对象实例：

```
<%
 Set conn=Server.CreateObject("ADODB.Connection")
%>
```

（2）HTMLEncode：将字符串转换成 HTML 编码格式。

该方法可以将字符串中的特殊字符（<、>和空格等）自动转换为字符实体。

语法如下：

Server.HTMLEncode(string)

其中，string 是转换的字符串常量、变量或表达式。例如：

```
<%
 strA=Server.HTMLEncode("<br>")           '变量 strA 的返回值为 &lt;br&gt;
%>
```

（3）URLEncode：将字符串转换成 URL 编码格式。

该方法也是用来转换字符串，不过它是按照 URL 规则对字符串进行转换的。按照该规则的规定，URL 字符串中如果出现"空格、?、&"等特殊字符，则接收端有可能接收

175

不到准确的字符，因此就需要进行相应的转换。

语法如下：

Server.URLEncode(string)

其中，string 就是转换的字符串常量、变量或表达式。

（4）MapPath：将虚拟路径转换为物理路径。

语法如下：

Server.MapPath(path)

其中，path 是相对路径或绝对路径字符串。

（5）Execute：转到新的网页执行，执行完毕后返回原网页，继续执行后面的语句。

该方法用来停止执行当前网页，转到新的网页执行，执行完毕后返回原网页，继续执行 Execute 方法后面的语句。

语法如下：

Server.Execute path

其中，path 表示要执行文件的相对路径或绝对路径。

例如：

<% Server.Execute "6-25.asp"   '转向执行 6-25.asp %>

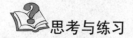
思考与练习

一、简答题

1．简述静态网页与动态网页的区别。
2．在客户端与服务器端运行 VBScript 脚本有何区别，分别应如何声明？
3．举例说明 ASP 中的 Application 对象与 Session 对象的区别。

二、填空题

1．VBScript 中用关键字_____来声明常量，用关键字_____声明变量。
2．在 VBScript 中，用于字符串连接的运算符有"+"和_____。
3．在 VBScript 中，用检验函数_____来判断变量是数字类型。
4．在 VBScript 中，过程有两种，一种是 Sub 子程序，一种是 Function 函数，两者的区别在于_____只执行程序而不返回值，而_____可以将执行代码后的结果返回给请求程序。
5．ASP 的 5 大内部对象包括_____、_____、_____、_____、_____。
6．下面的程序段用来计算客户是第几次访问本站。请填空。

```
<%
Dim varNumber
```

```
varNumber=Request.Cookies("number")
If_____Then
   varNumber=1
Else
   varNumber=varNumber+1
End If
Response. _____ =varNumber
Response.Cookies("Number"). _____=#2030-1-1#
Response.Write "您是第" & varNumber & "次访问本站"
%>
```

7. 要求：输入一个正确的口令"123"后，才能打开后台管理 admin.asp 网页。

前台登录网页 log.html：

```
...
<form name="form1" method="post" action="cklog.asp">
口令：<input name="a" type="password" >
<input type="submit" name="Submit" value="提交">
</form>
...
```

后台口令验证程序 cklog.asp：

```
<%
   if _____("a")=_____ then
   _____        '定义一个 session 变量，变量名为 x，变量值为 1
   _____ "admin.asp"    '转向到后台管理 admin.asp 文件
   else
   Response.Redirect "log.html"
   end if
%>
```

8. 利用 For…Next 循环随机产生 5 个 100～200 之间的随机数。

```
<%  randomize
   _____
   a=_____
   Response.Write(a)
   Response.Write("<br>")
   next
%>
```

三、选择题

1. 执行语句 a="2012-1-1"后，变量 a 的数据子类型是（　　）。

A. 字符串　　　　B. 日期　　　　C. 数值　　　　D. 布尔

2. 执行完 a=5 Mod 3 语句后，a 的值为（　　）。
   A. 0　　　　　B. 2　　　　　C. 3　　　　　D. 5

3. 函数 DateDiff("m",#2012-8-8#,#2012-10-1#)的返回值是（　　）。
   A. 1　　　　　B. 2　　　　　C. 54　　　　　D. 5

4. Instr("czdzsw2010@263.net","@")的值是（　　）。
   A. 4　　　　　B. 3　　　　　C. 7　　　　　D. 11

5. （　　）对象可以用来将数据由服务器传送到浏览器。
   A. request　　B. session　　C. application　　D. response

6. 下面（　　）不是 ASP 内置的对象。
   A. application　　B. server　　C. fso　　D. response

7. 若要停止 ASP 程序的执行并将存放在缓冲区的数据输出传送到浏览器端，可以使用（　　）方法。
   A. Response.Clear　　　　　　B. Response.End
   C. Response.Flush　　　　　　D. Response.Write

8. 若要将浏览器导向其他网页，可以使用（　　）方法。
   A. redirect　　B. end　　C. flush　　D. appendtolog

9. 若要获得客户端的 IP 地址，应使用 ServerVariables 方法，查询（　　）变量。
   A. REMOTE_ADDR　　　　　　B. REMOTE_HOST
   C. LOCAL_ADDR　　　　　　　D. PATH_INFO

10. 若要将虚拟路径转换为真实的物理路径，下面语句正确的是（　　）。
    A. Response.MapPath(虚拟路径)　　B. Request.MapPath(虚拟路径)
    C. Server.URLEncode(虚拟路径)　　D. Server.MapPath(虚拟路径)

11. 如果要获取客户端所提交的表单数据，应使用（　　）对象来实现。
    A. Request　　B. Response　　C. Server　　D. Session

技能实训

一、实训目的

1. 掌握 Windows 2003/XP 和 Windows 7 上 IIS 的安装与配置。
2. 掌握虚拟目录的设置及在 Dreamweaver CS3 中设置测试服务器的方法和步骤。
3. 掌握 VBScript 语言基本的语法。
4. 通过实训，掌握 ASP 内置对象常用的方法和属性。

二、实训内容

1. 利用课堂介绍的方法，学会在计算机上安装 IIS。利用记事本，编写一个简单的

ASP 网页程序 myfirst.asp，保存在主目录下，实现在浏览器 IE 中输出"这是我的第一个 ASP 程序！"。

2．在主目录以外的文件夹中运行 ASP 程序。

在 D 盘（或 E 盘）下建立 myasp 文件夹，把本书配套案例素材中提供的 time.asp 等文件复制到 myasp 文件夹。然后在 IIS 中建立虚拟目录 asplx 指向 myasp 文件夹，并在浏览器 IE 中查看结果。

3．输出一个由"*"组成的金字塔，要求采用双重循环编写程序。运行结果如图 6-36 所示。

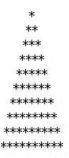

图 6-36　由"*"组成的金字塔

4．如图 6-37 所示，单击【提交】按钮后在窗体下端显示不同的欢迎词，如果是男士，页面出现"欢迎你，***先生！"；如果是女士，页面出现"欢迎你，***女士！"，其中***代表登录者的姓名。

图 6-37　表单提交

5．编写 ASP 程序：早上浏览器页面显示"欢迎你，早上好"，下午浏览器页面显示"欢迎你，下午好"，晚上浏览器页面显示"欢迎你，晚上好"（超过 12 点为下午，下午超过 18 点为晚上）。

6．利用 Cookies 功能实现简易网页计数器。

7．开发一个简单的在线考试程序，包括 5 道单选题，单击【交卷】按钮后就可以根据标准答案在线评分。

8．仿例 6-31 制作简易聊天室，并尝试在此基础上进行以下功能的完善。

（1）登录时输入一次用户名，发言时不再重新输入。

（2）实现在发言时选择和显示用户表情。

（3）显示在线成员。

第 7 章 数据库基础

【学习目标】

① 了解数据库的基本概念，掌握表、字段、记录等术语。
② 了解 Access 和 SQL Server 数据库的基本操作。
③ 掌握基本的 SQL 语句，包括 Select、Insert、Delete 和 Update 语句。
④ 掌握为 Access、SQL Server 数据库设置数据源的方法和步骤。

绝大多数的电子商务网站都需要有后台数据库的支持，商品数据、客户数据及交易数据都需要保存在数据库中。因为数据库作为重要的信息存储工具，不但能保证信息安全、高效地利用服务器端的空间进行存储，而且还可以结合 SQL 语句对存储的信息进行添加、修改、删除、查询等操作。本章的大多数内容大家可能在过去的课程中曾经学习过，所以各节内容均属简介，详细介绍可查阅相关教材。

7.1 数 据 库

7.1.1 数据库的基本概念

数据库，顾名思义就是数据存储的仓库，是将数据按照某种方式组织起来并存储在计算机中，以方便用户使用。在这一点上数据库与普通的仓库是类似的，只不过存储的方式及使用的方式不同。数据库是用来组织和管理数据的一个逻辑单位。

一个典型的关系型数据库通常由一个或多个被称作表的对象组成。数据库中的所有数据或信息都被保存在这些数据库表中。数据库中的每一个表都具有自己唯一的表名称，都是由行和列组成，其中每一列包括了该列字段名称、数据类型以及字段的其他属性等信息，而行则具体包含某一列的记录或数据。

（1）字段：字段是表中的一列，是表中各个实体某一属性的总和。

（2）记录：表中的一行数据，它是对某一个具体实体的描述。

（3）主键：表中的一个或多个字段，用于唯一地标识表中的某一条记录，不允许空值。

（4）表：由若干条同类记录组成的信息集合，即多个实体的所有数据按行排列后构成的一个二维表格。

表的有关特性如下。

- 每一列中的数据必须是同类型的数据，具有相同的取值范围。
- 每一个字段值必须是不可再分的最小数据项。
- 任意两条记录的值不能完全相同。
- 表中记录的次序无关紧要，改变一个表中两条记录的顺序不影响数据的含义。

7.1.2 数据库管理系统

要科学地组织和存储数据，高效地获取和维护数据，就需要由一个专门的软件系统来完成，这个软件系统就是数据库管理系统（Database Management System，DBMS）。也就是说，数据库管理系统是帮助用户建立、使用和管理数据库的软件系统，如 Microsoft Access、SQL Server、MySQL、Oracle、DB2、Informix 等。根据数据库管理系统中数据的组织方式的不同，数据库管理系统又分为关系型、层次型和网状型。目前用得最多的是关系型数据库管理系统，SQL Server、Microsoft Access 都是关系型数据库管理系统。

7.2 网络数据库的选择

在 ASP 中，一般使用 SQL Server 或 Access 数据库。Access 数据库的优点是配置简单、容易使用，只要空间支持 ASP 即可，不需要另外购买数据库空间，数据库直接和网站一起传到空间即可，移植方便，但效率较低、站点承受力小，适合一般的小型网站；SQL Server 面向中大型应用，运行稳定、效率高、速度快，但配置起来稍复杂些。

由于 Access 数据库易学易用的特点，本书的例子将以 Access 数据库为主，如果需要用到 SQL Server 数据库，只需要改写连接数据库的语句即可。

7.2.1 Access 数据库

1. Access 数据库简介

Access 是微软公司推出的在 Windows 操作系统下工作的关系型数据库管理系统。它采用了 Windows 程序设计理念，以 Windows 特有的技术设计查询、用户界面、报表等数据对象，内嵌了 VBA 程序设计语言，具有集成的开发环境。Access 提供图形化的查询工具和屏幕、报表生成器，用户无须编程和了解 SQL 语言即可建立复杂的报表、界面，它会自动生成 SQL 代码。

Access 被集成到 Office 系统办公软件中，具有 Office 系列软件的一般特点，如菜单、工具栏等。与其他数据库管理系统软件相比，它更加简单易学。一个普通的计算机用户，即使没有程序语言基础，仍然可以快速地掌握和使用它。不过 Access 属于桌面型数据库系统，不能提供基于客户/服务器的多用户访问能力，所以比较适合访问量不大的小型网站。Access 数据库以文件形式保存，文件的扩展名是.mdb。

2. Access 数据库的基本操作

由于 Access 数据库的操作比较简单，本书略去，请读者自己参考相关 Access 数据库的资料。

7.2.2 SQL Server 数据库

1. SQL Server 2000 数据库简介

SQL Server 2000 是由微软开发和推广的关系数据库管理系统（DBMS）。它功能强大、操作方便，广泛应用于数据库后台系统。

与 Access 数据库相比，SQL Server 2000 具有以下特点。

（1）真正的客户机/服务器体系结构。

（2）规模更大，可以将用户的数据存储在多个服务器上，并利用复制技术跨越多个服务器进行分布式处理，实现真正意义上的分布式数据库。

（3）安全性更好，它可以对登录用户的身份进行认证，并对用户的权限进行控制。

（4）对 Web 技术的支持，使用户能够很容易地将数据库中的数据发布到 Web 页面。

（5）强大的数据库备份和恢复功能，当故障发生时，能根据备份和日志迅速恢复到某一时刻。

综上所述，SQL Server 2000 无论是从规模还是在功能上都更优于 Access 数据库，更适合应用于较大规模的网站数据库系统。

2. 管理工具

（1）SQL Server 服务管理器。SQL Server 服务管理器负责启动、暂停和停止 SQL Server 的进程。在对 SQL Server 数据库进行任何操作以前，必须启动本地或远程 SQL Server 服务，这个操作可以在 SQL Server 服务管理器中完成，如图 7-1 所示。

在打开对话框的【服务器】下拉列表框中选择要启动或关闭的 SQL Server 服务器，从【服务】下拉列表框中选择要启动或关闭的服务。单击▶按钮，可启动（或继续执行）选择的服务；单击▮▮按钮，可暂停正在开始的服务；单击■按钮，可关闭正在开始的服务。启动服务后，就可以进入企业管理器开始创建数据库，或对已创建的数据库进行操作。

（2）企业管理器。企业管理器类似于 Windows 资源管理器的树形结构，显示出所有 SQL Server 对象，使用企业管理器几乎可以完成所有的管理工作。主要包括：注册和管理 SQL Server 服务器，连接、启动、暂停或停止 SQL Server 服务，创建和管理数据库，创建和管理各种数据库对象（包括表、视图、存储过程、触发器、角色、规则、默认值、用户自定义数据类型、用户自定义函数以及全文目录），备份数据库和事务日志，数据库复制，设置任务调度、让管理者进行警报设置，提供跨服务器的拖放操作，管理用户账户，编写和执行 Transact-SQL 语句，管理和控制 SQL Mail 等。企业管理器工作界面如图 7-2 所示。

图 7-1　服务已启动

图 7-2　企业管理器工作界面

① 创建数据库。在企业管理器中找到相应的数据库服务器（如 LOCAL），并展开该服务器节点，找到【数据库】，在该节点上单击鼠标右键，在弹出的快捷菜单中选择【新建数据库】命令，弹出如图 7-3 所示的对话框。在【常规】选项卡中设置数据库的名称为 myweb，然后打开【数据文件】选项卡，为该数据库的数据文件定义大小和存储位置，如图 7-4 所示。

图 7-3　【数据库属性】对话框

图 7-4　【数据文件】选项卡

② 创建表。表是存放数据的对象。在 SQL Server 中，创建数据表的操作如下。
选择新建的 myweb 数据库，单击鼠标右键，在弹出的快捷菜单中选择【新建表】命令，打开如图 7-5 所示的【新建表】对话框。

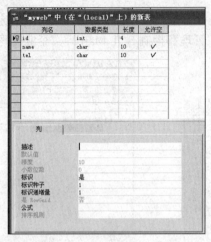

图 7-5 【新建表】对话框

在【新建表】对话框中定义表的结构，包括列名、数据类型、长度以及其他属性。建立表以后，单击工具栏中的【保存】按钮，在弹出的【选择名称】对话框中输入新表的名称，如 users。

③ 为数据库增加用户。SQL Server 数据库的安全性非常高，通过用户名和密码才能访问。以上面的数据库 myweb 为例，为该数据库增加一个用户名 test，密码为 123456。

在企业管理器窗口的左侧展开【安全性】，找到【登录】，单击鼠标右键，在弹出的快捷菜单中选择【新建登录】命令，打开如图 7-6 所示的对话框。在【名称】文本框中输入"test"，在【身份验证】栏中选中【SQL Server 身份验证】单选按钮，并输入密码 123456，在【数据库】下拉列表框中选择 myweb 选项。

选择【数据库访问】选项卡，如图 7-7 所示。

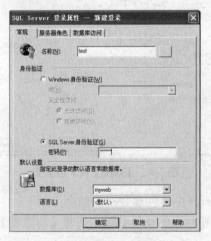

图 7-6 【新建登录】对话框（一）

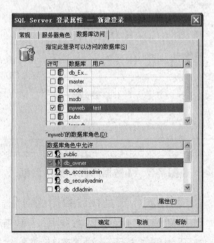

图 7-7 【新建登录】对话框（二）

在图 7-7 上方选中 myweb 数据库，在下方选中 public 和 db_owner 数据库，然后单击【确定】按钮即可。至此，数据库创建完毕。

7.3　SQL 语言基础

7.3.1　SQL 语言简介

SQL 是英文 Structure Query Language 的缩写，意思为结构化查询语言。SQL 语言的主要功能就是同各种数据库建立联系，进行沟通。按照 ANSI（美国国家标准协会）的规定，SQL 被作为关系型数据库管理系统的标准语言。目前，绝大多数流行的关系型数据库管理系统，如 Oracle、Sybase、SQL Server、Access 等都采用了 SQL 语言标准。虽然很多数据库都对 SQL 语句进行了再开发和扩展，但是包括 Select、Insert、Update、Delete 和 Create 等在内的标准的 SQL 命令仍然可以被用来完成几乎所有的数据库操作。

1．SQL 语言的主要功能

（1）数据定义功能：SQL 语言可用于定义被存放数据的结构和组织，以及各数据项间的相互关系。

（2）数据检索功能：SQL 语言能使用户或应用程序从数据库中检索数据并使用这些数据。

（3）数据操纵功能：用户或应用程序通过 SQL 语言可以更改数据库内容，如增加新数据、删除旧数据或修改已存入的数据等。

2．SQL 语言的主要特点

（1）SQL 是一种交互式查询语言。用户可以通过输入 SQL 命令以检索数据，并将其显示在屏幕上。这是一种简单易用的数据查询方法。

（2）SQL 是一种数据库编程语言。程序员可将 SQL 命令嵌入到用某种语言所编写的应用程序中，以存取数据库中的数据。

（3）SQL 是一种数据库管理语言。数据库管理员可以利用 SQL 来定义数据库组织结构、控制数据存取等，从而实现对大中型数据库系统的管理。

本节将介绍 ASP 中最常用到的 SQL 语句，详细 SQL 语言内容请大家参考相关书籍。

7.3.2　利用 Select 语句进行数据查询

在众多的 SQL 命令中，Select 语句应该算是使用最频繁的。Select 语句主要被用来对数据库进行查询并返回符合用户查询标准的结果数据。

语法格式如下：

Select [Top n] 字段列表 From 表 [Where 条件][Order By 字段][Group By 字段]

说明：

（1）Top n：表示只选取前 n 条记录。如选取前 5 条记录，为 Top 5。

（2）字段列表：用来决定哪些字段将作为查询结果返回。用户可以按照自己的需要选择任意字段，还可以使用通配符“*”来设定返回表格中的所有字段。

（3）表：就是要查询操作的目标数据表，如果是多个表，中间用逗号隔开。

（4）Where 条件：就是查询时要求满足的条件。

（5）Order By：表示按字段排序。

（6）Group By：表示按字段分组。

1. 简单查询

简单查询，就是不需要任何条件，只是简单地选取若干字段和记录。

假定 txl 表结构如图 7-8 所示，并输入若干条记录。

字段名称	数据类型	
ID	自动编号	编号
strName	文本	姓名（小于20位）
strSex	文本	性别（1位）
intAge	数字	年龄
strTel	文本	电话（小于20位）
strEmail	文本	E-mail（小于50位）
strIntro	备注	个人简介
dtmSubmit	日期/时间	添加日期

图 7-8　txl 表结构

【例 7-1】　简单查询

输出 txl 表中所有字段和记录：

```
Select * from txl
```

输出 txl 表中前 5 条记录：

```
Select top 5 * from txl
```

输出 txl 表中指定字段：

```
Select strname, strtel from txls
```

2. Where 条件查询

利用 Where 条件可以根据条件进行查询。

【例 7-2】　查询所有性别为“男”的记录

```
Select * from txl where strsex= "男"
```

在 Where 条件中可以使用一些运算符来设定查询标准：=（等于）、>（大于）、<（小

于）、>=（大于等于）、<=（小于等于）、<>（不等于）。

另外，还有几个特殊运算符用得很多。

- Between 运算符：介于。
- In 运算符：在列表中。
- Like 运算符：模糊查询。通过使用 Like 运算符可以设定只选择与用户规定格式相同的记录。此外，还可以使用通配符"%"来代替任何字符串。

【例 7-3】 Where 条件查询

查找介于 2011 年 7 月 8 日到 8 月 8 日添加的成员：

```
Select * from txl where dtmsubmit between #2011-7-8# and #2011-8-8#
```

查找年龄是 18 或 21 的成员：

```
Select * from txl where intage in (18,21)
```

查询所有姓"李"的成员：

```
Select * from txl where strname like "李%"
```

3. 排序

利用 Order By 子句可以对查询结果进行排序。用字段名指定排序关键字。DESC 表示降序，ASC 表示升序。系统默认为升序。

【例 7-4】 查询结果排序

如按姓名升序排序：

```
Select * from txl order by strname asc
```

4. 使用统计函数查询

（1）计数函数 Count(<字段名>)：统计字段名所在列的行数。一般用 Count(*)表示计算查询结果的行，即元组的个数。

（2）求和函数 Sum(<字段名>)：对某一列的值求和（必须是数值型字段）。

（3）计算平均值 Avg(<字段名>)：对某一列的值计算平均值（必须是数值型字段）。

（4）求最大值 Max(<字段名>)：找出一列中的最大值。

（5）求最小值 Min(<字段名>)：找出一列中的最小值。

【例 7-5】 统计查询

查询表中的记录总数：

```
Select count(*) as total from txl
```

返回记录集中只有一条记录、一个字段。total 就是该字段的名称。

查询表中最大年龄：

Select max(intage) as maxage from txl

返回记录集中也只有一条记录、一个字段。maxage 就是该字段的名称。

5. 多表查询

以上介绍的都是单表查询，在实际查询中经常会遇到从多个表中组合查询。

假定一图书借阅系统包括的 3 个基本表如下：

图书（总编号，分类号，书名，作者，出版单位，单价）

读者（借书证号，单位，姓名，性别，职称，地址）

借阅（借书证号，总编号，借书日期）

【例 7-6】 查找所有借阅了图书的读者的姓名和单位。

Select 姓名,单位 from 读者,借阅 Where 读者.借书证号=借阅.借书证号

【例 7-7】 查找价格在 20 元以上已借出的图书，结果按单价升序排列。

Select * from 借阅, 图书 where 图书.总编号=借阅.总编号 and 单价>=20 order by 单价 asc

7.3.3 利用 Insert 语句进行数据的添加

在电子商务网站的信息维护中，经常需要向数据库添加数据，如企业信息、产品信息等。这时，可通过 Insert 语句向表中添加新数据，格式如下：

Insert　Into　表名(字段列表)Values(字段值列表)

说明：

（1）要求字段值列表中的各数值顺序及数据类型与字段列表中各字段相互对应，否则会出现操作错误。

（2）可以只给部分字段赋值，但是主键字段必须赋值。允许为空的和有默认值的字段名都可以省略，但不允许为空的字段不能省略。

（3）不需要给自动编号的字段赋值。

（4）若字段类型为文本或备注型，则该字段值两边要加引号；若为日期/时间型，则该字段值两边要加#号；若为数字型，可直接写数字；若为布尔型，则字段值为 True 或 False。

【例 7-8】 使用 Insert 语句添加记录

向 txl 表中添加一条记录，只添加 strname 字段：

Insert Into txl(strname) Values("李庆航")

向 txl 表中添加一条完整记录：

Insert Into txl(strname,strsex,intage,strtel,stremail,strintro,dtmsubmit) Values("孙冬冬", "男", 20, "5185188", "sdd@163.com","电商 10",#2011-7-8#)

7.3.4 利用 Delete 语句删除数据

在 SQL 语言中，利用 Delete 语句可以删除表中的一条记录或若干条记录。格式如下：
Delete From 表名［Where 删除条件］

说明：

（1）如果设定了 Where 条件，那么凡是符合条件的记录都会被删除。如果没有符合条件的记录，则不删除。

（2）如果用户在使用 Delete 语句时不设定 Where 从句，则表格中的所有记录将全部被删除。

【例 7-9】 使用 Delete 语句添加记录

删除 txl 表中所有记录：

```
Delete from txl
```

删除 txl 表中 strname 为"李英梅"的记录：

```
Delete from txl where strname="李英梅"
```

7.3.5 利用 Update 语句进行数据的更新

数据库中的信息不是一成不变的，而是每时每刻都在发生着变化。例如 txl 表中用户的联系方式变了，这时就需要对已存在的数据进行更新。在 SQL 语言中，利用 Update 语句来实现更新数据的功能。语法如下：

Update 表名 Set 字段名 1=字段值 1,字段名 2=字段值 2,…［Where 条件］

说明：如果设定了 Where 条件，那么 Where 条件是用来指定更新数据的范围。如果省略 Where 条件，将更新数据库表内的所有记录。

【例 7-10】 利用 Update 语句更新数据

给 txl 表中所有人的年龄增加 1 岁：

```
update txl set intage =intage+1
```

更新 txl 表中 strname 为"宋西"的年龄和电话：

```
update txl set intage =21 ,strtel="8589999" where strname= "宋西"
```

7.4 设置 ODBC 数据源

动态网站的制作，离不开数据库的支持。如何将网页与数据库进行连接呢？连接数据库有多种方式，其中重要的一种就是通过 ODBC 数据源。

所谓 ODBC（Open Database Connectivity），又称为开放数据库互联，它建立了一组规范，并提供了一组对数据库访问的标准 API（应用程序编程接口）来管理和操作数据库。因此，其内部原理我们不必关心，只要掌握使用 ODBC 的方法和步骤即可。

以 Windows XP /Windows 7 为例（二者步骤相同），为数据库 ecnews.mdb 建立数据源。

（1）选择【开始】→【控制面板】→【管理工具】→【数据源（ODBC）】命令，弹出如图 7-9 所示的对话框。

（2）选择【系统 DSN】选项卡，然后单击【添加】按钮，弹出如图 7-10 所示的【创建新数据源】对话框。

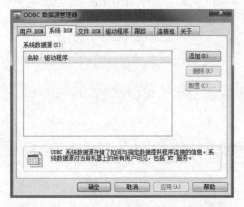
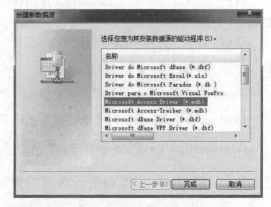

图 7-9　【ODBC 数据源管理器】对话框　　　　图 7-10　【创建新数据源】对话框

（3）选择 Microsoft Access Driver（*.mdb）选项，然后单击【完成】按钮，将弹出如图 7-11 所示的【ODBC Microsoft Access 安装】对话框。

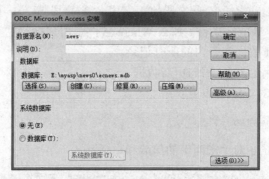

图 7-11　【ODBC Microsoft Access 安装】对话框

（4）在【数据源名】文本框中输入"news"。单击【选择】按钮，选择数据库的路径，如"E:\myasp\news0\ecnews.mdb"，单击【确定】按钮。

（5）添加完毕后，可以看到在【ODBC 数据源管理器】对话框中出现了该数据源的名称 news。

思考与练习

一、简答题

1. 数据库中的表有哪些基本特性？
2. SQL 语言中常用的语句有哪些？简述各自的语法格式。
3. 什么是 ODBC？如何设置 DSN？
4. 设置数据源后，如果移动了数据库的位置，数据源还能正常使用吗？

二、选择题（可多选）

1. 要查询用户表中最新的 5 条记录，应该用语句（　　）。
   A．select top 5 * from user order by id desc
   B．select * from user order by id desc
   C．select top 5 * from user
   D．select * from user top 5 order by id desc
2. 执行完 Delete From users 语句后，共删除（　　）条记录。
   A．0　　　　　　B．1　　　　　　C．全部　　　　　　D．若干条
3. 要查找姓李并且年龄在 30～40 岁之间的所有成员，应该用语句（　　）。
   A．Select * From stu Where 姓名 Like "李%" and (年龄 Between 30 and 40)
   B．Select * From stu Where 姓名 Like "李" and (年龄 Between 30 and 40)
   C．Select * From stu Where 姓名 Like "李%" and (年龄 Between 30,40)
   D．Select * From stu Where 姓名 Like "%李%" and (年龄 Between 30, 40)
4. 下面（　　）函数可以用来返回数据表中的记录总数。
   A．Count　　　　B．Avg　　　　　C．Sum　　　　　　D．Max
5. 要在用户表 users 中插入记录，下面语句正确的是（　　）。
   A．Insert Into users(strName,strTel) Values("黄誉","8885632")
   B．Insert Into users(strName,strEmail) Values("黄誉", "")
   C．Insert Into users(strName,strEmail) Values("黄誉",NULL)
   D．Insert Into users(strName,intAge) Values(黄誉,21)

一、实训目的

1. 掌握常用 SQL 语句的使用。

2．掌握设置 ODBC 数据源的方法和步骤。

二、实训内容

准备：建立某班同学通讯录数据库 data.mdb，内有一张数据表 users，表中有字段 id、password、name、address、phone、qq 和 email，并输入若干条记录。要求：

1．为数据库 data.mdb 设置数据源 txl。

2．在 Access 查询窗口中运行下面的 SQL 语句。

（1）插入语句 insert…into。

向数据表中添加一条记录，值分别是 1234，张波，河北石家庄，031188881234，4456878，zhangbo@163.com。

insert into users(password, name, adderss, phone, qq,email)values("1234","张波","河北石家庄","031188881234", "4456878","zhangbo@163.com")

（2）选择语句 select…from。
查询数据表中的所有记录：

Select * from users

查询 name 是"云云"的所有记录：

Select * from users where name="云云"

查询 name 是"强强"的 qq：

Select qq from users where name="强强"

查询 name 是"云云"的 address、phone、qq：

Select address,phone,qq from users where name="云云"

（3）更新语句 update…set…。
将 name 是"玲玲"的 phone 更新成"1236987"：

Update users set phone="1236987" where name="玲玲"

将 name 是"王强"的 password 更新成"8888"：

Update users set password="8888" where name="王强"

（4）删除语句 delete…from。
删除 name 是"王平"的所有记录：

Delete * from users where name="王平"

第 8 章　ASP 存取数据库技术

【学习目标】
① 掌握连接数据库的方法。
② 掌握查询记录、添加记录、删除记录及更新记录等操作。
③ 能编写电子商务网站中常用的程序模块。

利用 ASP 开发电子商务网站的程序，必须依靠 ActiveX 服务器组件才能实现网站的各种功能。所谓 ActiveX 组件，就是一个存在于 Web 服务器上的文件，该文件包含执行某项或一组任务的代码，组件可以执行公用任务，这样就不必自己去创建执行这些任务的代码。在 ASP 中内置了许多功能强大的 ActiveX 服务器组件，如数据库存取组件、文件存取组件、广告轮显组件、超链接组件等，利用这些组件提供的对象，可以方便地完成数据库存取、文件存取等功能。本章介绍应用最为广泛的数据库存取组件。

8.1　ADO 的 3 个主要对象

Web 应用程序开发过程中最常见和最实用的任务就是访问服务器端的数据库，如显示企业发布的信息、添加新的产品等。ASP 中内置的数据库存取组件（Database Access Component）是使用 ADO（ActiveX Data Objects）技术来存取符合 ODBC（Open Database Connectivity）标准的数据库或具有表格状的数据（如 Excel 文件），是所有 ASP 内置组件中最重要和最常用的一个组件。

ADO 是一组具有访问数据库功能的对象和集合。它是微软对所支持的数据库进行操作的最有效和最简单直接的方法，用于访问存储在数据库或其他表格式数据结构中的数据。它包括 Connection、Command 及 Recordset 3 个主要对象，其中 Connection 为数据库连接对象，主要负责建立与数据库的连接；Command 对象为数据库命令对象，负责执行对数据库的一些操作；Recordset 对象为记录集对象，用于返回从数据库查询到的记录。记录集类似于一个数据库中的表，由若干列和若干行组成，可以看作一个虚拟的表。

事实上，由 3 个对象功能有交叉，所以使用时 Command 对象经常可以省略。下面是开发数据库程序的常用流程。

（1）创建数据库连接对象 Connection。
（2）利用 Connection 连接数据库。

(3) 利用建立好的连接，通过 Connection 对象或 Recordset 对象执行 SQL 命令。
(4) 使用记录集。完成查询以后，返回的记录集就可以被应用程序所使用。
(5) 当完成了所有数据操作后，关闭数据库连接，并释放对象。

8.2 连接数据库

Web 页面要访问数据库，必须和数据源建立连接。此时，可利用 Connection 对象，建立并管理 Web 程序和数据库之间的连接。

8.2.1 创建 Connection 对象实例

在使用 Connection 对象之前，必须首先建立 Connection 对象实例。可通过调用 Server 对象的 CreateObject 方法实现。语法如下：

Set Connection 对象实例=Server.CreateObject("ADODB.Connection")

建立了实例以后，并没有实现与数据库的真正连接，还需要利用 Connection 对象的 open 方法建立与数据库的真正连接。语法如下：

Connection 对象实例.Open 数据库连接字符串

这里的数据库连接方式有多种，下面以 Access 数据库和 SQL Server 数据库为例分别予以介绍。

1. 连接 Access 数据库

（1）基于 ODBC 数据源的连接方式。这种方法通过 ODBC 建立与数据库的连接，要求必须在控制面板的【ODBC 数据源管理器】中建立数据源 DSN，并根据 DSN 提供的数据库位置、数据库类型及 ODBC 驱动程序等信息，建立起与具体数据库的联系。如第 7 章中，已经建立 ecnews.mdb 的数据源 news，则可以通过以下代码实现与数据库的连接。

```
<%
    Dim conn
    Set conn=Server.CreateObject("ADODB.Connection")
    conn.Open "DSN=news"
%>
```

注意：其中，news 为第 7 章中建立的数据源名称。另外，数据库连接字符串通常可以省略"DSN ="，因此最后一句还可以写为"conn.Open "news""。

（2）基于 ODBC，但是不用数据源的连接方式。使用上面的数据源的连接方式比较简单，但是它的可移植性比较差。如果希望把一个网站程序从一个服务器移植到另一个服务器上，还需要在另一台服务器上设置数据源，比较麻烦。下面是不利用数据源的直接连接方法。

```
<%
    Dim conn
    Set conn=Server.CreateObject("ADODB.Connection")
    conn.Open "Driver={Microsoft Access Driver (*.mdb)};Dbq=E:\myasp\ecnews.mdb"
%>
```

上面的连接字符串比较长，其作用可分为两部分：前面是指定数据库的驱动程序，分号后面是指定数据库的物理路径。当网站程序移植时，数据库文件的物理路径仍需要修改，很麻烦。实际做法是利用 Server 对象的 MapPath 方法将相对路径转换为物理路径，因此，上面的程序可改写为：

```
<%
    Dim conn
    Set conn=Server.CreateObject("ADODB.Connection")
    conn.Open "Driver={Microsoft Access Driver (*.mdb)};Dbq=" & Server.MapPath("ecnews.mdb")
%>
```

注意：Driver 与括号之间有空格。

（3）基于 OLE DB 的连接方式。OLE DB 是一种更底层也更高效的数据库连接方式，是微软通向不同数据源的低级应用程序接口。代码如下：

```
<%
    Dim conn
    Set conn=Server.CreateObject("ADODB.Connection")
    conn.Open "Provider=Microsoft.Jet.OLEDB.4.0;Data Source=" & Server.Mappath("ecnews.mdb")
%>
```

2. 连接 SQL Server 数据库

连接 SQL Server 数据库其实和 Access 数据库是一样的，只是数据库连接字符串略有区别。

例如，已经建立一个 SQL Server 数据库，Database 名称为 news，数据库登录账号为 test，密码为 123456，ODBC 数据源名称为 newstest，连接方法如下。

（1）基于 ODBC 数据源的连接方式。

```
<%
    Dim conn
    Set conn=Server.CreateObject("ADODB.Connection")
    conn.Open "DSN=newstest;Uid=test;Pwd=123456"
%>
```

(2) 基于 ODBC，但是不用数据源的连接方式。

```
<%
    Dim conn
    Set conn=Server.CreateObject("ADODB.Connection")
    conn.Open " Driver={SQL Server}; Server=localhost; Database=news; Uid=test; Pwd=123456"
%>
```

(3) 基于 OLE DB 的连接方式。

```
<%
    Dim conn
    Set conn=Server.CreateObject("ADODB.Connection")
    conn.Open "Provider=SQLOLEDB; Data Source=localhost; initial Catalog=news; Uid=test; Pwd= 123456"
%>
```

8.2.2 Connection 对象的常用属性和方法

Connection 对象包含很多属性和方法。除了前面讲过的 Open 方法，常用的属性和方法还包括以下几种。

1. ConnectionString 属性和 Mode 属性

ConnectionString 属性用于指定数据库连接字符串，这样就不需要在 Open 方法中指定了。例如：

```
< %
    conn.ConnectionString="DSN=news"
    conn.Open
%>
```

Mode 属性用来设置连接数据库的权限，例如只读或只写。属性值为 1 表示只读，2 表示只写。默认为 3，表示可读可写。例如：

```
< %
    conn.Mode=1            '设置打开的数据库为只读
    conn.Open "DSN=news"
%>
```

2. Close 方法

Close 方法用来关闭一个已打开的 Connection 对象。关闭对象并非从内存中删除，可以更改它的属性设置并且在此后再次打开。要将对象从内存中完全删除，还要将其设置为 nothing。用法如下：

```
< %
    conn.close                '关闭与数据库的连接
    Set conn=nothing          '从内存中清除该对象
%>
```

3. Execute 方法

当连接了数据库后就可以对数据库进行操作，例如查询、删除、更新等，这些操作都是通过 SQL 指令来完成的，语法格式如下：

（1）无返回记录集的使用格式。

Connection.Execute SQL 语句

（2）返回记录集的使用格式。

Set Recordset 对象实例= Connection 对象实例.Execute SQL 语句

如下例在数据库表 txl 中查询所有姓"李"的记录：

```
< %
    sql="select * from txl where strname like '李%' "
    Set rs = conn.Execute(sql)        '返回记录集 rs
%>
```

上面的命令执行后，会返回一个记录集对象 rs。

注意：此时返回的 Recordset 对象 rs 始终为只读，指针仅能向前。如需要具有更多功能的 Recordset 对象，应首先创建 Recordset 对象，然后使用 Recordset 对象的 Open 方法执行查询。

8.3 存取数据库

本节内容将以开发一个企业网站的新闻发布系统程序为例，综合利用前面学到的知识来实现新闻的显示、添加、删除与修改。与静态网页的制作比较，动态的新闻系统不再需要每次都重新编辑网页，而是直接把新闻记录数据保存到数据库中。网站首页一般都以新闻标题罗列的方式展示公司的最新动态及相关资讯信息，浏览者可通过单击标题的超链接进入到新闻资讯详细浏览页面，即从数据库中调出数据，显示在动态页面上，管理起来方便、快捷。

8.3.1 数据库准备工作

1. 建立数据库

建立一个企业新闻数据库 ecnews.mdb，其中一个表为 tbnews，表结构如图 8-1 所示。

字段名称	数据类型	
id	自动编号	
name	文本	发表新闻人的姓名
content	备注	发表新闻的内容
count	数字	新闻被浏览的次数
addtime	日期/时间	新闻发表的时间
title	文本	新闻标题

图 8-1 tbnews 表的字段设置

2. 输入记录

在 tbnews 表中输入若干条记录，以方便后面的测试。

8.3.2 使用 Connection 对象的 Execute 方法存取数据库

1. 利用 Select 语句查询记录

要把记录显示在页面上，就需要用到 SQL 语言的 Select 语句。具体过程如下。

（1）利用 Connection 对象连接数据库。

（2）利用 Connection 对象的 Execute 方法执行一条 Select 语句，该方法就会返回一个记录集对象（Recordset）。

（3）在记录集中利用循环移动指针依次读取所有的记录。

【例 8-1】 将数据库中的企业新闻记录显示在首页页面上（index.asp）

```
<html>
  <style type="text/css">
  <!--
  table {
    font-size: 9pt;
    text-decoration: none;
    border: 1px solid #000000;
    }
  a {
    font-size: 9pt;
    color: #000000;
    text-decoration: none;
    }
-->
</style>
<body>
    <%
    '以下连接数据库，建立一个 Connection 对象 conn
    Dim conn,strConn
```

```
Set conn=Server.CreateObject("ADODB.Connection")
conn.Open "DSN=news"
'以下建立记录集,建立一个 RecordSet 对象实例 rs
Dim rs,strSql
strSql="Select * From tbnews Order By ID DESC"        '按自动编号字段降序排列
Set rs=conn.Execute(strSql)                           '执行后,返回记录集 rs
'以下利用表格显示记录集 rs 中的记录
%>
<table width="598" border="0" align="center" cellpadding="5" cellspacing="0">
  <tr align="center" bgcolor="#006666">
    <td><font color="#FFFFFF">新 闻 显 示 页 面</font></td>
  </tr>
<%do while not rs.eof%>
  <tr>
    <td height="28" align="left"><img src="page.gif" width="12" height="14"> <a href=show.asp?id= <%=rs("id")%> target="_blank"><%=rs("title")%></a>  (<font color="#006699"><%=rs("addtime")%> 发 表 </font>)<font color="#006699">  浏 览 过 <%=rs("count")%>次</font></td>
  </tr>
<%
rs.movenext
loop
%>
</table>
</body>
</html>
```

程序运行结果如图 8-2 所示。

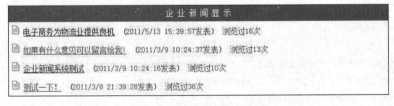

图 8-2 企业新闻显示页面

说明:

(1)若没有建立 DSN 数据源,也可将代码中的"Conn.Open "DSN=news""语句换为:

Conn.Open "DBQ="&server.mappath("ecnews.mdb")&";driver={microsoft access driver (*.mdb)}"

(2)执行 Conn.Execute 方法后,记录指针指向记录集 rs 的第一条记录,可利用 movenext 方法移动依次指向每条记录。当指针指向某条记录时,使用记录集变量("字段名")可以获取当前记录指定字段的值。如例 8-1 代码中，rs("title")返回新闻的标题值。

2. 利用 Insert 语句添加记录

若要增加一条新闻，可在数据库中添加一条记录，此时就需要用到 SQL 语言的 Insert 语句。具体过程如下。

（1）利用 Connection 对象连接数据库。

（2）利用 Connection 对象的 Execute 方法执行一条 Insert 语句，就可以在数据库表中添加一条记录。

（3）为实现在线输入，可分为两部分，一部分为普通表单，另一部分为表单处理程序。

在例 8-1 中，可在首页 index.asp 中显示"添加记录"，并链接到 addnews.asp，具体方法：在例 8-1 代码的表格前面添加\<a href="addnews.asp"\>添加记录\</a\>。

【例 8-2】 实现新闻记录的添加（addnews.asp 和 save.asp）

addnews.asp 主要用来显示添加记录的表单，其代码如下：

```html
<html>
  <head>
    <meta http-equiv="Content-Type" content="text/html; charset=gb2312">
    <title>录入新闻</title>
    <style type="text/css">
    <!--
    table {
    font-size: 9pt;
    text-decoration: none;
    border: 1px solid #000000;
}
-->
</style></head>
<body>
<form name="form1" method="post" action="save.asp">
  <table width="500" border="0" align="center" cellpadding="5" cellspacing="0">
    <tr align="center" bgcolor="#006666">
      <td colspan="2"><font color="#FFFFFF">新 闻 录 入</font></td>
    </tr>
    <tr align="center" bgcolor="#FFFFFF">
      <td align="right">录入时间:</td>
      <td align="left"><%=now()%></td>
    </tr>
    <tr align="center" bgcolor="#FFFFFF">
      <td align="right">新闻标题:</td>
```

```
        <td align="left"><input name="title" type="text" id="title" size="38"></td>
      </tr>
      <tr>
        <td width="104" align="right">新闻内容:</td>
        <td width="374" rowspan="2"><textarea name="content" cols="50" rows="8" id="content"></textarea></td>
      </tr>
      <tr>
        <td align="right"> </td>
      </tr>
      <tr>
        <td align="right">录入者:</td>
        <td><input name="name" type="text" id="name"></td>
      </tr>
      <tr align="center" valign="top">
        <td colspan="2"><input type="submit" name="Submit" value="确定提交">   <input type="submit" name="Submit2" value="重新输入"></td>
      </tr>
    </table></form>
  </body>
</html>
```

本程序运行后，在首页 index.asp 中单击【添加记录】，链接到 addnews.asp，显示添加新闻的表单，如图 8-3 所示。

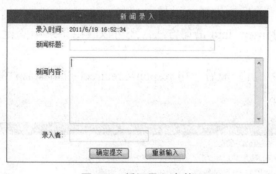

图 8-3　新闻录入表单

在上面的表单中填写相关信息后，单击【确定提交】按钮，将执行表单处理程序 save.asp。

save.asp 代码如下：

```
<!--#include file="conn.asp"-->
  '下面利用 Execute 方法添加记录
  <%
```

```
    dim vartitle,varname,varcontent,varcount,vartime,strsql
    vartitle=trim(request.form("title"))
    varname=trim(request.form("name"))
    varcontent=request.form("content")
    varcount=0
    vartime=now()
    strsql="insert into tbnews(title,name,content,count,addtime) values('" & vartitle & "','" & varname
& "','" & varcontent & "'," & varcount & ",#" & vartime & "#)"
    conn.execute(strsql)          '不需要返回记录集,直接添加记录到数据库
    response.redirect "index.asp"
%>
```

说明：

（1）"<!--#include file="conn.asp"-->"就是将 conn.asp 中的代码插入到当前 asp 文件中，就好像直接写在 save.asp 中一样，其作用是连接数据库。

其中，conn.asp 中的代码如下：

```
<% Dim conn
  set conn=server.createobject("adodb.connection")
  conn.open "DBQ="&server.mappath("ecnews.mdb")&";driver={microsoft access driver (*.mdb)}"
%>
```

（2）在 strsql 字符串中，由于包含了许多单引号和双引号，比较复杂。我们知道，在 SQL 语句中，文本字段值前后要加引号，又因为这里的 SQL 字符串中出现引号嵌套的情况，所以实际上文本字段值前后改为加单引号。

（3）上面采用的 insert into 语句方法，还可以改用记录集变量的 addnew 方法实现记录的添加。

（4）完成记录添加后，最后一句 response.redirect "index.asp"将重定向到 index.asp，运行结果如图 8-4 所示。

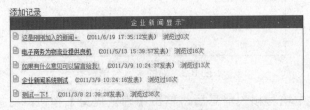

图 8-4　添加记录后的首页

3. 重新改写 index.asp

以上例子中，实现了新闻的显示和添加。为了实现删除和更新，可在 index.asp 中浏览次数的后面添加如下代码：

```
<a href="delete.asp?ID=<%=rs("ID")%>">删除</a>    
<a href="updatenews.asp?ID=<%=rs("ID")%>">更新</a>
```

说明：注意超链接中?后面的查询字符串，由于要把删除的记录编号传递到删除页面（delete.asp）中，本程序运行时会依次将当前记录的 ID 字段值输出在这里。例如 rs("ID")=3，则删除的代码实际为<a href="delete.asp?ID=3">删除</a>，这样，在下面的 delete.asp 页面中，就可以利用 Request 对象的 QueryString 来获取 ID 值。更新记录也是如此。

重新改写 index.asp 后，运行结果如图 8-5 所示。

图 8-5　重新改写 index.asp 后的运行结果

4．利用 Delete 语句删除记录

若需要删除新闻记录，可在数据库中进行删除记录，这时就要用到 SQL 语言的 Delete 语句。

删除记录也是利用 Connection 对象的 Execute 方法，不过也不需要返回记录集对象，具体过程与添加记录非常相似。

【例 8-3】　删除记录（delete.asp）

```
<!--#include file="conn.asp"-->
<%
    '以下删除记录，注意这里要用到由 index.asp 传过来的要删除的记录的 ID
    Dim strSql
    strSql="Delete From tbnews Where ID=" & Request.QueryString("ID")
    conn.Execute(strSql)                '不需要返回记录集，直接删除
    '删除完毕后，返回首页
    Response.Redirect "index.asp"
%>
```

说明：
▶ delete.asp 不能单独运行，必须在 index.asp 运行的页面中单击【删除】链接。
▶ 该程序并不需要在页面输出任何内容，所以其中省略了 HTML 标记。

8.3.3　利用 Recordset 对象存取数据库

在 8.3.2 节的例子中，利用 Connection 对象很方便地实现了记录的查询、添加记录和

删除记录等操作,但上面的方法返回的记录指针只能向前移动且记录集是只读的。为此,ADO 提供了功能强大的 Recordset 对象,利用该对象的一些属性和方法,可更加精确地控制指针的行为,提高查询和更新结果的能力。

1. 创建 Recordset 对象的实例

在前面已经接触到了 Recordset 对象,其又称记录集对象。创建 Recordset 对象有显式和隐式两种方法。当 Connection 对象或 Command 对象执行查询命令后,就会隐式返回一个记录集对象,记录集包含满足条件的所有记录,然后就可以利用 ASP 语句将记录集的数据显示在网页的页面上。

除了隐式方法,还可以显式明确建立 Recordset 对象,语法如下:
Set Recordset 对象实例=Server.CreateObject("ADODB. Recordset")

2. Recordset 对象的方法和基本属性

(1) Open 方法。显式建立 Recordset 对象后,其中还没有任何可供使用的记录数据,可以通过 Recordset 对象的 Open 方法获取真正的记录数据。语法格式如下:
Recordset 实例.Open [Source], [ActiveConnection], [CursorType], [LockType], [Options]
说明:

> Source:可以是 SQL 语句、表名或存储过程等。
> ActiveConnection:为数据库连接字符串。
> CursorType:用来确定打开记录集使用的指针类型(也称游标类型),如表 8-1 所示。

表 8-1 CursorType 参数说明

常 量	参 数 值	说 明
adOpenForwardOnly	0	默认值,打开仅向前类型指针
adOpenKeyset	1	打开键集类型指针,可前后移动
adOpenDynamic	2	打开动态类型指针
adOpenStatic	3	打开静态类型指针

> LockType:用来确定打开 Recordset 时使用的锁定(并发)类型,如表 8-2 所示。

表 8-2 LockType 参数说明

常 量	参 数 值	说 明
adLockReadOnly	1	默认值,只读,不允许修改记录集
adLockPessimistic	2	只能同时被一个客户修改,修改时锁定,修改完毕释放
adLockOptimistic	3	可以修改,只有在修改瞬间即调用 Update 方法时才锁定记录
adLockBatchOptimistic	4	在批量更新时使用该锁定

> Options:指定数据库查询指令类型(很少使用),如表 8-3 所示。

第 8 章 ASP 存取数据库技术

表 8-3 Options 参数说明

常 量	参 数 值	说 明
adCmdUnknown	-1	Source 参数中类型由系统自己确定，默认值
adCmdText	1	Source 参数中类型是 SQL 语句
adCmdTable	2	Source 参数中类型是一个数据表名
adCmdStoredProc	3	Source 参数中类型是一个存储过程

注意：如果没有特殊要求，通常可以省略后面 3 个参数，但若要省略中间的参数，则必须用逗号给中间的参数留出位置。例如：

rs.open "select * from tbnews",conn, ,3

在上面的代码中，省略了第 3 个和第 5 个参数，但必须用逗号给第 3 个参数留出位置。

（2）Recordset 对象的其他常用方法。记录集 RecordSet 有一些方法是用来在记录之间移动记录指针的。移动当前指针的方法有 5 种，除了 Move 方法有两个参数外，其余的 4 个不含参数，使用很方便。

- MoveFirst：用于将记录指针移动到第一条记录。
- MovePrevious：用于将记录指针向后（或向上）移动一条记录。
- MoveNext：用于将记录指针向前（或向下）移动一条记录。
- MoveLast：用于将指针移动到最后一条记录。
- Move：用于将指针移动到指定的记录。

Recordset 对象有 5 个可直接更新记录的方法，其中 UpdateBatch 方法是用于成批处理记录的，其他 4 种方法都是对当前记录操作的，所以不带任何参数。

- AddNew：添加一条新的空记录。
- Delete：删除当前记录。
- Update：更新数据库数据。
- CancalUpdate：撤销更新操作。可以撤销 AddNew 和 Delete 命令的效果。
- UpdateBatch：更新（保存）一个或多个记录的修改。

说明：添加记录时一般要同时用到 AddNew 方法和 Update 方法，例如：

```
<%
    rs.AddNew
    rs("title")="企业新产品开发获得成功"    '对各个字段赋值，但不写回到表中
    …
    rs.Update                              '执行 Update 方法后才可以完成真正的添加记录功能
%>
```

删除记录比较简单，首先将指针移动到要删除的记录，然后利用 Delete 方法就可以删除当前记录，不过也要用 Update 方法更新数据库。例如：

```
<%
    rs.Delete                                    '删除当前记录
    rs.Update                                    '更新数据库
%>
```

更新记录时首先将指针移动到要更新的记录，然后直接给字段赋值，之后使用 Update 方法更新数据库即可。例如：

```
<%
    rs("title")="企业新产品开发获得巨大成功"
    …
    rs.Update
%>
```

（3）Recordset 对象的常用属性。Recordset 对象的常用属性比较多，下面分别予以介绍。

- RecordCount：该属性用于返回记录集中的记录总数。
- Bof、Eof：这两个属性用于判断当前记录指针是否指向记录集的开头或结尾，返回值为 True 或 False。当指针指向开头时，Bof 属性的值为 True；当指针指向结尾时，Eof 属性的值为 True。打开 Recordset 时，当前记录位于第一个记录（如果有），并且 Bof 和 Eof 属性被设置为 False。如果没有记录，Bof 和 Eof 属性均为 True。常常同时使用这两个属性来判断记录集是否为空，例如：

```
<%
    rs.open…                                     '打开记录集
    If not rs.eof and not rs.bof then            '如果既不是开头也不是结尾，即非空，就执行
    …
    End if
%>
```

- PageSize、PageCount、AbsolutePage、AbsolutePosition：这一组属性用来完成分页显示数据的功能。下面分别予以介绍。
  - PageSize：用于设置每一页的记录数。例如：

```
<% rs.PageSize =10                              '设置每页显示 10 条记录 %>
```

  - PageCount：用于返回数据页的总数。例如：

```
<% Response.Write rs.PageCount    '输出数据页总数 %>
```

  - AbsolutePage：用于设置当前指针指向哪一页。例如：

```
<% rs.AbsolutePage=2   '指向第 2 页 % >
```

➢ AbsolutePosition：用于设置当前指针指向的记录行的绝对值。例如：

```
<% rs.AbsolutePosition=10    '指向第 10 条记录 %>
```

说明：利用这几个属性时一般要求设置指针类型为 1（键集指针）。

▸ BookMark：该属性用于设置或返回书签位置，例如下面语句就可以将当前记录位置保存到一个变量中。

```
<% varA=rs.BookMark %>
```

当希望重新指向该记录时，只要将该变量赋值给 BookMark 属性即可，记录指针就会自动指向书签所在记录。例如，<% rs.BookMark=varA %>。

3. 利用 Recordset 对象的 AddNew 方法添加记录

向表中插入新记录时，除了前面的 Insert 方法外，还可以使用 RecordSet 对象的 AddNew 方法。具体实现过程如下。

（1）向表中插入一条空记录。
（2）通过赋值语句向该记录的不同字段赋值。
（3）通过 Update 方法完成对数据库数据的真正更新。

仍以新闻添加为例（save.asp），利用 Recordset 对象的 AddNew 方法改写 save.asp。

【例 8-4】 使用 AddNew 方法改写 save.asp

```
<%
set rs=server.createobject("adodb.recordset")
sql="select * from tbnews"
rs.open sql,conn,1,3                              '打开表 tbnews，得到记录集 rs
rs.addnew                                         '向表中插入一条空记录
rs("title")=trim(request.form("title"))           '向每一个字段赋值
rs("name")=trim(request.form("name"))
rs("content")=server.htmlencode(request.form("content"))
rs("count")=0
rs("addtime")=now()
rs.update                                         '数据真正更新
rs.close
set rs=nothing
response.redirect "index.asp"
%>
```

说明：虽然连接对象的 Execute 方法也能用 Insert 命令实现记录的插入，但对于有较多字段名和多个字段值的情况，用 Insert 命令实现记录的插入，代码书写比较麻烦，而且容易写错，不适合大量字符串的插入。相比之下，采用记录集对象的 Addnew 方法就方便多了。因此，Addnew 方法插入记录更为常用。

4. 利用 Recordset 对象的 Update 方法更新记录

当需要修改某条新闻信息时，在 index.asp 页面中单击【更新】按钮，将链接到 updatenews.asp 页面，如图 8-6 所示。

图 8-6　企业新闻修改页面

【例 8-5】　用 Update 方法更新企业新闻信息（updatenews.asp）

```
<!--#include file="conn.asp"-->
<%
id=request.QueryString("id")
set rs=server.createobject("adodb.recordset")
editsql="select * from tbnews where id="&id
rs.open editsql,conn,1,3
%>
<%
if request.form("active")="" then
else
rs("title")=trim(request.form("title"))
rs("content")=server.htmlencode(request.form("content"))
rs("name")=trim(request.form("name"))
rs.update
response.redirect "index.asp"
end if
%>
<html>
<head>
<meta http-equiv="Content-Type" content="text/html; charset=gb2312">
<title>新闻编辑页面</title>
<style type="text/css">
<!--
table {
    font-size: 9pt;
    text-decoration: none;
    border: 1px solid #000000;
```

```
}
-->
</style>
</head>
<body>
<form name="form1" method="post" action="">
  <table width="500" border="0" align="center" cellpadding="5" cellspacing="0">
    <tr align="center" bgcolor="#006666">
      <td colspan="2"><font color="#FFFFFF">新 闻 修 改 编 辑</font></td>
    </tr>
    <tr align="center" bgcolor="#FFFFFF"> <td align="right">新闻标题:</td>
<td align="left"><input name="title" type="text" id="title2" value=<%=rs("title")%> size="38">
</td></tr>
    <tr> <td width="104" align="right">新闻内容:</td>
      <td width="374" rowspan="2"><textarea name="content" cols="50" rows="8" id="content">
<%=rs ("content")%></textarea></td> </tr>
    <tr> <td align="right"> </td> </tr>
    <tr> <td align="right">录入者:</td>
      <td><input name="name" type="text" value=<%=rs("name")%> id="name"></td>
    </tr>
    <tr align="center" valign="top">
      <td colspan="2"><input name="active" type="hidden" id="active" value="yes">
        <input type="submit" name="Submit" value="确定提交">    
        <input type="reset" name="Submit2" value="重新输入"></td>
    </tr>
  </table>
</form></body></html>
```

说明：用 Update 方法修改记录一般要设计 3 个页面，一是用于确定修改哪条记录的输入或选择页面；二是显示原始值并进行修改的页面；三是执行具体修改操作的页面。上面的代码中引入了隐藏域，并将后两个页面合并为一个文件，请大家注意体会其中的隐藏域的作用。

5．显示新闻的详细页面

当单击某新闻标题链接时，则进入本新闻详细内容显示页面，此页的功能是接收上一页传送过来的新闻 id 号，用 SQL 语句从数据库中筛选出来并显示。本页显示效果如图 8-7 所示。

【例 8-6】 显示新闻的详细页面 show.asp

分析：通过在首页单击新闻链接，将 id 传递给 show.asp 页面，在该页面中，通过 Request 的 QueryString 方法获取 id，进而在数据库中查询，将返回的记录集在页面中显示。

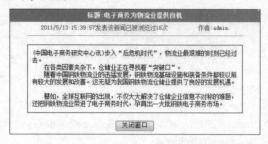

图 8-7 显示企业新闻详细内容页面

show.asp 程序代码如下：

```
<!--#include file="conn.asp"-->
<%
    if not isempty(request.QueryString("id")) then
        id=request.QueryString("id")
    else
        id=1
    end if    '判断传递过来的参数是否为空，不空就赋值给参数，空就赋值为 1
%>
<%
    set rs=server.createobject("adodb.recordset")
    sql="select * from tbnews where id="&id        '根据传递过来的 id 构造 SQL 查询
    rs.open sql,conn,1,3                           '打开记录集
    rs("count")=rs("count")+1                      '浏览次数加 1
    rs.update
%>
<style type="text/css">
<!--
table {
    font-size: 9pt;
    text-decoration: none;
    border: 1px solid #000000;
}
-->
</style>
<html>
<body>
<table width="500" border="0" align="center" cellpadding="5" cellspacing="0">
  <tr align="center" bgcolor="#0099CC">
    <td colspan="3"><font color="#FFFFFF">标题:<%=rs("title")%></font></td>
  </tr>
  <tr align="center">
    <td  colspan="3"><%=rs("addtime")%>发表该新闻已被浏览过<%=rs("count")%>次  
```

```
     作 者 :<font  color="#FF0000"><%=rs("name")%></font><br>  <hr  width="88%"
size="1"> </td> </tr>
    <tr> <td colspan="3"><table width="88%" border="0" align="center" cellspacing="8" >
  <tr> <td><%=(rs("content")%></td> </tr> </table>
    <div align="center"><br>
    <input type="button" name="Submit" value="关闭窗口"
    onClick="javascritp:window.close()"> </div></td> </tr>
  </table>
</body></html>
```

8.4 制作留言板

留言板是企业电子商务网站与客户实现交互的主要方式之一。下面先从一个简单的留言板开始介绍。

8.4.1 制作简单的留言板

1. 留言板的总体设计

留言板大致包含 5 部分，分别介绍如下。

- 留言表单：用户在表单中输入信息，然后提交。
- 处理留言的 ASP 程序：接收访问者的留言，并且记录下来。
- 查看留言的网页：一般作为留言板的首页来显示（如果不想公开访问者的留言，则可以省略这个网页）。
- 删除留言的 ASP 程序：当用户留言内容出现广告或其他不良信息时，可由管理员删除留言。
- 存储留言：由于采用数据库能在检索、管理等方面带来非常大的便利，所以这里采用数据库来存储访问者留言。

根据上面的分析，留言板包括以下主要文件。

（1）数据库文件 guest.mdb。由于留言板比较简单，只有一张表，其中包括编号、留言主题、留言内容、留言人姓名、留言人 email、留言时间及回复等字段，如图 8-8 所示。

字段名称	数据类型	
guest_id	自动编号	留言编号
title	文本	留言标题（字段大小100）
body	备注	留言内容
name	文本	留言人姓名（字段大小30）
email	文本	留言人email（字段大小100）
submit_date	日期/时间	留言日期（日期类型）
reback	备注	

图 8-8 留言板的表结构

（2）首页 index.asp：显示一个添加留言的表单和所有留言。
（3）添加留言 add.asp：用户在表单中输入留言内容，提交到本页面，实现添加留言。
（4）删除留言 delete.asp：单击首页中的删除链接，可打开本页面。
（5）数据库连接文件 conn.asp。

2. 留言板的实现

【例 8-7】 留言板首页（index.asp）如图 8-9 所示

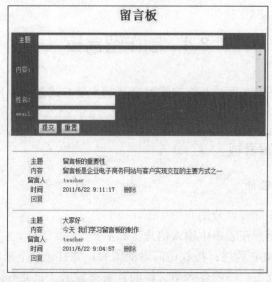

图 8-9 留言板首页显示效果

分析：该页面结构比较简单，分为两部分，一是添加留言的表单，填写留言表单完毕后，单击【提交】按钮，提交到 add.asp 中去处理，处理完毕后再引导回显示留言页面 index.asp；二是显示已有留言。

index.asp 程序代码如下：

```
<!-- #include file="conn.asp" --><html><body>
<form id="form1" name="form1" method="post" action="add.asp">
<table width="500" bgcolor="#006666" >
<tr> <td width="16%" class="STYLE1">主题</td>
<td width="84%" align="left"> <input type="text" name="txttopic" size="50" /> </td>
</tr><tr><td >内容： </td> <td align="left">
<textarea name="txtcontent" cols="60" rows="5"></textarea></td> </tr>
<tr><td >姓名： </td><td align="left"><input type="text" name="txtname" /></td></tr><tr>
<td >email:</td> <td align="left"><input type="text" name="txtemail" /></td></tr>
<tr><td> </td><td align="left">
          <input type="submit" name="Submit" value="提交" />
```

```
            <input type="reset" name="Submit2" value="重置" />
        <</td></tr></table></form>
<%
    '现在开始显示已有留言
    Dim Sql,rs                                          '声明变量
    Sql="Select guest_id,title,body,name,email,submit_date,reback From guest "
    Sql=Sql & " Order By submit_date desc "
    Set   rs=db.Execute(Sql)                            '返回一个 Recordset 对象
    If Not rs.Bof And Not rs.Eof Then                   '如果有记录，就接着执行
    do while not rs.eof
%>
    <table border="0" bordercolor="#8800FF" width="500" align="center">
    <tr><td colspan=2><hr></td></tr>
    <tr><td width=20%>主题</td><td align="left"><%=rs("title")%></td> </tr>
    <tr><td>内容</td><td align="left"><%=rs("body")%></td></tr>
    <tr><td>留言人</td><td align="left"><a href="mailto:<%=rs("email")%>">
<%=rs("name")%></a></td></tr>
    <tr><td>时间</td>
    <td align="left"><%=rs("submit_date")%>   
<a href="delete.asp?id=<%=rs("guest_id")%>">删除</a></td>
    </tr>
        <tr><td><a href="readd.asp?id=<%=rs("guest_id")%>&title=<%=rs("title")%>">回复</a></td>
<td align= "left"><%=rs("reback")%></td> </tr>
</table>
<%
    rs.MoveNext     '将记录指针移动到下一条记录
    Loop
%>
<%end if %>
</body></html>
```

说明：为突出重点代码，部分代码如样式及客户端验证略去，详细代码请参考本书的案例素材。

【例8-8】 添加留言程序（add.asp）

当浏览者填写留言并提交后，就可以调用程序add.asp，该文件会将留言信息接收并保存到数据库中，最后引导回显示留言页面index.asp。这个程序不涉及页面输出。代码如下：

```
<!-- #include file="conn.asp" -->
    <%
    dim title,body,author,email
    title=request.Form("txttopic")
    body=server.htmlencode(request.form("txtcontent"))
```

```
        body=replace(body,chr(13),"<br>")
        author=request.form("txtname")
        email=request.form("txtemaii")
        dim strsql
        if body<>"" then
        strsql="insert into guest(title,body,name,email,submit_date) values('"&title&"','"&body&"','"&author&"',
'"&email&"',#"&now()&"#)"
        conn.execute(strsql)
        end if
        conn.close
        response.Redirect "index.asp"
%>
```

3. 删除留言的 ASP 程序 delete.asp

因为只有管理员才有权限删除留言，所以在删除语句前加了一个验证表单，如果密码正确则继续删除留言；不正确则输出提示，不执行删除。默认密码为 123，可以根据需要进行修改。本程序在删除成功后会自动转到显示留言页 index.asp。

【例 8-9】 删除留言（delete.asp）

```
<!-- #include file="conn.asp" -->
<html><body>
<%
dim id,strsql
id=request.QueryString("id")
%>
<form action="" method="post"> <p align="center">请输入管理员密码：
   <input type="text" name="password">
   <input type="submit" name="Submit" value="提交">
   <input type="hidden" name="id" value="<%=id%>">
 </form>
<%
if request.form("password")="123" then
    strsql="delete from guest where guest_id="&request.Form("id")
    conn.execute(strsql)
    conn.close
    response.redirect("index.asp")
elseif request.form("password")<>"" then
    response.write "密码错误！"
end if
%>
</body></html>
```

说明：上面的留言板程序没有给出数据库连接文件 conn.asp 和留言回复功能，请大家自己完成。

8.4.2　制作具有分页功能的留言板

如何实现 ADO 存取数据库时的分页显示？分页功能在动态网站制作过程中的应用是非常普遍的。例如很多论坛网站为提高页面的读取速度，一般不会将所有的帖子全部在一页中罗列出来，而是将其分成多页显示，每页显示一定数目的帖子数，如 20 条。这就是数据库查询的分页显示。

前面学习了 Recordset 对象的属性和方法，其中包括分页属性，下面来回顾一下这些重要的分页属性。

（1）PageSize 属性。PageSize 属性是决定 ADO 存取数据库时如何分页显示的关键，使用它可以决定多少记录组成一个逻辑上的"一页"。即设定并建立一个页的大小，从而允许使用 AbsolutePage 属性移到其他逻辑页的第一条记录。

（2）PageCount 属性。使用 PageCount 属性，决定 Recordset 对象包括多少"页"的数据。这里的"页"是数据记录的集合，大小等于 PageSize 属性的设定，即使最后一页的记录数比 PageSize 的值少，最后一页也算是 PageCount 的一页。必须注意，并非所有的数据提供者都支持此项属性。

（3）AbsolutePage 属性。AbsolutePage 属性设定当前记录的位置是位于哪一页的页数编号。使用 PageSize 属性将 Recordset 对象分割为逻辑上的页数，每一页的记录数为 PageSize（除了最后一页可能会有少于 PageSize 的记录数）。

（4）AbsolutePosition 属性。若需要确定目前指针在 RecordSet 中的位置，可以用 AbsolutePosition 属性。该属性的数值为目前指针相对于第一条记录的位置。

（5）RecordCount 属性。我们常用 RecordCount 属性来找出一个 Recordset 对象包括多少条记录。

在了解了 Recordset 对象的以上属性和方法后，接下来考虑如何运用它们来改写留言板程序，使得留言板能实现自动地分页显示。

【例 8-10】　分页显示留言程序

```
<%
'现在开始显示已有留言
Dim Sql,rs                                                        '声明变量
Sql="Select guest_id,title,body,name,email,submit_date,reback From guest "
Sql=Sql & " Order By submit_date desc,guest_id desc"   '这里用了两个字段排序
set rs=server.CreateObject("adodb.recordset")
rs.open Sql,conn,1,3                                      '返回一个 Recordset 对象
If Not rs.Bof And Not rs.Eof Then                         '如果有记录，就接着执行
'下面一段判断当前显示第几页
```

```
    dim page_no
    if request.QueryString("page_no")<>"" then
       page_no=cint(request.QueryString("page_no"))          '如选择了页码，就令其为指定页码
    else
       page_no=1                                              '如是第一次打开，为1
    end if
    rs.pagesize=5                                             '每页显示多少条
    rs.absolutepage=page_no                                   '设置当前显示第几页
    dim i
    i=rs.pagesize                                             '该变量用来控制显示当前页记录
    do while not rs.eof and i>0                               '循环直到当前页结束或记录集结尾
    i=i-1
    %>
    <table border="0" bordercolor="#8800FF" width="500" align="center">
    <tr><td colspan=2><hr></td></tr>
    <tr><td width=20%>主题</td><td align="left"><%=rs("title")%></td></tr>
    <tr><td>内容</td><td align="left"><%=rs("body")%></td></tr>
    <tr><td>留言人</td>
<td align="left"><a href="mailto:<%=rs("email")%>"><%=rs("name")%></a></td>
    </tr><tr><td>时间</td>
<td align="left"><%=rs("submit_date")%>   
<a href="delete.asp?id=<%=rs("guest_id")%>">删除</a></td>
    </tr>
    <tr><td><a href="readd.asp?id=<%=rs("guest_id")%>&title=<%=rs("title")%>">回复</a></td>
<td align="left"><%=rs("reback")%></td> </tr>
</table>
      <% rs.MoveNext                                          '将记录指针移动到下一条记录
      Loop
      for i=1 to rs.pagecount          '显示页数信息，从1到总页数，如不是当前页，就加上链接
      if i<>page_no then
      response.write "<a href='index.asp?page_no="&i&"'>"&i&" </a>"
      else
      response.Write i&" "         '如是当前页，就不加超链接
      end if
      next
   %>
<%end if %>
```

8.5 实现一个带有后台的新闻发布系统

8.3 节开发了一个企业网站的新闻发布系统程序，但这个系统并不完善，仍存在很多

问题。

问题一：企业网站前台的新闻首页是给客户浏览用的，不应该具备管理功能，如新闻的添加、删除以及更新，这些功能在 8.3 节中都集中在了企业新闻的首页。

问题二：该企业新闻系统没有后台，但实际上，添加、删除以及新闻的更新等功能都应该放在网站的后台由专门的管理员来维护。因此，要为前面的系统加一个后台入口，只有具有权限的用户才能登录后台。

问题三：企业新闻的添加与更新都要用到编辑器，在前面的程序中是通过一个多行文本域来实现编辑器的，不具备基本的排版功能以及图片的上传等功能，与真正的商业网站相去甚远。

1. 企业新闻系统设计

本节将在 8.3 节的基础上，实现一个带有后台的企业新闻系统。通过后台的入口口令验证来保证只有管理员才能登录；通过后台实现企业新闻的管理；通过借助 eWebEditor 在线 HTML 编辑器让网站的后台强大起来，实现更加方便、高效的管理。

（1）数据库设计。详见本书 8.3 节。

（2）功能设计。网站系统由前台和后台两部分构成。

- 前台部分：首页上显示企业新闻，单击各新闻的标题可以查看详细信息（包括新闻的内容、发布时间等），如图 8-10 所示。

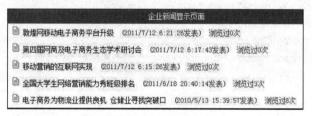

图 8-10　前台新闻显示页面

- 后台部分：通过登录页面和一个密码验证页面进入后台新闻管理页面，后台的每一个页面都要加入一个登录验证，避免没有登录的非法用户直接在浏览器地址栏中输入后台网页文件的网址进而打开后台的网页页面。新闻管理页面提供【添加新闻】【修改新闻】【删除新闻】的功能，编辑器采用在线编辑器 eWebEditor。

（3）目录结构设计（如表 8-4 所示）。

表 8-4　目录结构设计

根　目　录	说　　　明
Admin 文件夹	后台文件夹，包含 login.asp（后台登录页面）、manage.asp（后台管理页面）、addnews.asp（添加新闻页面）、save.asp（保存新闻）、del.asp（删除新闻）、edit.asp（编辑新闻）、cklogin.asp（密码验证）、loginout.asp（退出后台）、conn.asp（数据库连接）、ewebeditor 文件夹（在线编辑器）

续表

根目录	说明
Data 文件夹	存放 Ecnews.mdb 数据库文件
Images 文件夹	存放图片文件
Conn.asp	数据库连接文件
Index.asp	新闻首页
Show.asp	显示新闻详细内容页面
Foot.asp	版权信息

2. 前台功能实现

由于前台页面去掉了管理功能，只保留了新闻标题的显示，所以这里的 index.asp 代码基本与例 8-1 相同，这里不再赘述。

3. 后台功能实现

（1）登录页面。后台登录页面主要由一个表单组成，这里把样式和表格布局的一些代码略去，其核心代码如下。

【例 8-11】 登录页面（login.asp）

```
<form name="form1" method="post" action="cklogin.asp">
    <input name="username" type="text" id="username">
    <input name="password" type="password" id="password">
    <input type="submit" name="Submit" value="确定进入">
    <input type="reset" name="Submit2" value="重新输入">
</form>
```

运行结果如图 8-11 所示。

图 8-11 后台登录入口

（2）密码验证页。密码验证即是验证用户提交的用户名、密码等信息是否正确。如果正确，允许其进入后台，访问后台的其他页面；如果不正确，则提示其密码错误，并回到登录页面进行重新输入。

【例 8-12】 密码验证 cklogin.asp

```
<%
name=trim(request.Form("username"))
pass=trim(request.form("password"))
```

```
if name="" or pass="" then
    response.write "<script language=javascript>
    alert('对不起未输入,请返回');history.go(-1)</script>"
end if
if name="admin" and pass="admin" then
    session("dzsw")="yes"             '通过验证，给 session("dzsw")赋值
    response.redirect "manage.asp"
else
    response.write "<script language=javascript>alert('对不起，密码输入错误');
    history.back(-1)</script>"
end if
%>
```

说明：上面的密码验证如通过，则记录 session("dzsw")的值，然后后台其他页面就可以通过判断该 session 变量是否为空来断定其是否进行了登录。在例 8-11 中，用户名和密码被固定为 admin，主要是为了简化程序、突出重点。事实上，更常用的做法是将用户名和密码保存在数据库中，在验证页面将用户登录时提交的用户名和密码与数据库中保存的记录进行比较。

（3）后台管理页面。用户从后台登录后，进入后台管理页面，如图 8-12 所示。

图 8-12　后台管理页面

【例 8-13】　后台管理（manage.asp）

```
<!--#include file="conn.asp"-->
<%
dim guanli
guanli=session("dzsw")
if guanli="" then
response.redirect "login.asp"
end if
%>
<%
sql="select * from tbnews order by id desc"
set rs=db.execute(sql)
```

```
%>
<html><head>
<meta http-equiv="Content-Type" content="text/html; charset=gb2312">
<title>企业新闻系统管理页面</title>
<style type="text/css">
table {
    font-size: 9pt;
    text-decoration: none;
    border: 1px solid #000000;
    }
a {
    font-size: 9pt;
    color: #000000;
    text-decoration: none;
    }
</style></head>
<body>
<p align="center"><font color="#FFFFFF"><a href="add.asp"> 添 加 新 闻 </a> </font><a href="loginout.asp">退出管理</a></p>
<table width="666" border="0" align="center" cellpadding="5" cellspacing="0">
  <tr align="center" bgcolor="#006699">
    <td colspan="5"><font color="#FFFFFF">新 闻 管 理 页 面</font></td>
  </tr>
  <tr align="center">
    <td width="80"><font color="#FF0000">新闻 ID</font></td>
    <td width="266"><font color="#FF0000">新闻标题</font></td>
    <td width="143"><font color="#FF0000">录入时间</font></td>
    <td width="62"><font color="#FF0000">编辑</font></td>
    <td width="63"><font color="#FF0000">删除</font></td>
  </tr>
  <%do while not rs.eof%> <tr>
    <td align="center"><%=rs("id")%></td>
<td><a href=../show.asp?id=<%=rs("id")%> target="_blank"><%=rs("title")%></a>
</td> <td><%=rs("addtime")%></td>
<td align="center"><a href=edit.asp?id=<%=rs("id")%>>编辑</a></td>
<td align="center"><a href=del.asp?id=<%=rs("id")%>>删除</a></td> </tr>
<%
rs.movenext
loop
%>
</table><br><!--#include file="../foot.asp"-->
</body></html>
```

说明：从功能上来讲，后台管理页面与 8.3 节中重新改写后的 index.asp 基本相同。不同之处是例 8-13 加了密码验证，多出两个超链接。

（4）后台在线编辑器的完善。后台管理页面中涉及了新闻的添加、删除和更新。其中，添加和更新都要用到编辑器。在例 8-2 中，编辑器是通过一个多行文本域来完成的，显然，它的功能太简单了。下面考虑如何用在线编辑器 eWebEditor 来改进多行文本域，如图 8-13 所示。

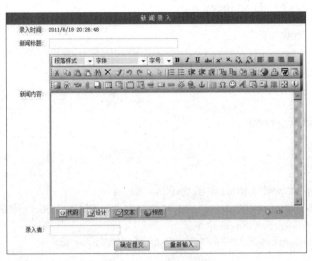

图 8-13　在线编辑器

首先介绍 eWebEditor 的特点。

- eWebEditor 是基于浏览器的、所见即所得的在线 HTML 编辑器。它能够在网页上实现许多桌面编辑软件（如 Word）所具有的强大可视编辑功能。Web 开发人员可以用它把传统的多行文本输入框<TEXTAREA>替换为可视化的富文本输入框，使最终用户可以可视化地发布 HTML 格式的网页内容。
- 调用简单：简单到只要一行代码即可完成 eWebEditor 的调用。
- 上传文件（包括图片）更加方便：内附文件上传功能。

接下来下载 eWebEditor 编辑器（免费版或试用版），将其文件夹放到后台管理文件夹 admin 中。然后修改后台页面，这里以添加新闻页面（例 8-2）addnews.asp 代码为例。在 addnews.asp 代码中找到下面这一行：

```
<textarea name="content" cols="50" rows="8" id="content">
```

将其改为：

```
<textarea name="content" style="display:none"></textarea>
```

其中"style="display:none""决定了这个文本域是隐藏的，是不可见的。

然后，调用 eWebEditor。在 textarea 域的后面只需加入一行代码：

```
<iframe id="eWebEditor1" src="ewebeditor\ewebeditor.htm?id=content" frameborder="0" scrolling="no" width="500" height="350"></iframe>
```

其中，"src="ewebeditor\ewebeditor.htm?id=content""中"id="后面的参数必须和 textarea 域的 name 属性的值一致。

【例8-14】 修改后的 addnews.asp 代码

```
<!--#include file="conn.asp"-->
<%
dim guanli
guanli=session("dzsw")
if guanli="" then
response.redirect "login.asp"
end if
%>
<html><body>
<form name="form1" method="post" action="save.asp">
<table width="650" border="0" align="center" cellpadding="5" cellspacing="0">
<tr align="center" bgcolor="#006699">
<td colspan="2"><font color="#FFFFFF">新 闻 录 入</font></td>
</tr>
<tr align="center" bgcolor="#FFFFFF">
<td align="right">录入时间:</td> <td align="left"><%=now()%></td></tr>
<tr align="center" bgcolor="#FFFFFF"><td align="right">新闻标题:</td>
<td align="left"><input name="title" type="text" id="title" size="38"></td> </tr>
<tr> <td width="104" align="right">新闻内容:</td>
<td width="374" rowspan="2">
<textarea name="content" cols="50" rows="8" id="content" style="display:none">
</textarea>
<iframe id="eWebEditor4" src="eWebeditor\ewebeditor.htm?id=content" frameborder="0" scrolling="no" width="550" height="350"></iframe>
</td></tr> <tr> <td align="right"> </td> </tr>
<tr> <td align="right">录入者:</td>
<td><input name="name" type="text" id="name"></td></tr>
<tr align="center" valign="top">
<td colspan="2"><input type="submit" name="Submit" value="确定提交">  
<input type="submit" name="Submit2" value="重新输入"></td>
</tr></table></form>
</body>
</html>
```

说明：后台的新闻更新也要用到在线编辑器，使用方法与例 8-13 类似，程序由大家自己完善。

至此，一个简单的带有后台的企业新闻系统基本完成。"麻雀虽小，五脏俱全"，尽管这个系统比较小，但通过剖析加上亲自动手实践，可以掌握很多电子商务网站开发的方法和技巧。

思考与练习

一、简答题

1. 简述利用 ASP 存取 Web 数据库的常用流程。
2. 分别写出连接 Access 数据库和 SQL Server 数据库的几种方式。
3. Connection 对象的 Execute 方法返回的记录集与显式明确建立的 Recordset 对象有什么不同？
4. 简述留言板分页的步骤。

二、选择题

1. 如果一个记录集为空，那么 Bof、Eof 属性的值分别是（   ）。
   A．True、False   B．False、True   C．True、True   D．False、False
2. 下面（   ）语句打开的记录集可以前后移动指针，并且可读可写。
   A．rs.Open strSql,conn   B．rs.Open strSql,conn,1,3
   C．rs.Open strSql,conn,,2   D．rs.Open strSql,conn,1
3. 如果希望打开的数据库是只读的，需要设置 Connection 对象的（   ）属性。
   A．Provider   B．Mode   C．ReadOnly   D．ConnectionString
4. 要获得当前记录在记录集中位于哪一页的属性是（   ）。
   A．Absolutepage   B．Recno   C．AbsolutePosition   D．RecordCount
5. 在分页显示时，用于指定每页记录数的属性是（   ）。
   A．PageSize   B．PageCount   C．CacheSize   D．MaxRecords

技能实训

一、实训目的

1. 通过实训，掌握使用 Connection 对象的 Execute 方法存取数据库与使用 Recordset 对象存取数据库两种方法。
2. 掌握具有分页功能的留言板的制作方法。

3. 掌握带有后台的新闻系统的制作方法。

二、实训内容

1. 制作简易留言板,数据库同例 8-7。按以下步骤完善留言板功能。

（1）制作最简单的留言板首页,其中包括一个表单,提交后能添加留言即可。表单下面显示留言。

（2）在上面的留言板中,输入多行留言,观察显示留言时能实现换行功能吗？如不能,如何改进？留言中输入的 HTML 标记能正确显示吗？如不能,如何改进？

（3）能否将上面的数据库链接文件独立出来,然后在其他文件中用 include 命令包含进来。

（4）如果要求留言主题、内容和姓名不能为空,如何实现客户端的 JavaScript 验证？即如果为空,给出提示,并返回重新输入。

（5）为上面的留言板添加删除功能,且删除时要求输入密码。如何实现删除指定的某条留言,即参数 ID 如何传递？

（6）如何利用样式修饰留言板的页面？

（7）实现管理员回复功能,即输入密码可回复客户留言。提示：在数据库中加一个回复字段,如 reback 等。

（8）实现分页功能。利用 Connection 的 execute 方法得到的记录集能进行分页吗？利用 Recordset 对象的分页属性实现留言板分页。

（9）实现另一种分页形式,如[第一页][下一页][上一页][最后一页]。

2. 仿本书 8.5 节中的例题,将 8.3 节中制作的企业新闻系统修改为带有后台的企业新闻系统。

要求：

（1）将后台的编辑器改为 eWebEditor 在线编辑器。

（2）进入后台进行登录,后台的每一个页面要进行口令验证。

（3）分别对发布的不同文字、图片等信息进行测试。

第 9 章 电子商务网站设计与开发实例

【学习目标】
① 能开发简单的 ASP 动态综合网站。
② 掌握电子商务网站的规划、分析和设计思想。
③ 熟悉网站主要功能模块程序的算法。

通过前面几章的介绍,我们已经掌握了静态网站设计和动态网站设计的基本要点,但由于各章节内容相对比较零散,还不能将学到的方法和技能灵活运用于一个实用的电子商务网站的设计和开发。本章将综合利用前面所学知识,首先学习制作一个具有网上购物功能的电子商务网站——网上书店,然后介绍一下利用 CMS 快速搭建网站平台的方法。

9.1 网站需求定位与功能模块划分

1. 需求分析

首先,我们需要为网上书店做一个简单的需求分析。

网上书店网站的核心功能是提供图书的在线零售业务。对于用户来说,最基本的需求是可以方便地在线浏览网上书店中提供的各种图书,也可以在线订购所需要的图书。而管理员的基本需求是可以维护客户注册信息、维护图书信息、处理订单信息、维护系统公告、网上售书。

2. 功能模块划分

综合以上需求,确定网站的功能如下。

功能一:用户浏览图书,查看图书详细介绍。还可以进行用户注册,需要填写用户名、密码、确认密码、地址、邮编、邮箱等用户信息。

功能二:用户登录功能。使用已经注册过的用户名和密码进行登录,经过系统确认正确后,即可进入下一步操作。

功能三:将图书进行分类,用户可以根据图书类型浏览图书。

功能四:浏览搜索图书功能。用户可以通过输入想要找的图书的关键字进行查询,然后从若干本书中进行浏览,挑选出自己想要的图书。

功能五:购物车功能。用户在浏览网页和查找图书的过程中,如果选中某一本书,就可以随时将它添加到自己的购物车中。在购物车中,还可以修改数量和删除图书,并且能计算出用户购买图书的实际价格，让用户明白自己的消费情况。

功能六：结账功能。当用户将挑选好的图书放到购物车，并决定要购买这些图书时，可以结账，生成订单及订单号，此时必须判断当前用户是否登录，如果未登录，要先登录。

功能七：排序功能。该功能是将网站上的所有图书按照销售量进行排序显示，并将网站上的所有图书按照上传日期进行排序再显示。

功能八：书店网站管理员对图书进行分类管理功能。该功能包括添加图书、修改图书、删除图书、添加图书类型、修改图书类型、删除图书类型并且显示出所有的图书类型和图书信息（如书号、名称等）。

功能九：书店网站管理员对网站的用户进行管理。该功能是指管理员可以维护客户注册信息、图书信息以及系统公告，同时，还可以将一些使用不规范的用户或者长期不用的用户进行删除。

3. 网站架构

从结构上来讲，可将上面的功能分为两大部分，一是面向用户的前台，二是面向管理员的后台。网上书店架构如图9-1所示。

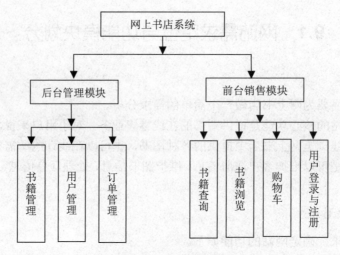

图9-1　网上书店架构

9.2　数据库设计

数据库是整个网站的基础，因此必须在数据库设计好以后，才能完成其他模块的实施。

1. 用户信息表（表名：users）

用户信息表用来存放用户的注册信息，表结构如图9-2所示。

users：表

字段名称	数据类型	
UserID	文本	用户名
UserType	文本	用户类型：A表示管理员 N 表示普通客户
Password	文本	密码
RealName	文本	真实姓名
Address	文本	通讯地址
Postalcode	文本	邮政编码
Sex	文本	性别
Tel	文本	电话
Email	文本	电子信箱
QQ	文本	QQ号码
Intro	备注	简介
SubmitDate	日期/时间	注册日期
TotalNum	数字	总购买数量
TotalMoney	货币	总购买金额

图 9-2　users 表结构

2. 图书信息表（表名：book）

图书信息表用来存放图书的信息，表结构如图 9-3 所示。

3. 图书类型表（表名：kind）

图书类型表用来存放图书的类型，表结构如图 9-4 所示。

book：表

字段名称	数据类型	
BookId	自动编号	图书编号
BookName	文本	名称
BookAuthor	文本	作者
BookPrice	数字	价格
BookNum	数字	进书数量
Picture	OLE 对象	图书封面图片，直接保存在数据库中
BookIntro	备注	图书简介
BookIndex	备注	图书目录
KindId	数字	类别编号，与kind中的id字段对应
SubmitDate	日期/时间	上架日期

图 9-3　book 表结构

kind：表

字段名称	数据类型	
KindId	自动编号	图书类别编号
KindName	文本	图书类别名称

图 9-4　kind 表结构

4. 订单表（表名：orders）

订单表用来存放用户的订单信息，表结构如图 9-5 所示。

5. 订单详细信息表（表名：orders_particular）

订单详细信息表用来存放订单的详细信息，表结构如图 9-6 所示。

orders：表

字段名称	数据类型	
OrderId	自动编号	订单编号
UserId	文本	用户名
TotalNum	数字	该订单图书数量
TotalMoney	货币	该订单图书总金额
SubmitDate	日期/时间	购买日期
Consign	是/否	是否发货，发货为True，否则为False
ConsignDate	日期/时间	发货日期

图 9-5　orders 表结构

orders_particular：表

字段名称	数据类型	
BookId	数字	图书编号，对应book表中的BookId字段
BuyNum	数字	购买数量
OrderId	数字	订单编号，对应orders表中的OrderId字段

图 9-6　orders_particular 表结构

数据库设计完成以后，可以先在各个表中添加一些测试数据，以方便在后面的程序设计过程中使用。

9.3 主要模块设计

1. 用户注册与登录模块

在电子商务网站中，通常提供用户注册与登录模块。当用户第一次访问时，可以注册一个用户名，以后就可以用这个用户名和密码进行登录。新用户注册时需要提供一系列的信息，对于一个电子商务网站来说，这些用户的信息与网站的经营密切相关。作为网站来讲，必须对用户填写的各种信息进行跟踪，因此，保存这些用户的信息显得尤为重要。另一方面，注册与登录功能的实现可以有效地防止恶意用户的非法破坏。

（1）注册页面（reg1.asp、reg2.asp、reg3.asp）。在本例中，新用户在首页单击【注册】按钮，显示本系统的用户注册界面（reg1.asp），输入用户名（要求大于或等于4位，小于20位）、密码与确认密码必须一致。然后，进入用户详细信息注册（reg2.asp），完成后提交到reg3.asp，显示注册成功。

① reg1.asp 显示用户注册界面，如图 9-7 所示。

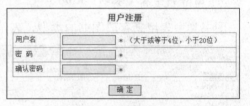

图 9-7 用户注册界面

reg1.asp 的主要代码如下：

```
<!--#include file="../conn.asp"-->
<html><head> <script language="javascript">
        function check_Null(){
            if (document.form1.UserId.value==""){
                alert("用户名不能为空!");
                return false;
            }
            if (document.form1.password.value==""){
                alert("密码不能为空!");
                return false;
            }
            if (document.form1.password.value!=document.form1.password2.value){
                alert("密码和密码确认必须一致!");
                return false;
            }
            return true;
        }
</script></head>
```

```
<body >    <table width="607" border="0" align="center" cellpadding="0" cellspacing="0">
<tr> <td align="center" bgcolor="#FFFFFF">
<h3 align="center"><font color="#AB0000">用户注册</font></h3>
<form    onSubmit="javascript: return check_Null();" action="" method="post">
<table width="80%" border=0 >
<tr ><td width="21%" height="25">用户名</td>
<td width="79%"><input size=15 name="UserId" class="inputbox">
<font color=#990000>* </font>(大于或等于 4 位，小于 20 位)</td></tr>
<tr bgcolor="#FFFFFF"> <td height="25">密  码</td>
<td><input type="password" name="password" >
    <font color=#990000>* </font></td></tr>
<tr bgcolor="#FFFFFF"> <td height="25">确认密码</td>
<td><input type="password" name="password2" >
<font color=#990000>* </font></td></tr></table><br>
<input type=submit value=" 确  定 " name="submit"   >
</form>
<%                                  '各项验证正确无误，则可继续注册，否则返回
if request("UserId")<>"" then       '先检验账号，如果正确，则 exit_flag 为 0，否则为 1
Dim exit_flag,strTemp
exit_flag=0
If len(request("UserId"))<4 or len(request("UserId"))>20 Then
strTemp="<br>用户名必须大于 4 位小于 20 位"
    exit_flag=1
End If
Dim strSql,rs
strSql="Select UserId From Users Where UserId='" & request("UserId") & "'"
set rs=db.execute(strSql)
If not rs.eof and not rs.bof Then
exit_flag=1
strTemp="<br>已有人使用该用户"
End If
IF exit_flag=0 Then                 '表示可以注册
Dim UserId,password
UserId=request("UserId")
password=request("password")
strSql="Insert Into users(UserId,password,UserType) Values('" & UserId & "','" & password & "','N')"
'N 表示是普通用户
db.execute(strSql)
session("UserId")=UserId            '用 session 记住用户名，以备 reg2.asp 使用
response.redirect "reg2.asp"
Else
```

```
response.write "<p><font color='red'>提示：" & strTemp & ",请重新填写</font></p>"
End If
end if%>
```

说明：运行 reg1.asp，在页面中单击【确定】按钮，提交表单。此时，程序要判断 4 件事，一是用户名和密码是否为空？如果为空，要重新输入。这个任务由客户端的 JavaScript 程序来完成。二是要判断两次密码输入是否一致，如果不一致也要返回。这个任务也是由客户端的 JavaScript 程序来完成的。第三是输入的用户名是否满足"大于或等于 4 位，小于 20 位"，这个任务由服务器来判断。第四是检查是否有人使用了该用户名，如已经被人占用，则必须重新输入。以上如果都没有问题，则允许用户注册，将把用户名和密码添加到数据库中，并保存其 session 信息，继续进行下一步注册。

② reg2.asp 用来进行用户的详细信息注册，界面如图 9-8 所示。

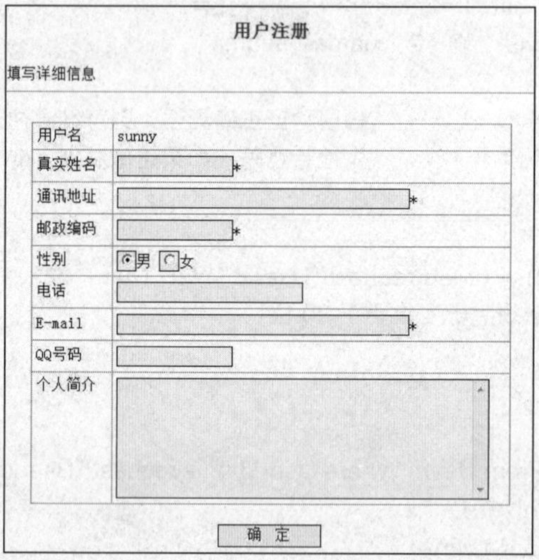

图 9-8 用户详细信息注册

reg2.asp 的主要代码如下（为突出重点，省略了表单显示等代码）：

```
<%
If Request.Form("realname")<>"" And Request.Form("email")<>"" Then
dim UserId,strSql
UserId=session("UserId")                '从 Session 中获取用户名
'下面组织 SQL 语句，因为某些项目允许为空，所以需要进行判断
strSql="Update users Set realname='" & Request.Form("RealName") & "'"
strSql=strSql & ",email='" & Request.Form("email") & "'"
strSql=strSql & ",sex='" & Request.Form("sex") & "'"
strSql=strSql & ",SubmitDate=#" & Date() & "#"
strSql=strSql & ",Address='" & Request.Form("address") & "'"
strSql=strSql & ",postalcode='" & Request.Form("postalcode") & "'"
```

```
        If Request("QQ") <> "" Then
            strSql = strSql & ",QQ='" & Request.Form（"QQ"） & "'"
        End If
If Request("tel") <> "" Then
        strSql = strSql & ",tel='" & Request.Form("tel") & "'"
End If
If Request("intro") <> "" Then
    strSql = strSql & ",intro='" & Request.Form("intro") & "'"
End If
    strSql=strSql & " Where UserId='" & UserId & "'"
    db.Execute(strSql)
    db.close                        '关闭对象
set db=nothing
    Response.Redirect "reg3.asp"
End If
%>
```

说明：为了便于阅读程序，例子中所采用的变量名基本上与数据库的字段名一致，表单域名与字段名相同。

③ reg3.asp 比较简单，主要是显示注册成功等信息，代码参考教材配套案例。

（2）登录页面（login.asp）。在登录页面中，要求用户输入用户名和密码，提交后，在数据库中查找，如果找到了该用户，就表示用户名和密码正确，允许登录，并将其用户名保存到 session 中，重定向到首页 index.asp；如果没有找到，表示用户名或密码错误，提示重新输入。

login.asp 主要代码如下：

```
Dim username,password
username=request.Form("username")
password=request.form("password")
sql="Select * From users Where username='" & username & "' And password='" & password & "'"
    Set rs=db.Execute(sql)
    If Not rs.Bof And Not rs.Eof Then
    '如果有记录，表示有该用户，则将用户名保存到 Session 中，然后重定向到首页 index.asp
Session("username")=rs("username")
response.redirect "index.asp"
    Else
    response.write "对不起，用户名或密码有误，请重新登录"
End If
```

2. 商品展示模块

为了让用户购买图书，必须先提供让其了解图书信息的页面，然后由用户浏览后作出购买的决定，如图 9-9 所示。在首页展示图书信息，如果用户需要分类了解图书信息，要为每个分类都提供相应页面查询。

图 9-9　图书展示页面

（1）图书分类导航。如图 9-9 所示，首页上方显示图书的分类导航。只需依次读取 kind 表中字段 KindName 的值并将其显示出来即可。另外，还要为每一个显示的图书分类名加上超链接，即向 index.asp 传递其相应的 id 值。注意，"首页"本身并不是一个分类，所以可以赋给它一个特殊的 id 值 0。

分类导航的主要代码如下：

```
<a href="index.asp?KindId=0">首页</a>  
    <%  '下面输出类别信息
        Dim rs,strSql
        strSql="Select * From Kind Order By KindId"
        Set rs=db.Execute(strSql)
            Do While Not rs.Eof
            Response.Write "<a href='index.asp?KindId=" & rs("KindId") & "&KindName="
            & rs("KindName") & "'>" & rs("KindName") & "</a>  "
        rs.MoveNext
        Loop %>
```

（2）获取全部展示或分类展示的 id。当用户第一次打开网站或在浏览图书的过程中单击了【首页】超链接，看到的将是图书的全部展示页面。而当用户单击各图书分类超链接时，则是分类展示页面。这里可以通过接收前面的 id 值加以区分，并利用 Session 信息将其保存。具体代码如下：

```
Dim KindId
    If Session("KindId")="" Then
        '表示刚打开本页面，所以令 KindId="0"，表示所有
```

```
            KindId="0"
            Session("KindId")="0"
        Elseif Request.QueryString("KindId")<>"" Then
            '表示用户选择了具体类别
            KindId=Request.QueryString("KindId")
            Session("KindId")=KindId
        Else
            '表示其他情况下返回首页
            KindId=Session("KindId")
        End If
```

（3）获取分页显示的页码。当图书比较多时，通常的做法是进行分页。所以，在展示图书之前，也要获取图书展示页的页码。主要代码如下：

```
'获取数据页码变量
Dim page_no
If Session("page_no")="" Then
    '表示用户刚刚打开页面
    page_no=1
    Session("page_no")=page_no
Elseif Request.QueryString("KindId")<>"" Then
    '表示用户选择了新的类别，应该显示第1页
    page_no=1
    Session("page_no")=page_no
Elseif Request.QueryString("page_no")<>"" Then
    '表示选择了页码，所以显示指定页码
    page_no=Cint(Request.QueryString("page_no"))
    Session("page_no")=page_no
Else
    '其他情况下应该回到原来的页面，所以从 Session 中读取
    page_no=Session("page_no")
End If
```

（4）综合考虑上面的几种情况以后，图书展示的主要代码如下（为了让大家看得更清楚，省略了一些布局上的代码，如表格的标记、属性等。详细的代码可参考配套教材案例）：

```
<%
'下面开始分页显示所有数据
If KindId="0" Then
    strSql="Select * From book Order By Submitdate Desc"
Else
    strSql="Select * From book Where KindId=" & KindId & " Order By Submitdate Desc"
```

```
End If
Set rs=Server.CreateObject("ADODB.Recordset")
rs.Open strSql,db,1                '因为要分页显示，所以用键盘指针
'下面如果非空就显示记录
If Not rs.Bof And Not rs.Eof Then
'以下主要为了分页显示
rs.PageSize=PageSize               '设置每页显示多少条记录，从配置文件中读取
dim page_total
page_total=rs.PageCount            'page_total 会返回总页数
rs.AbsolutePage=page_no            '设置当前显示第几页，这里用到了传过来的 page_no
Dim I
I=PageSize                         'I 用来控制显示当前页记录，注意这里要与 rs.PageSize 一致
Do While Not rs.Eof And I>0        '循环直到当前页结束或记录集结尾
I=I-1                              '每显示一条，I 减 1。当变成 0 时，表示本页结束
%>
<a href="particular.asp?BookId=<%=rs("BookId")%>">
<img src="showimage.asp?BookId=<%=rs("BookId")%>"></a>
        名称：<%=rs("bookName")%>
        <br>作者：<%=rs("bookAuthor")%>
        <br>价格：<%=rs("bookPrice")%>元
<p><a href="particular.asp?BookId=<%=rs("BookId")%>" >详细信息</a> 
<a href="#"  onClick="open('buybook.asp?BookId=<%=rs("BookId")%>','购物车','resizable=0, scrollbars=1, status=no,toolbar=no,location=no,menu=no,width=660,height=400,left=100,top=100')">
<img border="0" src="images/buy.gif"></a>
<% rs.movenext
loop
End If%>
<%
'以下语句依次写出各页页码，并对非当前页设置超链接，当前页则不设置
Response.Write "<p align='center'><b><font color='#CC0066'>" & page_no & "/" & page_total &
"</b> </font>页 "
For I=1 To page_total
If I=page_no Then
Response.Write I & " "
Else
Response.Write "<a href='index.asp?page_no=" & I & "'>" & I & "</a> "
End If
Next %>
```

3. 购物车模块

电子商务站点的核心就是购物车。用户在这个站点内下订单，只要选择各种自己需求的商品，并将它们添加到自己的购物车内即可，就像在超市购物一样。当然，还可以随时

查看购买商品数量、商品单价和总金额，有权将商品从车中取出，或者将车推往前台结账。购物车如图 9-10 所示。

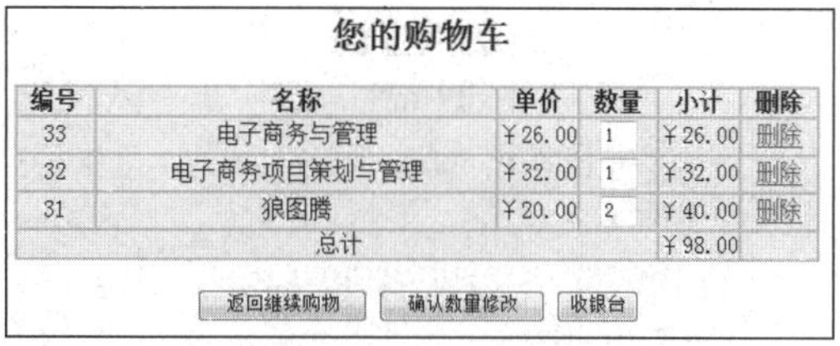

您的购物车

编号	名称	单价	数量	小计	删除
33	电子商务与管理	￥26.00	1	￥26.00	删除
32	电子商务项目策划与管理	￥32.00	1	￥32.00	删除
31	狼图腾	￥20.00	2	￥40.00	删除
总计				￥98.00	

返回继续购物　确认数量修改　收银台

图 9-10　购物车

先来想一下购物车的大体情况。

每个人进入书店后，就会被分配一个购物车，他可以往里添加图书，也可从中删除图书。那么，用什么来保存这些图书信息呢？显然，一个普通变量是不能胜任的。因为购物车里面可能是一本书，也可能是多本书（可以看成是一个列表），而且，每本书的数量可能是不一样的。问题的关键是这个列表是变动的，所以处理这种变动的列表一般就是第 6 章学到的变长数组，并且还要将变长数组保存在 Session 变量中。

具体实现起来有很多方法，这里采用两个一维数组 Books 和 BooksNum 来分别保存图书编号和购买数量。

当用户买第一本书时，就分别建立两个长度为 1 的数组，并将图书编号和购买数量分别保存到两个数组中，然后将它们保存到 Session 中。如果用户又选择了另外一本书，就从 Session 中读取两个数组，并利用 Redim 重新定义数组，将它们的长度加 1，然后将该书编号和数量分别保存在每个数组的最后一项中，最后重新存回 Session 中。

如果用户又要购买购物车已经存在的图书，从 Session 中读取数组，然后在 Books 数组中找到这个图书的编号，并根据这一项的下标找到 BooksNum 对应的数组项，将其中的数量加 1。最后仍将数组保存回 Session。

下面是与购物车相关的几个重要函数和子程序的代码。

（1）BookExist 函数

作用：判断某一本书是否在购物车中已经存在，如存在，则返回对应的数组下标；否则返回-1。

```
Function BookExist(BookId)
    Dim Books
    Books=Session("Books")
    '如果条件成立，表示不是数组，说明其中根本没有书，直接返回值，退出函数即可
    If IsArray(Books)=False Then
        BookExist=-1
        Exit Function
    End If
    Dim numTemp,subScript
    subScript=-1                        '用于获得对应于该书的下标
    numTemp=Ubound(Books)               '获得数组的最大下标，也就是长度
    Dim I
```

```
        For I=0 To numTemp
            If Books(I)=BookId Then            '存在相同的书号，返回数组的下标值
                subScript=I
                Exit For
            End If
        Next
        BookExist=subScript
End Function
```

（2）AddBook 子程序

作用：用来向购物车中添加图书。

```
Sub AddBook(BookId,BookNum)
    '首先返回两个数组
    Dim Books,BooksNum
    Books=Session("Books")
    BooksNum=Session("BooksNum")
    '调用函数返回该书在已有数组中的编号，如果尚不存在，则返回-1
    Dim subScript
    subScript=BookExist(BookId)
    '下面根据各种情况判断
    If IsArray(Books)=False Then
        '不是数组，说明其中还没有任何书，这是添加的第一本
        ReDim Books(0)
        Redim BooksNum(0)
        Books(0)=BookId
        BooksNum(0)=BookNum
    ElseIf subScript<>-1 Then
        '表示该书已经在购物车中，只要修改添加数量即可
        BooksNum(subScript) = BookNum + BooksNum(subScript)
    Else
        '表示购物车有书，但是该书不存在，重新定义数组长度，添加到后面即可
        Dim numTemp
        numTemp=Ubound(Books)
        Redim Preserve Books(numTemp+1)           '重新定义数组
        Redim Preserve BooksNum(numTemp+1)        '重新定义数组
        Books(numTemp+1)=BookId
        BooksNum(numTemp+1)=BookNum
    End If
    '最后将新的购物车数组保存到 Session 中
    Session("Books")=Books
    Session("BooksNum")=BooksNum
End Sub
```

（3）DelBook 子程序

作用：用来在购物车中删除一件货物。

```
Sub DelBook(BookId)
    '返回两个数组
    Dim Books,BooksNum
    Books=Session("Books")
    BooksNum=Session("BooksNum")
    '首先调用函数找到该书编号在数组中的下标
    Dim subScript
    subScript=BookExist(BookId)
    '返回数组的长度
    Dim numTemp
    numTemp=Ubound(Books)
    If numTemp=0 Then
        '表示就一本书，直接清空数组即可
        Session("Books")=""
        Session("BooksNum")=""
    Else
        '表示有若干本书，将该书以后的图书往前移动一位即可
        Dim I
        For I=subScript To numTemp-1
            Books(I)=Books(I+1)
            BooksNum(I)=BooksNum(I+1)
        Next
        Redim Preserve Books(numTemp-1)              '重新定义数组
        Redim Preserve BooksNum(numTemp-1)           '重新定义数组
        '最后将新的购物车数组保存到 Session 中
        Session("Book UpdateBook s")=Books
        Session("BooksNum")=BooksNum
    End If
End Sub
```

（4）UpdateBook 子程序

作用：用来更改购物车中的货物数量。

```
Sub UpdateBook(BookId,BookNum)
    '返回两个数组
    Dim Books,BooksNum
    Books=Session("Books")
    BooksNum=Session("BooksNum")
    '首先找到该书编号在数组中的下标
    Dim subScript
```

```
        subScript=BookExist(BookId)
        '下面分两种情况修改数量
        If subScript<>-1 And BookNum>0 Then
            '表示该书存在,且数量不为 0,直接修改数量即可
            BooksNum(subScript)=BookNum
            '最后将新的购物车数组保存到 Session 中
            Session("Books")=Books
            Session("BooksNum")=BooksNum
        Elseif subScript<>-1 And BookNum<=0 Then
            '表示该书存在,但是数量为 0 或负数,直接调用函数删除即可
            Call DelBook(BookId)
        End If
End Sub
```

4. 结账

当顾客选购图书完毕,接下来的流程就是带着购物车去收银台结账。传统书店的收银员结账就是把你的购物车中的商品一件一件拿出来,计算每种商品的数量及累加的总金额,然后一手交钱一手交货即可。但是,作为网站来讲就不能这样了,通常是记录你的购物的详细信息(看作一笔订单),当你通过某种支付方式付款得到确认以后,再组织货物通过物流送到你的手中。

基于以上考虑,结账的流程可以做如下处理。

- 由于前面网站提供了用户注册的功能,所以不必再让用户结账时重复这个工作,只要在结账之前要求用户登录即可获取用户的详细信息。
- 从 Session 中读取购物的详细信息,计算购买图书的总数量和总金额。
- 在订单表 orders 中添加一条记录,即产生一笔订单。
- 添加订单后,立即返回刚才的订单编号值(orderid)。
- 在订单详细表 order_particular 中添加此次购物的详细信息。

结账过程中用到的主要函数是 CheckOut。

作用:产生本次订单,并记录明细情况,最后返回订单号码。

```
Function CheckOut()
    Dim Books,BooksNum,numTemp
    Books=Session("Books")
    BooksNum=Session("BooksNum")
    '表示根本没有买书,不必结算
    If IsArray(Books)=False Then
        Exit Function
    End If
    '首先添加一个订单,这里要调用求总数量和总金额的函数
```

```
    Dim rs,rs2,strSql
    strSql="Insert Into orders(UserId,TotalNum,TotalMoney,SubmitDate) Values('" & Session
("UserId") & "'," & GetTotalNum() & "," & GetTotalMoney() & ",#" & Now() & "#)"
    db.Execute(strSql)
    '马上返回本次的订单编号
    Dim OrderId
    strSql="Select Top 1 OrderId From orders Where UserId='" & Session("UserId") & "' Order By
OrderId Desc"
    Set rs=db.Execute(strSql)
    OrderId=rs("OrderId")
    '下面再依次将每一项添加到明细表 Orders_particular 中，这里使用了 RecordSet 对象添加
    '当然也可以不用 Recordset 对象，循环执行多条 Insert 语句也可以
    Set rs=Server.CreateObject("Adodb.recordset")
    rs.open "Select * From Orders_particular",db,0,2
    numTemp=Ubound(Books)
    For I=0 To numTemp
        rs.Addnew
        rs("OrderId")=OrderId
        rs("BookId")=Books(I)
        rs("BuyNum")=BooksNum(I)
        rs.Update
    Next
    rs.Close
    '结账完毕，可以将数组清空
    Session("Books")=""
    Session("BooksNum")=""
    '返回订单号
    CheckOut=OrderId
End Function
%>
```

5．图书管理和用户管理模块

图书管理模块负责管理系统中所有的图书信息。主要功能包括图书的分类管理及图书添加、删除、修改等。只有管理员才具有对图书信息进行维护的权利。商品管理是网上书店系统的核心，网上书店对图书价格的调整以及新书的添加等都将在这部分完成。

如图 9-11 所示为图书的添加页面。

用户管理模块负责管理所有网上书店的用户信息。主要功能包括添加、删除、修改以及查找用户信息。每个用户的购买数量、购买金额、购买种类等数据可以用来分析用户消费习惯，对于电子商务网站的运营水平，为用户提供更好的个性化服务有很大的帮助。

由于两个模块功能的实现与第 8 章中的企业新闻管理的模块很类似，这里不再给出程

序代码，详细内容可参考配套教材案例。

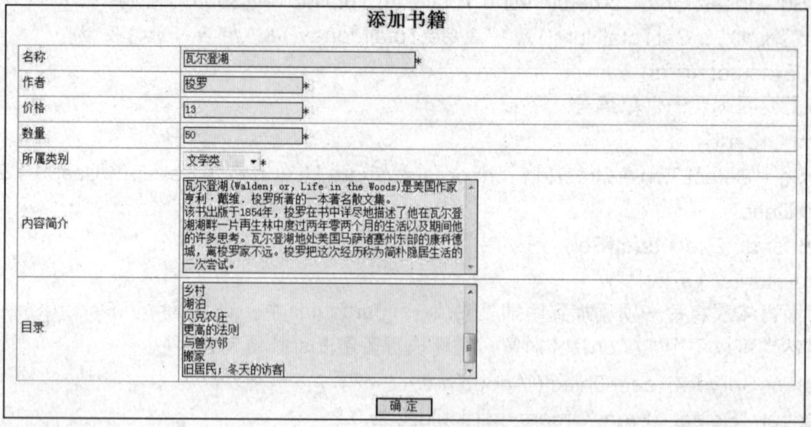

图 9-11　图书的添加页面

9.4　利用 CMS 搭建网站实例

9.4.1　CMS 简介

1. 什么是 CMS

企业网站建设可以选择定制建站，也可以利用 CMS 建站。

定制开发，是根据客户的行业性质、产品特性、业务服务来选择实用的功能进行开发，源程序也是由技术人员独立设计编写，优点是网站风格与个性鲜明，与其他网站不会同质化，因此对搜索引擎也更友好。但网站开发周期相对较长，对技术人员要求较高。

CMS 是 Content Management System 的缩写，意为"内容管理系统"。是用各类型语言如 ASP、.NET、PHP 等开发的，用来管理网站的程序系统。利用 CMS 系统可以快速进行网站搭建、栏目创建、新闻发布、产品更新等内容，从而加快网站开发的速度，减少开发的成本。

2. 为什么要用 CMS 建站

CMS 可以说是一个半成品的网站，就是一个网站框架，它基于模板的优秀设计，可以加快网站开发的速度和减少开发的成本。从一般的博客程序，新闻发布程序，到综合性的网站管理程序都可以被称为 CMS，用它建站可以加快网站开发的速度。

3. CMS 系统选择

CMS 可以用来创建各行各业的网站。企业站、个人网站、教育培训、保险业、餐饮、房地产、服务行业、旅游业、政府机关、BBS 和 BLOG 等可以说是无所不能，只要找到相应的 CMS 就可以实现快速建站。而 CMS 系统有很多，我们应根据行业特征和 CMS 特性及其优势进行选择。

（1）网上商城类网站。ShopEx 和 Ecshop 这两款网上商城可以说是国内两个比较不错的产品。ShopEx 是国内市场占有率最高的商城、网店类软件，每个版块可以单独进行编辑和鼠标拖曳移动，使用户制作和维护模板更为简单，灵活性很强。而 Ecshop 适合企业及个人快速构建个性化网上商店，系统是基于 PHP 语言及 MySQL 数据库构架开发的跨平台开源程序。

（2）企业网站。企业网站可选择的 CMS 比较多，需要根据企业的行业特征选择。推荐使用 ASPCMS、5UCMS，也可以选择 PHP 的 YIQIcms，比较简单，融入所有 SEO 因素。

（3）门户网站。推荐程序织梦内容管理系统 DedeCms。DedeCms 是国内最知名的 PHP 开源网站管理系统，更专注于中小型门户的构建，当然也不乏有企业用户和学校等在使用本系统。

（4）个人博客。推荐程序 WordPress（PHP 的程序）和 Zblog（ASP 的程序，比较简单）。WordPress 是当前商业网站的首选 blog 平台，国内使用的人数最多，功能强大，灵活，容易上手，对中文支持好。

（5）论坛。推荐程序 Discuz!。Discuz!是一套通用的社区论坛软件系统，用户可以在不需要任何编程的基础上，通过简单的设置和安装，在互联网上搭建起具备完善功能、很强负载能力和可高度定制的论坛服务。Discuz!无论在稳定性、负载能力、安全保障等方面都居于国内外同类产品领先地位。

值得注意的是，在选择 CMS 系统时，除了考虑系统本身的功能外，还要考虑系统运行的环境是用什么语言开发，是 PHP 还是 ASP；采用的数据库是 Access 还是 MySQL；语言的编码是 utf-8 编码还是 gb2312 等。

常见主流建站 CMS 系统运行环境如图 9-12 所示。

程序名称	运行环境	数据库类型	程序类型
Wordpress	PHP	MYSQL	博客
Z-BLOG	ASP	Access	博客
Discuz	PHP	MYSQL	论坛
PHPWIND	PHP	MYSQL	论坛
DedeCMS	PHP	MYSQL	门户
YiqiCMS	PHP	MYSQL	企业
5uCMS	ASP	Access	企业
74CMS	PHP	MYSQL	人才系统
laoyCMS	ASP	Access	门户
KingCMS	ASP	Access	企业
Zencart	PHP	MYSQL	外贸B2C
Magento	PHP	MYSQL	外贸B2C
Shopex	PHP	MYSQL	内贸网店
ECShop	PHP	MYSQL	内贸网店

主流建站程序运行环境对照表

图 9-12　常见主流建站程序运行环境

9.4.2 利用 CMS 系统建站实例

1. 栏目策划

中航河北某机械股份有限公司始建于 1947 年,是目前国内大型综合性机械产品生产型高新技术企业之一。公司占地 25 万平方米,以机械制造为主导,集研发、制造、贸易、服务于一体,专业生产车用采暖及空气净化系统(汽车加热器、散热器、除霜器等)、流量计量仪表、泵阀产品和铸件等。产品远销欧、美、日、韩等多个国家及地区。受世界经济增长放缓的影响,国内部分生产同类型产品的企业倒闭,宏业部分产品销售也出现不畅。面对此逆境,企业不是在生产和管理上降低成本就是开拓新的市场,电子商务也被企业提到运营层面来。原有企业网站长时间没有更新和维护,核心关键词在搜索引擎中排名也不尽人如意,针对企业网站现状,决定建立新的营销型企业网站。

为了解决原有企业网站长期的运营与维护上突显出的问题,新版网站遵循营销型网站建设理念,根据之前的网站以及客户对旧网站的用户体验及反馈,在原有网站栏目设置上进行更改及扩充。具体栏目内容如表 9-1 所示。

表 9-1 网站基本栏目设置

一级栏目	二级栏目	三级栏目	备 注
关于我们 (企业介绍)	企业简介	总体介绍	图文介绍,突出公司的历史、规模、实力等
		宏业永盛	分公司专题页面
		宏业永泰	分公司专题页面
		泊头宏昌	分公司专题页面
	经理致词		图文介绍
	企业文化		图文介绍
	资质荣誉		图文介绍
	设备能力		图文介绍
	主要客户		客户列表,按行业分类突出大客户
	工程案例		案例列表(图文)按行业分类突出大项目
	营销网络		各地营销组织简介、联系方式
	服务承诺		文字介绍
	企业大事记		文章列表,点击查看详细
新闻动态	企业动态		文章列表,点击查看详细
	企业公告		文章列表,点击查看详细
	业界资讯		文章列表,点击查看详细
	文化活动		文章列表,点击查看详细。体现公司、员工的相关活动、评选、征文等
产品中心	加热器系列	分类 1	图文列表,点击查看详细

续表

一级栏目	二级栏目	三级栏目	备注
产品中心	加热器系列	分类2	图文列表，点击查看详细
		分类……	图文列表，点击查看详细
	流体机械系列	分类……	图文列表，点击查看详细
	暖风系统	分类……	图文列表，点击查看详细
	产品分类	分类……	图文列表，点击查看详细
	……	分类	图文列表，点击查看详细
技术支持	技术参数		文章列表，点击查看详细
	产品说明		文章列表，点击查看详细（如各种电子版产品说明书，可供下载）
	常见问题		文章列表，点击查看详细（产品相关的常见问题解决方法，可以从用户咨询中归纳）
	技术知识		文章列表，点击查看详细（选购、安装、使用、维护、保养等知识）
	在线问答		在线提交问题，管理员后台回复
服务中心	在线留言		文字介绍
	留言反馈		页面效果+链接
	即时通信		动态表单
	免费电话		动态表单
联系我们			总公司地址、联系方式
			重点部门联系方式
			各分公司地址、联系方式
			支持地图地理位置展现

网站页面布局如图9-13所示。

2．下载并安装ASPCMS

ASPCMS是武汉上谷科技有限公司采用ASP与SQL Server 2000（也有Access 2003版本）开发的一套完全开源的企业建站系统，具有高效、强大、易用、安全、扩展性强的特点，前后已更新过3个大版本及十多个小版本；是目前国内最强大的ASP的开源系统之一。其中内置几个企业主要的产品模块，包括文章（新闻）、产品、图片、下载、招聘、相册以及在线客服，可以满足各类中小型企业网站的应用。因此不仅适合于建设一般企业、政府、学校、个人等小型网站，同时也适合于建设地区门户、行业门户型网站。

登录官方网站（http://www.aspcms.com/），进入官方下载中心，免费下载ASPCMS V2.3.5版本，如图9-14所示。

图9-13 企业改版后的首页布局

图 9-14　下载 ASPCMS V2.3.5 版本

接下来就是解压和 IIS 架设工作。文件解压（版本是.rar 压缩包，右击解压到当前文件夹），解压到需要的目录。

以安装在根目录为例。打开刚才解压时选择的目录 F 盘根目录，看到 ASPCMS 这个文件夹，再打开 IIS 服务器（选择【开始】→【设置】→【控制面板】→【管理工具】→【Internet 信息服务】命令），把主目录指向 ASPCMS 程序文件，如图 9-15 所示。

图 9-15　主目录设置

单击【开始位置】右边的【配置】按钮，弹出【应用程序配置】对话框，选中【启用父路径】复选框，如图 9-16 所示。

图 9-16 应用程序配置

若安装在虚拟（二级）目录需要修改 config 文件夹下的 AspCms_Config.asp，最后单击【保存】按钮。到此为止，系统安装结束。

3．系统后台操作

1）进入网站后台管理登录界面

打开浏览器，输入后台登录地址：http://localhost/admin/，输入用户名、密码、验证码和认证码，登录后台，开始建站，如图 9-17 所示。ASPCMS 系统默认用户名是 admin，密码是 123456。需要修改密码可以登录后台用户管理—管理员管理密码进行修改。

图 9-17 后台登录入口

登录后，进入后台管理中心，如图 9-18 所示。

图 9-18　后台管理中心

（1）网站会员管理。如图 9-19 所示为超级管理员的管理界面，我们可以修改其名称、描述及具体的权限。通过设置不同会员等级和不同管理组和管理员的角色，可以实现网站的分类权限管理。

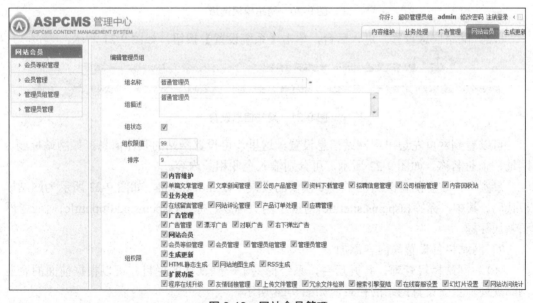

图 9-19　网站会员管理

（2）模板选择。系统自带一套模板，如果不需要自己的模板，可以直接到后台建栏目，添加信息，然后利用标签调用即可。一般模板都放在 Template 目录下，图片放在与

Template 目录同级的 Images 目录下；把做好的静态模板或者到模板下载区下载的模板解压后把 template 目录的文件放到 ASPCMS 目录下的 template 目录，把下载的 images 目录下的图片复制到 ASPCMS 的 Images 目录下。选择【界面风格】→【模板选择】选项，选择需要的模板即可，如果没有出现模板，单击【刷新】按钮即可，如图 9-20 所示。

图 9-20　网站模板选择

（3）网站信息设置。进入后台，单击【系统设置】按钮，如图 9-21 所示。

图 9-21　网站信息设置

可以看到网页左边出现网站信息设置。这里，可设置网站的具体信息，如网站标题、网址、企业名称。如图 9-22 所示，可分别输入企业相关内容。

事实上，这里的修改对应了很多模板的设置，如 index.html，如图 9-23 所示为网站模板代码。其中，标签 {aspcms:sitetitle} 对应了网页标题，标签 {aspcms:additiontitle} 对应了网页附加标题。

2）网站栏目设置与内容添加

（1）网站栏目管理。打开后台，系统提供了一些默认的栏目，可以根据前面的企业网站规划，重新设置网站的栏目，如图 9-24 所示。

单击【系统设置】→【网站栏目管理】，可以修改或者建立网站栏目。添加分类：可以添加网站的栏目。详细设置内容如图 9-25 所示。

图 9-22 网站信息设置导航图

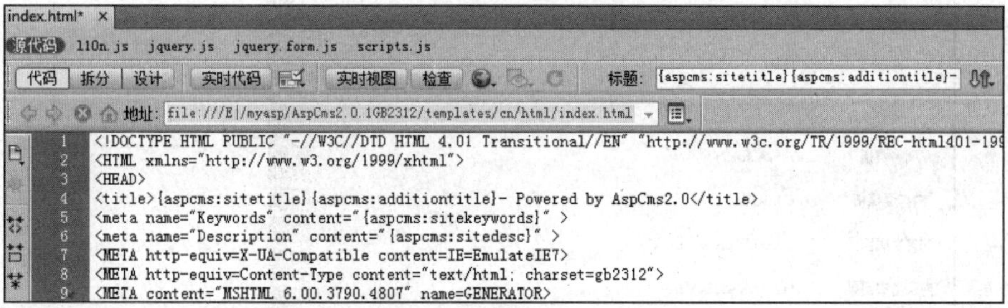

图 9-23 网站模板代码

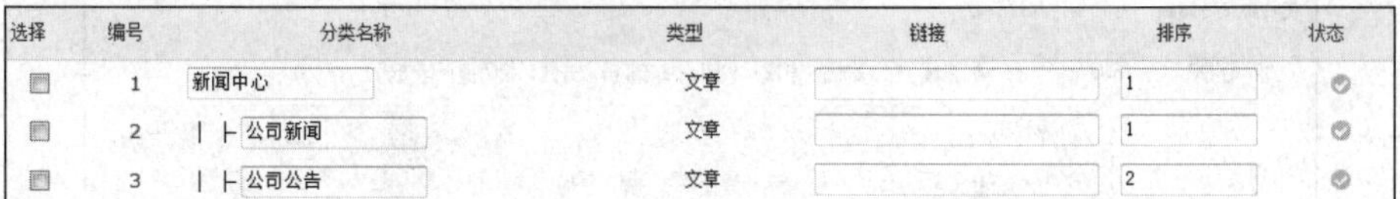

图 9-24 网站默认栏目

这里需要说明，栏目的类型包括"单篇"、"文章"、"产品"、"下载"和"招聘"等。"单篇"通常是指导航没有列表的栏目，如"联系我们"就是一个"单篇"。"文章"是指包含列表的一些栏目，如"企业动态"等，其列表模板和内容页模板设置如图 9-26 所示。产品和"文章"类似，单击后也有一个列表，不只是文章的列表，而是产品图片的列表。

“招聘”和文章也类似，只是单击列表后，其详细信息多了一个表单的提交。

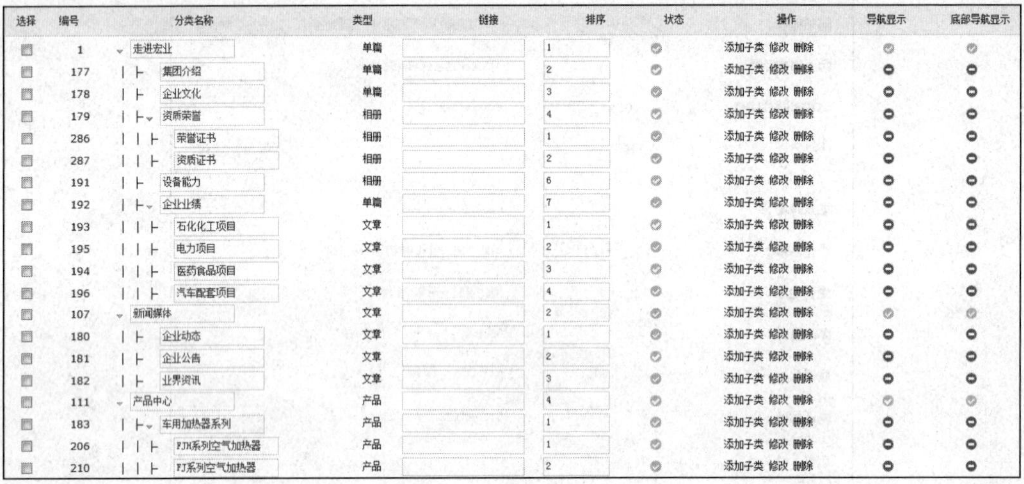

选择	编号	分类名称	类型	链接	排序	状态	操作	导航显示	底部导航显示
	1	走进宏业	单篇		1		添加子类 修改 删除		
	177	集团介绍	单篇		2		添加子类 修改 删除		
	178	企业文化	单篇		3		添加子类 修改 删除		
	179	资质荣誉	相册		4		添加子类 修改 删除		
	286	荣誉证书	相册		1		添加子类 修改 删除		
	287	资质证书	相册		2		添加子类 修改 删除		
	191	设备能力	相册		6		添加子类 修改 删除		
	192	企业业绩	单篇		7		添加子类 修改 删除		
	193	石化化工项目	文章		1		添加子类 修改 删除		
	195	电力项目	文章		2		添加子类 修改 删除		
	194	医药食品项目	文章		3		添加子类 修改 删除		
	196	汽车配套项目	文章		4		添加子类 修改 删除		
	107	新闻媒体	文章		2		添加子类 修改 删除		
	180	企业动态	文章		1		添加子类 修改 删除		
	181	企业公告	文章		2		添加子类 修改 删除		
	182	业界资讯	文章		3		添加子类 修改 删除		
	111	产品中心	产品		4		添加子类 修改 删除		
	183	车用加热器系列	产品		1		添加子类 修改 删除		
	206	PJN系列空气加热器	产品		1		添加子类 修改 删除		
	210	PJ系列空气加热器	产品		2		添加子类 修改 删除		

图 9-25　网站栏目设置

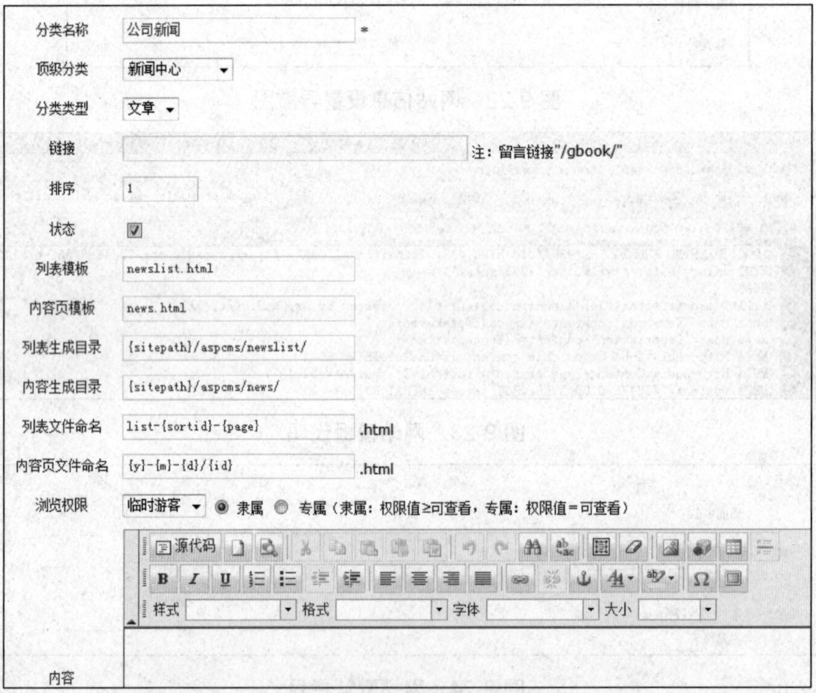

图 9-26　文章页模板设置

图 9-26 中，可以修改栏目分类，如上面企业公司动态，类型文章、列表模板及内容页生成的文件名格式等。这里，本企业网站均采用默认设置。以“单篇”为例，具体内容设置如图 9-27 所示。

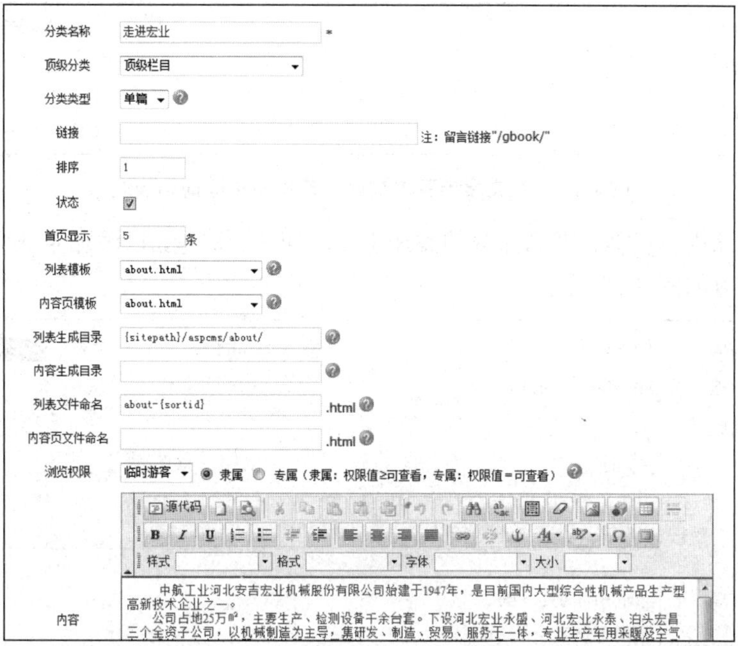

图 9-27　单篇页内容添加

（2）文章和产品添加。单击【内容维护】→【添加文章】，如图 9-28 所示。然后选择分类，输入标题和文章内容，如果需要，还可以上传图片。最后，在文章内容添加后，尽量设置好页面关键词和描述，这样做有利于网站的页面优化（SEO），如图 9-29 所示。

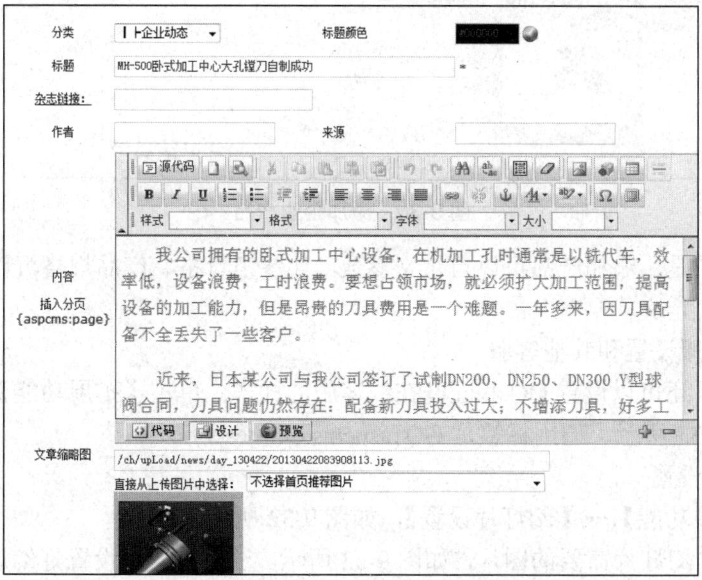

图 9-28　文章内容添加

图 9-29 在文章内容添加后设置页面关键词和描述

与添加文章内容类似，产品内容的添加也比较简单。这里，以添加企业产品"止回阀"为例，具体设置如图 9-30 所示。

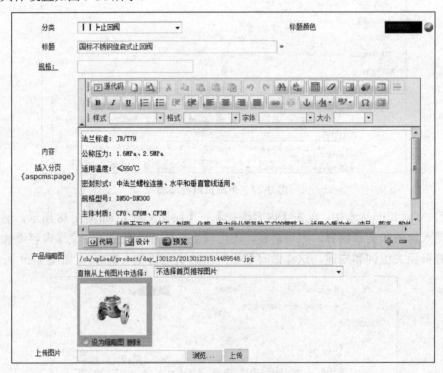

图 9-30 添加企业产品

需要指出的是，添加产品可以自定义参数，如参考价格、产品规格可以根据企业产品特点由我们自己定义。

3）在线客服设置和其他客服

在后台中，还可以设置 QQ 和旺旺在线客服的样式。单击【扩展功能】→【在线客服设置】，如图 9-31 所示。调用标签是 QQ{aspcms:onlineservice}。

4）幻灯片设置

单击【扩展功能】→【幻灯片设置】，如图 9-32 所示。

然后，上传幻灯片需要的图片，如图 9-33 所示。注意，应先设置好幻灯片的个数、高度和宽度，单击【保存】按钮后再上传图片。幻灯片调用标签是{aspcms:slide}。

图 9-31　在线客服设置与前台显示

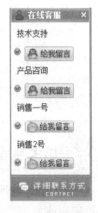

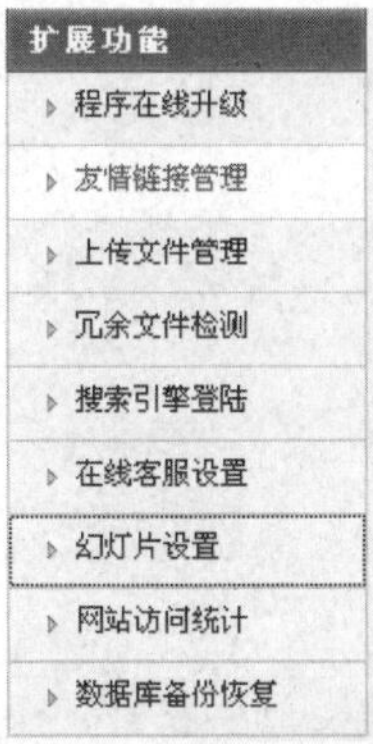

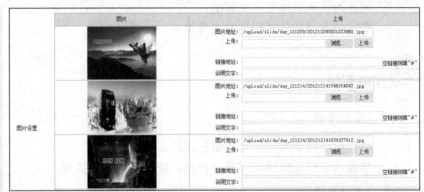

图 9-32　扩展功能导航

图 9-33　幻灯片设置

5）友情链接管理

单击【扩展功能】→【友情链接管理】，可以增加和管理现有的友情链接。如图 9-34 和图 9-35 所示，这里可设置文字链接和图片链接两种。

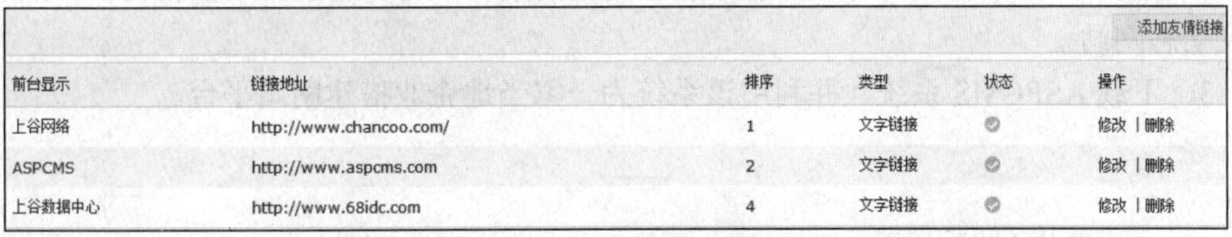

前台显示	链接地址	排序	类型	状态	操作
上谷网络	http://www.chancoo.com/	1	文字链接		修改 丨删除
ASPCMS	http://www.aspcms.com	2	文字链接		修改 丨删除
上谷数据中心	http://www.68idc.com	4	文字链接		修改 丨删除

图 9-34　友情链接管理

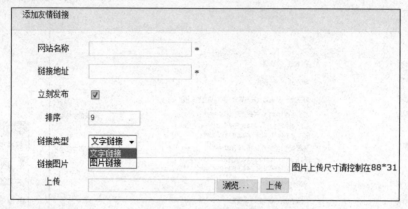

图 9-35 添加友情链接

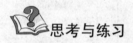思考与练习

1．简述注册登录模块的制作方法和步骤，其中，注册页面中哪些功能可由客户端的验证完成？
2．简述购物车设计的主要算法。
3．简述结账流程及其用到的主要算法。

技能实训

一、实训目的

1．学会电子商务网站主要功能模块的编写。
2．掌握电子商务网站从需求分析到功能设计的主要流程。

二、实训内容

1．依照本章实例完成网上书店网站，并在以下几个方面进行完善。
（1）添加图书查询模块：能分别按照书名、作者、出版社来进行图书的查询。
（2）添加热销图书模块：能按照销量多少进行热销图书前十名的排列。
2．根据第 5 章提供的万象园企业静态网站的素材，将其企业网站重新设计，改版为企业动态网站。
3．下载 ASPCMS 系统，并利用该系统为一家当地企业搭建网站平台。

第3篇 网站安全及运营管理

第10章 电子商务网站的安全与管理

第11章 电子商务网站的推广

第 10 章　电子商务网站的安全与管理

【学习目标】

① 了解电子商务网站面临的安全隐患。
② 了解 ASP 网站的常见漏洞及其防范对策。
③ 熟悉网站运营与管理的内容。
④ 了解"可信网站"的验证服务。

没有安全就没有交易，没有交易也就没有电子商务。所以，对于电子商务网站来讲，安全是第一位的。如何保证网站的安全、稳定与持续运营等一系列问题应被提高到战略高度上来。

10.1　电子商务网站的安全

10.1.1　电子商务网站的安全隐患与安全需求

1. 电子商务网站面临的安全隐患

（1）信息的截获和窃取。如果采用加密措施不够，攻击者通过互联网、公共电话网在电磁波辐射范围内安装截获装置或在数据包通过网关和路由器上截获数据，获取机密信息或通过对信息流量、流向、通信频度和长度分析，推测出有用信息，如消费者的银行账号、密码以及企业的商业机密等，从而破坏信息的机密性。

（2）信息的篡改。当攻击者熟悉网络信息格式后，通过技术手段对网络传输信息中途进行修改并发往目的地，破坏信息完整性。

（3）信息假冒。当攻击者掌握网络信息数据规律或解密商务信息后，假冒合法用户或发送假冒信息欺骗其他用户。例如，钓鱼网站就是指不法分子利用各种手段，假冒真实网站的 URL 地址以及页面内容，以此来骗取用户银行或信用卡账号、密码等私人资料。

（4）交易抵赖。交易抵赖包括多方面，如发信者事后否认曾发送信息、收信者事后否认曾收到消息、购买者下了订货单不承认、商家卖出的商品因价格差而不承认原有的交易等。

2. 电子商务网站安全需求

电子商务网站面临的安全隐患导致了对网站安全的需求，也是真正实现一个安全电子商务系统所要求做到的各个方面，主要包括保密性、隐私性、正确性和完整性、不可抵赖性。

（1）保密性。传统贸易是通过可靠的通信渠道发送商业报文来达到保守机密的目的，而电子商务网站如果没有采取相应的安全措施，就很有可能导致一些敏感的商业信息被泄露。

（2）隐私性。隐私性与保密性相关，但并不是同一个概念。如果没有保密性可能会损害到隐私，但并不是绝对的。因为个人可以选择不与他人分享自己的隐私，从而保全自己的隐私。但参与到电子商务中的个人却无法进行后一种选择，因为想在不提供个人信息的前提下参与电子商务活动几乎是不可能的事。而这些个人信息如果被泄露，就必然会破坏到个人隐私。

个人隐私的泄露不仅涉及技术问题，有时企业会因为商业利益，在未经客户许可的情况下，彼此交换所获取的客户信息，这实际上就已经破坏了其客户的隐私。

侵犯隐私的问题不解决，参与电子商务对于个人用户来说是一件很危险的事。技术问题可以结合解决保密性的方法，但非技术问题就只能依靠道德和法律来约束了。

（3）正确性和完整性。信息的正确性和完整性问题要从两方面来考虑，一是非人为因素，如因传输介质损坏而引起的信息丢失、错误等。这个问题通常通过校验来解决，一旦校验出错误，接收方可向发送方请求重发。另一方面则是人为因素，主要是指非法用户对信息的恶意篡改。这方面的安全性也是由信息加密来保证的，因为如果无法破译信息，也就很难篡改信息了。

（4）不可抵赖性。电子商务离不开商业交易，如何确定要进行交易的贸易方正是进行交易所期望的贸易方，这一问题是保证电子商务顺利进行的关键。在传统的纸面贸易中，贸易双方通过在交易合同、契约或贸易单据等书面文件上手写签名或印章来鉴别贸易伙伴，从而确定合同、契约、单据的可靠性并预防抵赖行为的发生。然而在无纸化的电子商务方式下，通过上述方法进行贸易方的鉴别已不可能。因此，要在交易信息的传输过程中为参与交易的个人、企业或国家提供可靠的标识。不可抵赖性可通过对发送的消息进行数字签名来获取。

10.1.2 电子商务网站安全措施分析

由于针对网站的网络访问控制措施被广泛采用，且一般只开放 HTTP 等必要的服务端口，因此黑客已经难以通过传统网络层攻击方式（查找并攻击操作系统漏洞、数据库漏洞）攻击网站。然而，Web 应用程序漏洞的存在更加普遍，随着 Web 应用技术的深入普及，Web 应用程序漏洞发掘和攻击速度越来越快，基于 Web 漏洞的攻击更容易被利用，已经成为黑客的首选。据统计，现在对网站成功的攻击中，超过七成都是基于 Web 应用层，而非网络层。

网站面临的环境已经发生了很大变化，更多的威胁来自于 Web 应用层，而大部分网站的安全措施却仍然停留在原来对威胁认识的基础上，甚至于网站已经被入侵并实施网页挂马，也往往是在访问者投诉或被监管部门查处时方才察觉，但此时损失已经造成，无法挽回。不少人会问：我的网站已经有了安全措施，仍然会发生这样的事情，到底是为什么呢？下面来分析一下现有的安全措施。

防火墙、防病毒、漏洞扫描等都是已经被广泛采用的传统网站安全措施，尤其是防火墙的部署，使得网站阻挡了大部分来自网络层的攻击，发挥了重要作用。但是面对目前的新情况，这些传统的安全措施能够应对吗？

1. 防火墙

启用网络访问控制策略后，防火墙可以阻挡对网站其他服务端口的访问，而仅只开放允许访问 HTTP 服务端口，这样，基于其他协议、服务端口的漏洞扫描和攻击尝试都将被阻断。但针对正在流行的 Web 应用层攻击，其行为类似一次正常的 Web 访问，防火墙是无法识别和阻止的，一旦阻止，将意味着正常的 Web 访问也会被切断。

2. 防病毒

不管在网关处还是网站服务器上部署，防病毒系统都可以有效地进行病毒检测和防护，但无法识别网页中存在的恶意代码，即网页木马。由于网页木马通常表现为网页程序中一段正常的脚本，只有在被执行时，才可能去下载有害的程序或者直接盗取受害访问者的隐私。同理，对于 Web 应用程序中的漏洞，防病毒系统更难以识别。

3. 漏洞扫描

在查找和修补网站的操作系统漏洞、数据库漏洞、发布系统（如 IIS、Apache）漏洞等时，漏洞扫描系统发挥了很大作用，但是作为通用的漏洞扫描系统，它对 Web 漏洞的识别却极其有限，原因是 Web 应用程序漏洞并非某一特定软件或者服务上的漏洞，其形式复杂多样，通常需要在自动工具检查的基础上，通过人工审核才可准确定位。

综上所述，识别并阻止基于 Web 漏洞的攻击，仅靠漏洞扫描、网络访问控制、病毒检测防护等传统的安全措施是难以做到的。针对新的网站安全威胁，我们应该保持足够的紧迫性，并采取有效措施积极应对。

10.1.3 网站安全面临的主要问题及解决方法

1. 网站安全面临的主要问题

网站安全形势堪忧，主要是因为存在以下几个方面的问题。

（1）大多数网站设计只关注正常应用，未关注代码安全。一个网站设计者往往更多地考虑满足用户应用、如何实现业务，很少考虑网站应用开发过程中所存在的漏洞。这些漏洞在不关注安全代码设计的人员眼里几乎不可见,大多数网站设计开发者、网站维护人员对网站攻防技术的了解甚少;在正常使用过程中,即便存在安全漏洞,正常的使用者并不会察觉。但在黑客对漏洞敏锐的发觉和充分利用的动力下,网站存在的这些漏洞就被挖掘出来,且成为黑客们直接或间接获取利益的机会。对于 Web 应用程序的 SQL 注入漏洞,有试验表明,通过搜寻 1 000 个网站取样测试,检测到有 11.3%存在 SQL 注入漏洞。

(2) 黑客入侵后,未及时发现。有些黑客通过篡改网页来传播一些非法信息或炫耀自己的水平,但篡改网页之前,黑客肯定基于对漏洞的利用而获得了网站控制权限。可怕的是,通常黑客在获取网站的控制权限之后,并不暴露自己,而是持续利用所控制网站产生直接利益。例如,网页挂马就是一种利用网站给访问者种植其木马的一种非常隐蔽且直接获取利益的主要方式之一。被种植木马的人通常是在不知情的情况下,被黑客窃取了自身的机密信息。这样,网站成了黑客散布木马的一个渠道:网站本身虽然能够提供正常服务,但网站的访问者却遭受着持续的危害。

(3) 网站防御措施滞后,甚至没有真正的防御。大多数防御访问控制、入侵防御设备保护网站抵御黑客攻击的效果不佳。例如,对应用层的 SQL 注入、XSS 攻击这种基于应用层构建的攻击,防火墙束手无策,甚至是基于特征匹配技术的入侵防御产品,也由于这类攻击特征的不唯一性,不能精确阻断攻击。因此,目前有很多黑客将 SQL 注入、XSS 攻击作为入侵网站的首选攻击技术。

网站防御不佳的另一个原因是,有很多网站管理员对网站的价值认识仅是一台服务器或者网站的建设成本,为了这个服务器而增加超出其成本的安全防护措施认为得不偿失。而实际网站遭受攻击之后,带来的间接损失往往不能用一个服务器或者网站建设成本来衡量,很多信息资产在遭受攻击之后造成无形价值的流失。不幸的是,很多拥有网站的组织和个人,只有在网站遭受攻击,造成的损失远超过网站本身造价之后才意识网站安全问题的严重性。

(4) 发现安全问题不能彻底解决。网站技术发展较快、安全问题日益突出,但由于关注重点不同,绝大多数的网站开发与设计公司对网站安全代码设计方面了解甚少,发现网站安全存在的问题和漏洞,其修补方式只能停留在页面修复,很难针对网站具体的漏洞原理对源代码进行改造。这些也是有些网站虽然安装了网页防篡改、网站恢复软件后仍然遭受攻击的原因。

2. 网站安全问题的解决

亡羊补牢,为时未晚。事实表明,针对新形势下网站安全问题的考虑,需要变被动应对为主动关注,实施积极防御。具体的解决方法如下。

(1) 建立主动的安全检测机制。面对 Web 应用的威胁,我们缺乏有效的检查机制,因此,首先要建立一个主动的网站安全检查机制,确保网站安全情况的及时获知,例如是否已经遭到攻击,是否存在还被攻击的风险。

（2）进行有效的入侵防护。面对 Web 应用的攻击，我们缺乏有效的检测防护机制，因此，需要部署针对网站的入侵防护产品，加强网站防入侵能力，能够对网站主流的应用层攻击（如 SQL 注入和 XSS 攻击）进行防护。

（3）针对网站安全问题，建立及时响应机制。面对 Web 应用程序漏洞和已经造成的危害，我们缺乏恢复的机制和足够的技术储备，因此，需要确立专业支持团队的外援保障，解决及时响应问题，在网站安全问题被验证后，能确保对网站进行木马清除以及针对 Web 漏洞的安全代码审核修补等工作。

只有通过以上 3 个环节的有机结合，方可建立一套有检测、有防护、有响应的网站安全保障方案，确保在新威胁环境下网站的安全运营。

10.1.4　常见 ASP 网站漏洞及防范对策

在前面章节，我们了解到作为服务器端脚本编写环境，ASP 可以快速创建和运行动态交互的 Web 服务器应用程序。但有些网站管理员只看到 ASP 的快速开发能力，忽视了 ASP 的安全问题。事实上，ASP 从一开始就一直受到众多漏洞、后门的困扰，下面就常见的 ASP 网站漏洞及防范措施作一些归纳和总结。

1. 常见 ASP 网站漏洞

（1）ASP 程序密码验证漏洞。很多网站把密码放到数据库中，如在登录验证中用到类似以下的 SQL 语句：

```
sql="select * from users where username='"&username&"'and pass='"& pass &"'"
```

此时，只要构造一个特殊的用户名和密码，如' or '，就可以进入本来没有特权的页面。把 username=' or '和 pass=' or '代入上面那个语句，结果如下：

```
sql="select * from users where username=' 'or' ' and pass=' ' or ' '"
```

or 是一个逻辑运算符，作用是在判断两个条件时，只要其中一个条件成立，那么等式将会成立。上面的 SQL 语句执行结果会返回表 users 中的所有记录，意味着显示结果找到了。这样，用户就可以成功地骗过系统而进入。类似这种通过把 SQL 命令插入到 Web 表单递交或页面请求的查询字符串，最终达到欺骗服务器的目的的攻击手段称为"SQL 注入式攻击"。

SQL 注入是正常的 WWW 端口访问，而且表面看起来和一般的 Web 页面访问没什么区别，所以目前市面的防火墙都不会对 SQL 注入发出警报，如果管理员没有查看 IIS 日志的习惯，可能被入侵很长时间都不会发觉。SQL 注入式漏洞是当前网站最大的威胁。

防范 SQL 注入的主要手段就是将请求中的参数信息中的非法字符和关键字如"'、or、"、and、exec、insert、select、*、%"进行过滤，或采用存储过程和参数化 SQL 编程。

（2）mdb 数据库可能被下载的漏洞。在用 Access 做后台数据库时，如果有人通过各种方法知道或者猜到了服务器的 Access 数据库的路径和名称,那么就能够下载这个 Access 数据库文件,这是非常危险的。例如,你的 Access 数据库 user.mdb 放在虚拟目录下的 database 目录下,那么有人在浏览器地址栏中输入 http://网站 url/database/user.mdb,即可下载 user.mdb。

解决方法是为数据库文件起个复杂的非常规的名字,并把它放在几层目录下。例如 2012d34ksfsl718f.mdb,把它放在如./rhff/i67/的几层目录下,这样黑客要想通过猜的方式得到你的 Access 数据库文件就难上加难了。

（3）代码漏洞。代码漏洞有很多形式,如数据库连接错误导致 Web 服务器错误提示,而这些错误提示中可能会含有数据库或表等重要信息。又例如后台程序只有主程序验证了管理员的身份信息,而其他页面忽视了身份验证,使得非法用户可以绕过登录而直接打开后台的某个管理页面。

2. 网站防范对策

网站的防范除了从技术上制订一些措施外,如经常对 Web 服务器软件升级、安装相应的安全补丁等,还要注意以下问题。

（1）天天关注你负责的网站。把你管理的网站设为浏览器的首页,每天至少看一次,尤其是节假日,因为节假日恰恰是攻击的高发时段。

（2）定期备份数据库和供下载的文档。网站如果不是经常更新,访问量不大,大概每周备份一次;反之每天一次。不要怕麻烦,这个制度很有必要,特别是经常对外发布信息、提供资料下载的网站,更要做好这方面的工作。

（3）密码要健壮。后台管理的账号密码应与管理员个人常用的不同,以防他人从别处得到网站的密码。如果有多个管理员,要保证所有人的密码都是"健壮的",即不能像"admin,123456、生日、电话"这样容易猜测,必须是数字、字母和符号的组合。

（4）网站改版后,如需保留旧版,要记得删除旧版的后台。如果改版,应及时删除旧版的后台管理,特别是上传模块。同时,注意清理放到网站上的文件,不要把包含敏感信息的文档放到网站空间里。很多人以为在网页上看不到的文档就是安全的,其实不然。

（5）文件时间一致原则。简单地说,就是保持大部分文件的上传时间一致（数据库之类频繁读写的文件除外）。具体做法是一次上传所有文件,建议即使修改了一个文件也重新上传所有网页,这样做主要是方便查找木马。

（6）要把数据库的扩展名改为.asa。实验证明,扩展名改成.asp 是没用的,仍然可以被下载,而且还可能被暗藏 ASP 木马在数据库中。此外,不要使用数据库备份、恢复功能。有证据表明这些功能可能使入侵者绕过上传文件的限制。要备份,直接用 FTP 下载即可。

（7）给用户尽可能少的功能和权限。功能越复杂,可能出现的漏洞越多,除非你对自己的技术很有信心,否则请谨慎向用户开放上传等容易受到攻击的功能。

（8）出错信息越模糊越好,这里的出错信息包括程序的错误信息和对攻击行为的提示信息。程序的错误信息可能暴露数据库的类型、位置,也可能为注入提供方便;对攻击行为的提示信息太激烈也可能激怒对方，要知道，没有做不到只有想不到，别人总是有办法进入你认为安全的站点，不管用什么手段。

（9）访问网站时提示发现病毒。遇到这种情况，十有八九是被入侵了，而且几乎可以肯定是上传漏洞被利用，入侵者在网页中加入了病毒代码，企图让网站访问者中毒。遇到这种情况，首先应该马上替换掉染毒页面，然后按应对非法入侵的方法进行处理。

（10）定期修改密码。定期修改服务器登录密码，密码采用由英文字符、数字字符及特殊字符混合组成的高强度组合。

以上是在网站防范中经常用到的技巧，对维护网站的安全能起到很大的作用。尽管如此，随着网络上的攻击形式越来越多，攻击方式越来越傻瓜化，仅掌握一些技巧仍显不足，还需要在实战中不断积累经验。一旦遇到突发的入侵事件，首先应该保持冷静，理清头绪，做以下几点。

- 下载被黑的网站以保存相关证据。然后用平时备份的资料替代被篡改的数据，及时恢复网站功能，最大限度降低不良影响。
- 要暂时把管理后台删除，这是没有办法的办法。在漏洞没找出之前，网站是极不安全的，可能遭到二次破坏而造成更恶劣的影响。
- 在初步处理完后，把损失情况报告分管领导，必要时向公安机关网监部门报警。
- 向虚拟主机管理员索要事故发生前后几天的 IIS 访问记录，分析漏洞所在和入侵途径。修补漏洞，查找后门。

10.2 电子商务网站运营与管理

建立电子商务网站并不是最终目的，这仅仅是电子商务网站运营的开端。网站运营初期，由于在客户群体中的知名度较低，需要对网站进行宣传推广和营销管理，同时为了满足客户不断增长的服务需求，管理人员应该对网站进行综合维护和信息更新。

网站运营第一步，需要好好思考以下三个问题。

- 网站的现状如何？
- 网站如何发展？
- 网站的发展目标是什么？

首先，对网站现状必须有客观的认识，有多少资源，达到了什么规模，访客积累的程度如何等。其次，对网站的发展历程总结，能更有针对性地规避风险，寻找机会。最后，是要明晰网站未来发展的目标。

对于电子商务网站来讲，需要关注如何提升销售额、降低成本，如何提升网络媒体关注、用户黏性，以吸引更多的访客来访。在实际操作层面，还需要进一步把具体目标落实到指标层面，这样才可以量化评估，推进到实际操作中去。例如电子商务网站进一步关注的指标是"平均每个订单的销售额"和"广告投放成本"，网络媒体进一步关注的指标是

"PV""UV"等。结合网站内外部情况,预计网站未来的发展,细分维度,制定合理的KPI(关键指标考核),即上述关注指标到哪个数值才算达到目标,让网站运营的方向更加明晰,让网站更高效地达到目标。

在网站运营过程中,根据网站运营以及发展的需要,还要对网站的功能需要进行优化和扩充,如增加客户关系管理模块(CRM)等,这样才能更好地提升企业的管理水平,为客户提供个性化的服务。

10.2.1 电子商务网站运营与管理的内容

【例 10-1】 系统出错——卓越上千元图书只要 25 元

"昨晚卓越网上的书 25 元随便买,有谁买了吗?""快抢啊,几千块的书只要 25 元"……昨日凌晨,包括重庆、上海、北京在内的网友不断在泡泡网、开心网等论坛上发出上述帖子。一套全 19 册《宋元明清书目题跋丛刊》的商品说明中显示,其市场价为 4 600 元,卓越网当晚价格标为 25 元,后面还提示"为您节省 4 575 元",而超级 VIP 价则仅为 23.75 元。据悉,当晚有大量来自上海、北京、天津等地的网友抓住了"机会"。

大量上千元的图书只卖 25 元,难道天上会掉馅饼?天亮后正等着收货的网友,却等来了卓越方面退单的通知。(资料转自新浪网 2009-12-25)

网站运营与管理的主要内容包括网站的推广、网站信息的管理、与客户进行交互、网站统计管理与网站的管理等。网站的推广将在第 11 章中介绍。

1. 网站信息的更新

当今处于信息时代,人们最关心的是有无需要的信息、信息的可靠性、信息是否为最新信息等。一个电子商务网站建立起来之后,要让它发挥尽可能大的作用,吸引更多的浏览者,壮大自己的客户群,就必须研究和跟踪最新的变化情况,及时发布企业最新的产品、价格、服务等信息,保持网站内容的准确性、实效性。网站的更新包括以下 3 个方面。

(1)新闻栏目。网站的新闻栏目是客户了解企业的门户,其应将企业的重大活动、产品的最新动态、企业的发展趋势、客户服务措施等及时、真实地呈现给客户,让新闻栏目成为网站的亮点,以此吸引更多的客户前来浏览、交易。如图 10-1 所示是通过网站后台更新产品新闻。

(2)商品信息。商品信息是电子商务网站的主体,随着外在条件的变化,商品的信息(如商品的价格、种类、功能等)也在不断地变化,网站必须追随其变化,不断地对商品信息进行维护更新,反映商品的真实状态。如图 10-2 所示是通过网站后台更新产品页面。

(3)为保证网站中的链接通畅,网站的维护人员要经常对网站所有的网页链接进行测试,保证各链接正确无误。

另外,客户案例、客户咨询问题解答以及首页横幅图片也要及时更新,如果网站内容总是停滞不变,一方面不能给客户提供新的价值,同时也会令用户对企业的持续运营和诚信度产生怀疑。如图 10-3～图 10-5 所示是某计量公司网站及时更新的 3 个横幅图片，很好地体现了公司对客户的关怀和产品的特点优势。

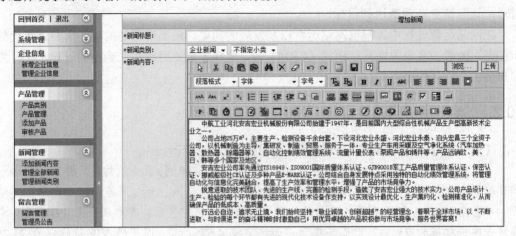

图 10-1　某公司网站后台新闻更新

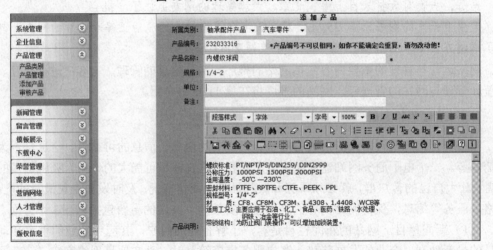

图 10-2　某公司网站后台产品更新

图 10-3　某公司网站首页横幅（一）

图 10-4　某公司网站首页横幅（二）

图 10-5　某公司网站首页横幅（三）

网站信息更新是网站维护过程中的一个瓶颈，如何才能快捷地更新网页、提高更新效率呢？可以制订一整套信息收集、信息审查、信息发布的信息管理体系，保证信息渠道的通畅和信息发布流程的合理性，既要考虑信息的准确性和安全性，又要保证信息更新的及时性。

2．信息选择

网站内容信息选择的方法可通过以下 3 个问题进行。

（1）访问者访问企业网站的目的是什么？

从网上获取资讯始终是访问者的主要目的之一。因此网站内容必须提供和企业产品或服务相关的丰富资讯。以专业角度去描述产品的规格和性能，和同类产品或服务相比较，告诉访问者各自的优点之处及不同特点，帮助访问者做出最好的选择。

（2）访问者为什么要经常访问我们的企业网站？

一般情况下，访问者要在访问网站 3～5 次后，才会有实质性的购买行动。因此，企业网站要让他们觉得值得回访。不断更新产品或服务资讯，不断添加吸引访问者的内容，加深良好印象，使潜在客户回访网站。

（3）访问者在众多的同类产品或服务中，为什么会选择我们企业产品或服务？

详细描述产品或服务的特点，给出确凿的资料。如果我们的企业产品或服务没有特色，那么潜在客户购买产品或服务的动机将会大大降低。

认真地回答以上3个问题，就可以清楚地知道自己的企业产品有哪些优势，并在内容组织及栏目设置中尽量体现。

3. 网站信息组织

网站内容的组织并不是现成的企业简介和产品目录的翻版。这恰好也是某些网站访问量低的一个重要原因。

可以通过搜索引擎找出同类网站排名前20位的名单，逐个访问名单上的网站，然后做一个简单的表格，列出竞争对手的企业名称、所在地、产品描述、产品价格、网站特点等，从中找出企业产品优于或不同于其他竞争对手产品的优点或特色；同时，也应该清楚地认识到自己产品的不足之处，思考如何改进使产品更具竞争力，并制定出如何改进的方案。

在充分了解了网上竞争对手的情况并研究了他们的产品和网页的基础后，遵循以下内容组织原则，制订出更能体现产品特点的网页内容。

- 清晰性：网站内容必须简洁明了，直奔主题，非常有效地讲清楚想说的内容。
- 创造性：你的观点会使访问者产生共鸣，发出内心的认同吗？这是访问者判断一间公司是否有实力，从而影响到购买动机的重要依据。
- 突出3个重点：突出企业产品的优点和与众不同的特色；突出帮助访问者辨别、判断同类产品优劣方面的内容；突出内容的毋庸置疑的正确性。

4. 网站的在线交易管理

在线交易管理可以分为购物车管理、订单管理等多个方面。在线购物车管理应对用户正在进行的购买活动进行实时跟踪，从而使管理员能够看到消费者的购买、挑选和退货的全部过程，并实时监测用户的购买行为，纠正一些错误或不当事件的发生。订单信息管理，也是网上销售管理的一个不可缺少的部分，要对网上全部交易产生的订单进行跟踪管理。管理员可以浏览、查询、修改订单，对订单、合同进行分析，追踪从订单发生到订单完成的全过程，例如目前的各订单处理状态如何，有多少新订单进来，要不要打印出订货单，订单出货有没有设定，以及进行在线清款与顾客退货等相关交易的处理等。只有通过完善、安全的订单管理，才能使基于网络的电子商务活动能够顺利进行，达到预期的效果。

5. 网站统计管理

在网站运营中，访问者的多少直接关系到网站的生存，电子商务网站访问量统计是电子商务网站的一个重要组成部分。通过对访问量数据的统计与分析，可以找出网站的优势与不足，从而对网站进行相应的修改，更好地实现网站的建设目标；还可以根据数据变化规律和趋势随时调整网站的发展方向；另外，还有助于选择更合适的网站宣传推广手段。

（1）统计网站使用率。网站使用率包括 IP、PV、平均浏览页数、在线时间、跳出率、回访者比率、访问时间比率。实际上，这些最基本的每项数据提高起来都不容易，意味着要不断改进每一个发现问题的细节，不断去完善购物体验。

（2）统计新会员购物比率、会员总数、所有会员购物比率、复购率、转化率。概括性分析会员购物状态，重点在于本周新增了多少会员，新增会员购物比率是否高于总体水平。如果你的注册会员购物比率很高，那引导新会员注册不失为提高销售额的好方法。

会员复购率包括 1 次购物比例、2 次购物比例、3 次购物比例、4 次购物比例、5 次购物比例、6 次购物比例；转化率体现的是 B2C 的购物流程、用户体验是否友好，可以称为外功；复购率则体现 B2C 整体的竞争力，绝对是内功，这包括知名度、口碑、客户服务、包装、发货单等每个细节，好的电子商务网站复购率能做到 90%，没有复购率的网站没有前途。

（3）比对每日运营数据。每日运营数据包括总订单、订单有效率、总销售额、毛利润、毛利率、下单转化率、付款转化率、退货率。通过每日、每周的数据汇总，重点指导运营内部的工作，如产品引导、定价策略、促销策略、包邮策略等。所有的问题，在运营数据中都能够找到答案。

6. 用户反馈信息管理

电子商务网站是一个动态网站，具有很强的交互性。例如，多数电子商务网站都包含留言板、BBS、投票调查、电子邮件列表等信息发布和存放系统，它提供了与浏览者交流、沟通的平台。通过这些平台，可以收集浏览者提出的各种意见和建议，了解浏览者的需求。对于浏览者的留言、邮件和提出的问题应该给予必要的重视并及时解决、回复，这样有助于为网站树立良好的公众形象，进一步增加网站客户的数量。

7. 系统权限管理

电子商务网站管理系统负责整个网站所有资料的管理，因此管理系统的安全性显得格外重要，系统权限管理正是针对这一点而设置的。系统权限管理，应根据不同的用户进行不同的管理列表控制，设定和修改企业内部不同部门用户的权限，限制所有使用电子商务网站管理系统的人员与相关的使用权限。给予每个管理账号专属的进入代码与确认密码，以确认各管理者的真实身份，做到级别控制。超级用户可根据要求管理所设定的相应的管理功能，对订单、产品目录、历史信息、用户管理、超级用户管理、次目录管理、功能列表控制、购物车管理等进行一系列操作。

8. 网站数据的备份与恢复

防止数据丢失的第一道防线是实行数据备份。尽管备份很重要，但却常常被忽视。如果在网站更新或添加内容时实行了数据备份，那么，即使出现操作失误删除了一些重要的内容或资讯或者重要的内容，那么也不至于丢失辛辛苦苦建立起来的数据；当企业网站发生灾难,原始数据丢失或遭到破坏,利用备份数据就可以很快恢复,使网站继续正常工作。可见,数据的备份是多么的重要。

备份是一种实现数据安全的策略,是对原始数据进行完全一致的复制。网站数据备份通常可分为文件备份和数据库备份。文件备份的对象是电子文档、电子图表、图片及影音文件,数据库备份的对象主要包括数据库文件及数据库日志等。在数据备份的管理工作中,要合理地制订备份方式、备份进度,选择合适的备份设备和备份软件,实施合理高效的备份策略。

总之,在电子商务活动中,网站是企业与用户交流及沟通的窗口,是买方和卖方信息交汇与传递的渠道,是企业展示其产品与服务的舞台,是企业体现其企业形象和经营战略的载体。一个电子商务网站能否发挥其预期的效用、达到建站的目的、收到应有的效益,很大程度上依赖于网站内容的丰富程度、网页的更新程度及相关信息的回复速度,这就要求网站的运营维护应该到位。任何一个电子商务网站建成后,不管其规模大小都不可能一劳永逸,事物在不断地变化,网站的内容也需要随之不断调整。因此,电子商务网站的全面管理和不断维护更新是网站高效运行的前提和保障。

10.2.2 电子商务网站运营与管理策略

1. 运营与管理策略

(1)产品的定位。做电子商务前就要考虑清楚自己准备做产品还是服务、做哪些产品或服务等问题。定位好了产品或服务,然后考虑接下来的推广营销计划。不做好产品或者服务的定位,就不能很好地开展下一步的工作。

(2)网络营销和推广。有了平台,有了产品以及对产品的定位,接下来就要考虑怎样让人家知道有这样一个平台出售这样的产品。那就需要开展网络营销和推广工作了。这一步对电子商务来说很关键,也很重要,电子商务的成败大部分取决于这个环节。因为,网络营销是电子商务的核心所在。

(3)品牌信用度的建立。至于品牌信用度的建立,大部分靠网络营销来实现。需要注意的是,前期建设网站时就需要考虑这些问题,要在网站上显现出来诚信和品牌的统一性。这个品牌的建立需要做到统一、长久、不间断地去影响互联网中的网民。

(4)客户关系的维护。当运营到一定阶段时,会拥有很多的新老客户,这时要想提升自己网站的客户忠诚度以及再次购买的行为,就需要你学会客户关系的维护。不要冷淡了那些曾经消费过的老客户,那些老客户是曾经认可你的并且会再次消费的群体,在节假日的时候给客户一些温馨的问候,哪怕只是一个短信。某客户快过生日了,给客户寄一个小小的生日礼物等。别忘了客户就是上帝!

(5)售后服务。售后服务的好坏决定了客户再次购买的行为。所以一定要做好售后服务这个环节,你的保证和承诺一定要做到,例如说你的网站上有7天无条件退换货的条款,那么,当客户在 7 天之内要求退换货时,不要问客户为什么,直接爽快并且快捷地办好退换货的工作即可。因为,电子商务最主要的一点就是诚信。

(6)物流配送。电子商务的最后环节就是物流的配送了。物流配送的快捷和准确无误也决定了客户再次购买的行为。要和物流公司洽谈好一切细节的合作事宜,不要让最后的一个环节制约了整个的销售流程和环节。

电子商务网站的管理包括多层次、多类型的工作,既有日常的维护管理,也有定期或不定期的更新;既有信息技术层面的网页外观设计的优化,也有营销和管理层面的创意。

2. 电子商务运营中的角色及岗位职责

(1)部门经理岗位职责
- 负责统筹本部门各岗位(网站编辑、网站美工、网站文案、网站策划、网站程序等)的整体工作。
- 负责对下级岗位人员工作绩效的考核和评审,以及转正解职、升职降级的申请。
- 负责网站运营相关各项文档(各项资质申请、高新企业申请等)的撰写。
- 负责与业务部门进行沟通,了解网站开发和修改的需求,形成技术文档,供网站系统开发商进行开发和修改。
- 负责与网站系统开发商进行沟通,保证业务需求通过技术方式得以实现。
- 负责网站运营设备(服务器、路由器、交换机等)的购置方案制订、安装配置与日常运行维护。
- 负责网站运营环境(主机托管、网站域名、通用网址等)的构建,接洽与甄选 IDC、ISP,保证网站运营环境的畅通、稳定、高效。
- 负责网站各项运营资质(ICP 备案等)的办理、月报、季报、年审工作。
- 负责网站各项运营认证(可信网站等)的办理、年审工作。

(2)商品编辑岗位职责
- 将采购部门采集提供的商品信息进行整理。
- 将整理好的商品信息在网站平台进行发布。
- 根据业务流程需要,参照采购部门、仓储部门的同步信息,对已经发布的商品信息进行价格修改、库存调整、下架删除、分类调整等管理。
- 根据采购部门制订的货架展示规划,用美工编辑设计制作完成的广告图片对网站广告信息进行定期更新调整。

(3)文案编辑岗位职责
- 根据网站基础需要,制订和收集网站基础展示文档,并发布到网站平台。
- 根据网站业务流程需要,制订网站业务流程文档,并发布到网站平台。
- 根据网站业务流程需要,制订网站宣传文档,并发布到网站平台。
- 根据网站业务流程需要,制订网站相关的各种宣传语、广告词等。
- 对于需要制作静态页面的文档,交美工编辑进行页面设计制作。

(4) 外联推广岗位职责

- 协助网站采购部门、网站销售部门相关岗位进行网站合作伙伴在网站的推广宣传，以及在合作伙伴网站的推广宣传互换。
- 负责国内各大 BBS 社区、博客、SNS 社区的合作、形象展示、软文发布、在线互动等。
- 制订推广方案、定时提交推广报告。
- 网站外联推广的其他相关工作。

(5) 程序维护岗位职责

- 根据网站需要，对现有的功能模块存在的问题和局限进行调试修改。
- 根据网站需要，对可能调用网站程序的专题页面添加相应程序支持。
- 和网站相关的其他程序维护工作。

(6) 美工编辑岗位职责

- 根据网站策划制订的网站专题策划方案，进行网站专题页面的设计制作。
- 根据网站采购部门制作的货架展示规划，对网站广告需要图片进行设计制作。
- 根据业务发展需要，对网站部分模块的重新设计制作。
- 网站所需静态页面的设计制作与更新维护。
- 网站总编安排的其他美工设计制作工作。

3. 可信网站的验证

【例 10-2】 假链接骗顾客钱财

李女士近日打算在网上买一部手机。在淘宝网上浏览一番后，她在一家名为 aibei62960 的网店上看中了一款手机，价格是 430 元。李女士仔细查看了店铺在淘宝的开业时间和信用评级，觉得没什么问题。经过与商家联系后，商家爽快地答应她，可以 400 元成交，并免运费。

在李女士要拍下手机时，商家表示，请她等修改价格后再拍。之后，商家发来一个网址链接，让李女士点击这个网址购买。李女士看到网址中含有"taobao"字样，打开链接，看到的也是和淘宝极其相似的页面，因此她并未在意，根据提示点击了"立即购买"图标，并输入了付款密码。

可是当李女士提示商家她已经付款时，商家却表示没有看到付款信息，可能是数据延期，没有收到货款，并要她重拍一次，如果收到两次货款，李女士可以申请退款。然而，当李女士查询自己的淘宝支付宝账户时，发现钱没有打入支付宝，而是通过网上银行，直接汇入了一个杭州个人账户。

付款出现问题，引起了李女士警惕，她立刻联系淘宝客服。客服表示，李女士是被钓鱼网站骗了，她支付的货款直接转到了骗子的账户上。淘宝网客服让她首先对电脑杀毒，修改所有密码，然后及时到当地网监部门报案，并表示淘宝和支付宝会配合网监部门的调查处理。之后，李女士与那名卖家再度联系，但对方已不再上线。

据中国互联网络信息中心（CNNIC）估算，目前我国电子商务市场规模已达 3.3 万亿元，众多中小企业纷纷注册域名、建立网站，甚至花费巨资为其网站进行宣传推广，希望分得 3.3 万亿元市场的一杯羹。然而，这虽然带来了网站流量的大幅提高，但真正成功的交易支付却仍增长寥寥。究其原因，最主要的还是信任的缺失。越来越多的仿冒网站、钓鱼网站泛滥，使本来就薄弱的互联网"信任基础"更不牢靠。甚至于"工商银行""建设银行"这样的国有大银行也被仿冒，如图 10-6 所示。中国反钓鱼网站联盟秘书处统计，全球"钓鱼"案件自 2005 年开始，正在以每年高于 200%的速度增长。

图 10-6　仿冒中国建设银行网站截图

统计显示，企业因无法为自己的网站提供任何可信的"身份验证"信息会导致九成左右的客户流失。为保障电子商务、网上交易的正常进行，由第三方权威机构来构建网络诚信机制迫在眉睫。

"可信网站"作为第三方验证服务将帮助企业网站建立其在用户心中的信任，将访客变为企业的生意伙伴，从而为企业尤其是中小企业网站的"身份验证缺失"破解困局。这将掀起一场打造可信电子商务的革命。

（1）什么是"可信网站"的验证？如图 10-7 所示，"可信网站"验证服务（站点卫士）是由中国互联网络信息中心（CNNIC）携手北龙中网联合颁发的验证网站真实身份的第三方权威服务。它通过对域名注册信息、网站信息和企业工商或事业单位组织机构信息进行严格交互审核来认证网站真实信息，并利用先进的木马扫描技术帮助网站了解自身安全情况，是中国数百万网站的"可信身份证"。

（2）企业为什么需要可信网站的验证服务？"可信网站"验证服务，是由网站付费安装一个"可信网站"的第三方认证标识，所有网民都可以通过点击网站页面底部的"可信网站"标识确认企业的真实身份。"可信网站"验证服务通过对企业域名注册信息、网站信息和企业工商登记信息进行严格交互审核来验证网站真实身份。通过认证后，企业网站就进入 CNNIC 运行的国家最高目录数据库的"可信网站"子数据库中，从而提高网站本身的可信度。

图10-7 可信网站验证服务商——中网首页

(3)"可信网站"验证服务功能。
- 验证网站真伪,可有效防范钓鱼、仿冒网站。
- 权威机构验证,增强中小企业网站可信性。
- 全天木马扫描,每日及时通知。
- 享受反钓鱼联盟准成员待遇。

(4)验证注册。为保证"可信网站"验证的申请单位信息及其域名信息真实、可靠,"可信网站"验证服务申请者需要提交以下资料。
- 申请者为企业的,需提交营业执照副本复印件(加盖单位公章)。
- 申请者为非企业的,需提供组织机构代码证复印件(加盖单位公章)。
- "可信网站"注册申请书原件(加盖单位公章)。
- 经办人的身份证明复印件。

通过上述审核,申请单位即可获得"可信网站"验证服务,并获得"可信网站"验证标识。

4. 企业网站的可信度建设

仅有可信验证是不够的,企业网站还应在备案、内容建设、设计等各方面加强可信度建设,才能使得网站有更大的价值,尤其对于产品销售的价值。

(1)域名可信度

一是域名主体的选择,最好能选择简单易记好理解的域名内容,网站建设如果能选择与企业产品、服务相关的域名,会更容易让网民感受到专业化与可信指数;二是域名的类型,万万不可以为了彰显个性而去选择一个不常见的后缀形式域名,调查数据表明绝大部分网民更愿意接受和相信常见的.com 后缀域名。

(2) 设计可信度

网站的设计风格与设计水准是网民点击进入网站后第一眼就能看到的内容，因此一个让人信任的网站建设绝对不能少了品牌化的网站设计水准。网站设计不仅精细大气有质感，更要充分体现出行业特色，还要传达企业的价值与品牌的可信度，这是最起码的要求，相信应该不会有哪位客户在看不到可信任的网站设计内容的前提下就决定要与企业合作的。

(3) 内容可信度

一个真正的潜在客户一定会很注意去阅读网站当中的每一个内容，因此网站建设也不能少了有价值有质量的内容填充。一个能让客户信任的网站一定要拥有与网站主题相关的内容，而且最好还能是专业的观点建议，这样不仅可以让客户信任企业，还能让企业很好地展现自己的专业与实力。另外，显示明确产品价格、联系方式全面真实（包括400和800电话）、企业动态信息时效性以及售后服务承诺也都是企业可信度建设不可缺少的内容。

(4) 备案可信度

国家信息管理局已经开始对全国的网站进行大幅度的清理排查，凡是没有提供相关真实证件信息进行备案的网站将给予关闭处理，因此一个网站有没有备案信息也成为了提高企业网站可信度的参考内容之一。

(5) 运行可信度

没有安全合理的网站建设后台程序，没有安全稳定的服务器和 DNS 解析系统，没有专业的网站建设技术人员进行安全维护管理，很可能会成为网络黑客的攻击对象，从而导致网站无法正常访问，网站内容面目全非等，这样的网站也不能赢得客户的信任。

思考与练习

1. 电子商务网站面临的安全隐患有哪些？
2. 新形势下网站安全问题的解决有哪些方法？请举例说明。
3. 电子商务网站运营管理的主要内容有哪些？
4. 简述电子商务运营中的角色及岗位职责。
5. 如何申请"可信网站"验证服务？
6. 什么是 SQL 注入？如何进行防范？

技能实训

一、实训目的

1. 了解电子商务网站的"可信网站"验证服务。

2．了解 SQL 注入防范的一般方法。

二、实训内容

1．访问提供可信网站服务的网站：中网（http://www.knet.cn/），了解申请"可信网站"服务的方法和步骤。

2．SQL 注入的防范。

（1）本地运行万象园网站，并进入管理员后台入口（admin_login.asp），不使用管理员的用户名和密码，而将用户名和密码尝试采用' or '进行登录，观察结果。

（2）在后台登录相关文件中加入以下程序段，防范 SQL 注入，并进行测试。

```
<%
Sql_in="and |or |on |in |select |insert |update |delete |exec |declare |'"
  '区分出注入字符
  Sql=Split(Sql_in,"|")
    IF Request.Form<>"" Then
    For Each Sql_Post In Request.Form
   For Sql_Data=0 To Ubound(Sql)
    IF Instr(Lcase(Request.Form(Sql_Post)),Sql(Sql_Data))<>0 Then
      Response.Write("<script>alert('系统提示：请不要输入非法字符尝试注入,你的 IP 已记录!');history.go(-1);</script>")
      Response.End()
      End IF
   Next
   Next
   End if
%>
```

（3）为第 9 章中的"网上书店"的后台登录相关文件加入上述程序段，以防范 SQL 注入，并进行测试。

第 11 章 电子商务网站的推广

【学习目标】

① 了解电子商务网站推广的重要性。
② 掌握电子商务网站推广的主要方式。
③ 熟悉 SEO 网站优化的主要手段。
④ 掌握网站流量的统计与数据分析的使用。

互联网的应用和繁荣为人们提供了广阔的电子商务市场和商机,但是互联网上大大小小的各种网站数以千万计。茫茫网海,如何才能"突围"而出?对企业而言,成功的关键因素不再仅是建一个好的电子商务网站,更重要的是如何让客户找到你,这就需要借助很多方法和手段来解决网站推广这个重要的问题。

11.1 电子商务网站推广的重要性

1. 什么是网站的推广

网站的推广,顾名思义,就是采取一定的策略和手段,把你的网站推广到你的受众目标。其目的是让更多的客户知道你的网站在什么位置,你的网站提供哪些产品和服务等信息。

【例 11-1】 开心网的成功推广

开心网是中国著名的社交网络服务网站。根据 Alexa 的统计,开心网的访问量已经进入中国网站前 10 名。事实上,开心网提供的产品并不新鲜,如日记、书评、影评、留言、评论、事务管理、网络硬盘以及朋友买卖、争车位、买房子等互动组件,大多都是从国外大牌社交网站借鉴而来,但是,其成功的营销手段确确实实是赢家的范例。开心网的流行,并没有花一分钱进行广告推广,而是完全依靠病毒式营销推广。通过与 MSN 合作,开心网获得了 MSN 的用户数据。用户在开心网注册之后,MSN 就会自动发送邀请链接给其 MSN 好友。有时,MSN 用户会在一天之内收到好几十个链接,邀请其进驻开心网,直到 MSN 用户最终注册。一旦注册,就会自动成为下一个传播节点。靠着这种爆炸式的病毒传播营销模式,开心网的用户在短短几个月内呈几何级数增长。

2. 网站推广的意义

一个网站开发完成后,并不意味着大功告成。如果没有人访问,该网站也只能是形同虚设。网站能否达到预期的目标,除了严谨的网站规划、完善的网站建设以及高效的程序开发之外,还有赖于周密的网站推广计划的制订和实施。没有推广的网站就像一个孤岛,而推广就是让孤岛变成旅游胜地。

网站推广的意义主要体现在以下两个方面。

一方面,网站推广可以提高网站的流量,更多的人可以很轻易地从网络上找到你的企业,并通过你的企业网站了解你的企业,假如他们对你公司提供的产品或者服务感兴趣,就会通过网站上提供的联系方式做更进一步的了解,最终成为你们的客户。

另一方面,可以提高企业的知名度,从而展示企业形象,宣扬企业品牌和产品。所以,做网站推广有利于提高企业的经济效益,而且相对于传统的推广,网站推广更经济,收效更显著。

总之,网站建好了,一定要进行推广,不推广不如不建站。只有行之有效、坚持不懈的推广才会让网站真正带来效益。

3. 制订网站推广计划

网站推广计划至少应包括 3 个方面的基本内容。

(1) 阶段目标。认清自己的站点目前的状况,例如日 IP 多少,PV 如何,用户是通过什么关键词访问的,以及网站世界排名等参数都可以用来参考,虽然这些并不是绝对的准确,但至少可以对自己的站有个大致的了解。然后就是希望推广之后达到的目标,如 IP 达到多少、排名如何,搜索的收录页面、链接数及注册用户数量等。流量统计系统可采用 51.la 和 CNZZ 等统计软件,定期进行流量统计和分析。

(2) 推广方法。具体的推广方法将在 11.2 节介绍。有时各方法结合起来使用效果会好一些,有时分开效果却比较好。最好详细列出各个阶段的具体网站推广方法,如登录搜索引擎的名称、网络广告的主要形式和媒体选择、人工宣传推广等需要投入的费用和资源等。

(3) 效果评价。一段时间的推广和宣传,效果怎么样要做总结和评价。网站的推广不能盲目进行,需要进行效果跟踪和控制,以便更好地改进方法,达到更好的效果。

11.2 电子商务网站推广的方式

网站的推广方法有很多,下面介绍一下主要的推广方法。

1. 注册到搜索引擎

网站建设好后,首要之事就是立刻让搜索引擎知道有这么一个网站诞生,及早地登录,给予搜索引擎足够的时间来认识你的新网站。经权威机构调查,全世界 85%以上的互联网用户采用搜索引擎来查找信息,而通过其他推广形式访问网站的,占不到 15%。这就意味着当今互联网上最为经济、实用和高效的网站推广形式就是注册到搜索引擎。目前比较著名的搜索引擎主要有百度（http://www.baidu.com）、雅虎（http://www.yahoo.com.cn）、谷歌（http://www.google.com.hk）等。

以向百度进行网站提交为例，步骤如下。

（1）登录入口网址为 http://www.baidu.com/search/url_submit.html。如图 11-1 所示为百度网站登录页面。

图 11-1　百度网站登录页面

（2）在文本框中输入要注册的网站网址和验证码，单击【提交网站】按钮即可。符合相关标准的提交的网址，一般会在 1 个月内按百度搜索引擎收录标准被处理。

注册到其他搜索引擎的方法大致相同。有的搜索引擎如 Google 在网站登录时还需要填写一些其他信息，如关键字或网页描述等。

2. 交换友情链接

交换友情链接是宣传网站的一种较为有效的方法，有些情况下一个友情链接的作用相当于很多论坛外链的作用，可明显地提升网站权重或是关键词排名。友情链接包括文字链接和图像链接。文字链接一般就是公司的名字，图像链接包括 LOGO 链接和 Banner 链接。LOGO 和 Banner 的制作和广告条一样，也需要仔细考虑怎么样去吸引客户的单击。如果允许的话，尽量使用图像链接，将图像做成 GIF 格式或者 Flash 动画，将公司的 CI（Corporate Identity，企业形象识别）体现其中，让客户印象深刻。

通过以下几个方面可以判断友情链接的质量。

（1）友情链接页面的 PR 值。一般来说，网站都倾向于链接价值高的其他网站。

（2）友情链接网站与自己网站的相关性。这个是搜索引擎非常看重的一点，如果你的网站是一个化妆品网站，而对方网站是一个重型机械的网站，那么效果不会太好。

（3）友情链接页面导出链接的数量。如果对方做了太多的友情链接，效果势必会下降。

（4）友情链接页面的内容更新量。如果友情链接页面的内容经常更新，搜索引擎经常来抓取这个页面，那么效果就比较好。如果是一个单独的友情链接页面，基本没有什么内容更新，效果就比较差。

（5）看友情链接网站的 Alexa 排名、收录量、外链数等。

3. 专业论坛宣传

互联网上各种各样的论坛都有，推广时可找一些和公司产品相关并且访问人数比较多、每天的发帖量要大的一些专业论坛。只有在这样的论坛留外链，才更有可能被搜索引擎认为是有效的外链。注册登录并在论坛中输入公司一些基本信息，如网址、产品等。

论坛留外链也有几种方式，分别是"在主帖中留外链"、"在回复中留外链"和"在签名中留外链"。如果是在主帖中留外链，最好是采用软文的形式，因为直接发广告是很容易被论坛版主删除的。在回复中留外链，一定要回复一些有价值的内容再附上外链，千万不要只回复广告信息，这样也是容易被删除的。此外，签名中留外链也是一种非常好的留外链方式，通常不会被删除。

4. 博客与微博推广

做博客与微博推广，首先要在新浪、网易、搜狐、阿里巴巴等各大网站同时建立博客与微博，加入这些网站的相关博客圈子进行推广。要站到用户角度、行业角度来有计划地撰写和发布软文、积累人气，促使每篇软文都能够被各种网站转摘发布，以达到最好的效果。另外，要提高博客的权重，就应该保持博客的更新频率。如果能坚持每天更新一篇文章，不用半年，这个博客的权重就能提升起来。博客的文章最好围绕一个大的主题，并且这个主题与我们链接到的网站内容相关，这样，会对我们要推广的网站有很好的效果。

5. 信息发布推广

将有关的网站推广信息发布在其他潜在用户可能访问的网站上，利用用户在这些网站获取信息的机会实现网站推广的目的，适用于这些信息发布的网站包括在线黄页、分类广告、供求信息平台、行业网站等。信息发布是免费网站推广的常用方法之一，尤其在互联网发展早期，网上信息量相对较少时，往往通过信息发布的方式即可取得满意的效果。

6. 利用线下、传统媒体或网络广告进行推广

公司印刷品如信笺、名片、礼品包装都要印上网址名称。让客户在记住公司名字或个人职位的同时，也看到并记住网址。

报纸与电视是使用传统方式宣传网站的最佳途径。

网络广告最常见的表现方式是图片广告，如各门户站点主页上部的横幅广告。对于一个电子商务网站，客流的质量和客流的流量一样重要。广告投放要选择的媒体非常有讲究，首先，你要了解自己的潜在客户是哪类人群，他们有什么习惯，然后寻找他们出没频率比较高的网站进行精准广告投放。也许价格高些，但是它给你带来的客户质量比较高，所以给你带来的收益也比较高。

7. 病毒性营销推广

病毒性营销方法并非传播病毒，而是利用用户之间的主动传播，让信息像病毒那样扩

散,从而达到推广的目的,病毒性营销方法实质上是在为用户提供有价值的免费服务的同时,附加上一定的推广信息。

8. E-mail 推广

即以电子邮件为主要的网站推广手段,常用的方法包括电子刊物、会员通信、专业服务商的电子邮件广告等。这种方式是最为经济的推广方式之一。

基于用户许可的 E-mail 营销与滥发邮件不同,许可营销比传统的推广方式或未经许可的 E-mail 营销具有明显的优势,例如可以减少广告对用户的滋扰、增加潜在客户定位的准确度、增强与客户的关系、提高品牌忠诚度等。

9. 竞价排名服务

搜索引擎竞价排名服务可将你的网站排在搜索结果前列。如最为著名的百度竞价排名,特点是按点击付费,推广信息出现在搜索结果中(一般是靠前的位置),如果没有被用户点击,则不收取推广费。

10. 网站联盟式推广

网站联盟,通常指网络联盟营销,1996 年起源于亚马逊(Amazon.com)。Amazon 通过这种新方式,为数以万计的网站提供了额外的收入来源。本质上来说是一种按效果付费的网络广告形式,即在自己网站上投放广告,当访问者产生一定的行为(如点击广告、下载程序、注册会员、实现购买等)之后,根据这种行为而获得广告主支付的佣金。联盟的宗旨是:优势联盟、资源共享、信息互通、共同发展。

【例 11-2】 凡客诚品(VANCL)的 CPS 联盟合作模式(如图 11-2 所示)

图 11-2 凡客诚品的 CPS 联盟合作模式

VANCL 联盟是按照 CPS(Cost Per Sales,有效销售额分成)的模式计费。网站站长可免费加入联盟,在后台自助获取广告代码,放置到个人网站或博客上推广 VANCL 产品,并根据用户的实际消费情况获得广告收益分成。据了解,目前 VANCL 联盟的基本分成比例高达 16%,VANCL 按照有效销售额的 15%支付推广费用给联盟会员,随着互联网购物人群的迅速增长,点击广告到购买的比率也在随之增加,单张订单平均佣金就能达到数十元。据凡客诚品负责网站联盟的相关负责人介绍，截至 2010 年 12 月，有近百家第三方联盟平台、近 10 万家网站、博客、网店、3 000 多名校园代理加入 VANCL 联盟，按照 CPS 模式推广 VANCL 产品，实现了互利共赢。

网站加盟及合作步骤如下。

（1）注册联盟会员。网址为 http://union.vancl.com/register_webtype.aspx?type=website。

（2）邮箱激活会员账号。

（3）登录联盟会员账号，单击里面的【轻松链】。

（4）将相关图片下面的代码复制粘贴到自己的网站代码中。

（5）待广告图片显示在你的网站中，单击所带链接里带有你的联盟账号名称，即代表广告添加成功。

（6）等待凡客联盟结款即可。VANCL 将从你的链接带来的 15%可提成销售金额支付佣金。

资料来源：凡客诚品网站

总之，推广电子商务网站是一个长期性的过程，每个网站也都有自己的特点，所以，在选择推广方法时，要选择适合自己的网站推广方法。

11.3 电子商务网站的优化

Baidu、Google、Yahoo 等搜索引擎给网站带来的流量是非常明显的，最简单的方法就是在各大搜索引擎进行网站登录。但是要想获得好的排名，就要付一定的费用。收费方式包括固定排名、竞价排名等。

如果不想出钱还想获得较好的排名，那么就需要根据各个搜索引擎的特点优化一下自己的网站。

11.3.1 SEO 优化技术简介

1. SEO 定义

搜索引擎优化（Search Engine Optimization，SEO）是指为了提升网页在搜索引擎自然搜索结果中（非商业性推广结果）的收录数量以及排序位置而做的优化行为，这一行为的目的，是为了从搜索引擎中获得更多的免费流量，以及更好的展现形象。

2. SEO 与 SEM 的关系

SEM（Search Engine Marketing），即搜索引擎营销，就是根据客户使用搜索引擎的习惯，在客户通过搜索引擎检索信息的时候，尽可能将企业的营销信息显示在突出位置，有效传递给目标用户，从而引起客户关注，促进客户认知、达成交易的活动。

从概念上来讲，搜索引擎优化 SEO 是 SEM 的一部分。SEO 是基于自然搜索排名的优化，属于免费。而 SEM 除了 SEO，还包括了搜索引擎竞价的内容，属于付费。人们更多习惯于将 SEM 理解为这种狭义上的付费竞价营销。

从应用上来区分，SEM 与 SEO 优缺点及相应费用可用表 11-1 表示，一般而言，对于广告预算充裕，要求回报周期短的企业可以尝试搜索引擎优化；对回报周期没有紧急要求，有相关人员的企业可以采取搜索引擎优化。

表 11-1 搜索引擎竞价和搜索引擎优化比较

	搜索引擎竞价	搜索引擎优化
概念	付费排名靠前	通过满足搜索引擎工作规律排名靠前
优点	见效快，但缺乏稳定性	见效周期长，一般 1~3 个月，稳定
缺点	费用可观	要有专业的操作人员
费用	CPC，按点击付费	人员费用

一般而言，企业的搜索引擎竞价推广都出现在对应搜索引擎前面的结果中，带有"推广链接"或"赞助商链接"等字样。但由于搜索引擎的不同其结果又各有差异。

如图 11-3 所示，百度竞价推广出现在搜索结果左侧前面位置及右侧位置，带有"推广链接"的字样。同时，百度竞价推广信息还可能出现在百度贴吧、百度知道栏目的右侧以及出现在百度联盟网站上。而带有"百度快照"字样的内容则是自然搜索排名的结果，是免费的。

图 11-3 百度竞价推广与自然搜索排名结果

SEO 是 SEM 成本最低的一种手段，SEM 是网站推广的一种方法。而网站推广又是网络营销的一种方式,是网站运营的重要的一部分。当然,我们可以通过很多其他的形式对网站进行推广,但 SEO 是网站推广的一个利器,相对成本最低,效果最持久。

3. SEO 的重要性

站点访问量的第一来源是搜索引擎,搜索引擎是目前为止用户寻找信息、产品、服务的最主要的方式。搜索引擎优化作为网站推广的一种方式较其他形式的线上或线下营销模式而言是投资回报率最好的。传统的广告形式只是将你的产品或服务给潜在客户带来一种视觉冲击,然而搜索引擎却能给你真正带来买家。因此搜索引擎优化可以说是目前最好的网站推广方式。所以,当一个企业的网站在搜索引擎中表现不好时,就无法让你的客户快速找到你的企业网站,也就意味着客户的流失。

11.3.2 SEO 优化的两个关键因素

影响搜索引擎自然搜索结果排名的因素有很多,例如用户搜索词与网页内容的相关性、网页之间的链接权重、关键词的密度以及用户的体验等。利用诸多因素的综合分析进行网页排名,每个搜索引擎都有自己的一套算法流程实现,并且这个算法也一直在改进与完善。主流的搜索引擎不再是以链接分析为中心,而是以用户体验为中心。在正常的内容相关性判断和链接分析基础上,网页的用户体验对于搜索排名的影响越来越大。

下面以百度搜索引擎为例,介绍搜索引擎的优化的关键因素。

1. 网页质量的 3 个维度

2014 年 8 月,《百度搜索引擎网页质量白皮书》(以下简称《白皮书》)上线,《白皮书》中阐述了网页质量是一个网页满足用户需求能力的衡量,是搜索引擎确定结果排序的重要依据。在网页资源内容与用户需求有相关性的基础上,内容是否完整、页面是否美观、对用户是否友好、来源是否权威专业等因素,共同决定着网页质量的高低。百度搜索引擎综合用户对不同网页的实际感受,制定了一套评判网页质量的标准,基于这个标准,在百度搜索的收录、排序、展现环境进行调整,给高质量的网页更多的收录、展现机会,同时对一些影响用户体验、欺骗搜索引擎的恶劣低质网页进行打压。

百度搜索引擎在衡量网页质量时,会从以下 3 个维度综合考虑打分。

(1) 内容质量

网页主体内容是网页的价值所在,是满足用户需求的前提基础。百度搜索引擎评价网页内容质量主要看其主体内容的好坏,以及主体内容是否可以让用户满意。

不同类型网页的主体内容不同,百度搜索引擎判断不同网页的内容价值时,需要关注的点也有区别,例如以下方面。

- 首页:导航链接和推荐内容是否清晰、有效。
- 文章页:能否提供清晰完整的内容,图文并茂更佳。
- 商品页:是否提供了完整真实的商品信息和有效的购买入口。

- 问答页：是否提供了有参考价值的答案。
- 下载页：是否提供下载入口，是否有权限限制，资源是否有效。
- 搜索结果页：搜索出来的结果是否与标题相关。

下面看几个网页实际案例。

【例 11-3】　几个内容质量好的网页

（1）专业医疗网站发布的医疗专题页面（如图 11-4 所示）

图 11-4　专业医疗网站发布的医疗专题页面

（转自 http://www.haodf.com/zhuanjiaguandian/haodf_587089684.htm）

（2）京东的一个有效的商品购买页面（如图 11-5 所示）

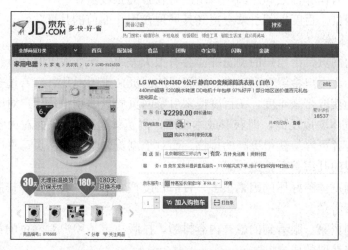

图 11-5　京东的一个有效的商品购买页面

（转自 http://item.jd.com/876668.html）

（3）一个百度知道页面（如图11-6所示）

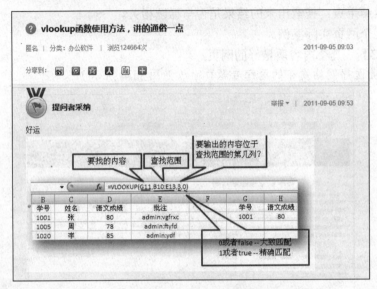

图11-6 一个百度知道页面

分析：百度搜索引擎认为内容质量好的网页具有以下特点。
- 花费了较多时间和精力编辑，倾注编者的经验和专业知识。
- 内容清晰、完整且丰富。
- 资源有效且优质信息真实。
- 安全无毒。
- 不含任何作弊行为和意图，对用户有较强的正收益。

对这部分网页，百度搜索引擎会提高其展现在用户面前的几率。

（2）浏览体验

不同质量的网页带给用户的浏览体验会有很大差距，一个优质的网页给用户的浏览体验应该是正向的。用户希望看到干净、易阅读的网页，排版混乱、广告过多会影响用户对网页主体内容的获取带来难度。在百度搜索引擎网页质量体系中，用户对网页主体内容的获取成本与浏览体验成反比，即获取成本越高，浏览体验越低。面对内容质量相近的网页，浏览体验佳者更容易获得更高的排位，而对于浏览体验差的网页，百度搜索引擎会视情况降低其展现的几率甚至拒绝收录。

影响用户浏览体验好坏的因素很多，目前百度搜索引擎主要从内容排版、广告影响两方面对网页进行考量。

用户进入网页第一眼看到的就是内容排版，排版决定了用户对网页的第一印象，也决定了用户对内容获取的成本。

网站的生存发展需要资金支持,百度搜索引擎对网页上放置正当广告持支持态度。网页应该以满足用户需求为主旨,最佳状态即"主体内容与广告一起满足用户需求",而不应让广告成为网页主体。

下面通过举例来感受一下百度搜索引擎是如何对网页的浏览体验进行分类的。

【例 11-4】 几个浏览体验好的网页

(1)一个招聘网站页面(如图 11-7 所示)

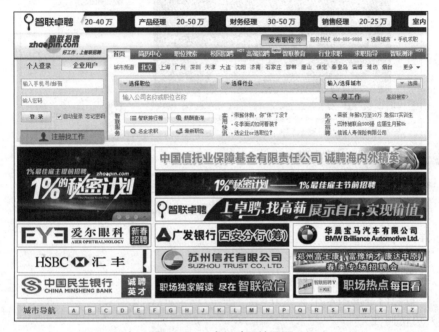

图 11-7 一个招聘网站页面

分析:招聘、房产等网站首页也有很多广告,但都是与招聘或房产相关的,因此,浏览体验是没有问题的。

(2)一个商业资讯网站的文章页(如图 11-8 所示)

分析:案例中的文章页面布局合理,无广告,排版好,结构合理。用户需要的内容占据网页最重要的位置,广告不抢占主体内容位置,不阻碍用户对主要内容的获取,用户浏览体验是良好的。

相反地,有些站点页面布局和广告放置影响了用户对主体内容的获取,提高了用户获取信息的成本,令用户反感。如:

- 正文内容不换行或不分段,用户阅读困难。
- 字体和背景颜色相近,内容辨别困难。
- 页面布局不合理,网页首屏看不到任何有价值的主体内容。
- 广告遮挡主体内容;或者在通用分辨率下,首屏都是广告,看不到主体内容。

图 11-8　一个商业资讯网站的文章页

- 弹窗广告过多。
- 影响阅读的浮动广告过多。
- 单击链接时，出现预期之外的弹窗。
- 广告与内容混淆，不易区分。

（3）可访问性

用户希望快速地从搜索引擎获取到需要的信息，搜索引擎尽可能为用户提供能一次性直接获取所有信息的网页结果。对于不能直接获取到主体内容的网页，对用户是不友好的，搜索引擎会调整其展现几率。

百度搜索引擎会从正常打开、权限限制、有效性 3 个方面判断网页的可访问性，对于可以正常访问的网页，可以参与正常排序；对于有权限限制的网页，再通过其他维度对其进行观察；对于失效网页，会降权其展现机制甚至从数据库中删除。

2. 网页差异化

搜索引擎喜欢什么样的内容？

下面是 Google 对网站内容的说明。

向访问者提供他们要查找的信息，在网页上提供高品质的内容，尤其是主页。这是你要做的最重要的工作。如果你的网页包含有用的信息，其内容就可以吸引许多访问者，并使网站管理员乐于链接到你的网站。要创建实用且信息丰富的网站，网页文字应清晰、准确地表述要传达的主题。想一想，用户会使用哪些字词来查找你的网页，然后尽量在网站

上使用这些字词。(摘录自 Google 网站管理员帮助中心)

下面是百度对网站内容的说明。

创造属于你自己的独特内容,百度更喜欢独特的原创内容。所以,如果你的站点内容只是从各处采集复制而成,很可能不会被百度收录。(摘录自百度搜索帮助中心)

"内容为王"不仅是网站运营人员的金科玉律,同样也是人们对网站进行 SEO 优化的指导思想。网站的发展靠内容来支撑,原创文章也最受搜索引擎欢迎。一个网站随时要有新鲜和充实的内容才会有人来光顾,对搜索引擎而言也是如此。而且,带网址链接的原创文章容易被文章采集器抓取或转载,自然会产生更多优秀的外部链接。

网站内容差异化的本质就是在用户需求满足前提下突出自己的个性服务。那么如何满足用户需求?要做到内容差异化就必须要足够了解用户需求,了解同行的网站,做到"人无我有,人有我优"。

因为各行各样的用户需求是不一样的,不可能有一劳永逸、以不变应万变的方法。例如,通过数据分析了解到,消费者对产品价格和质量服务有需求,而同行没有满足,如果我们的网站在产品页中详细给出了价格表和质量服务,那么这个页面就是一个差异化产品页。虽然这是小小的改变,但却很巧妙地避免了产生同质化的页面,而且满足了用户需求。

因此,要实现网页的差异化,可以从以下 3 个方面考虑。

(1) 首先,就要非常清楚地了解网站的优劣势。

- 了解自己的网站的劣势在哪里。
- 找到竞争对手现有的劣势。
- 把竞争对手的缺点变成我们的优势,并进行放大。

(2) 做到网站内容表现形式差异化

有的产品,由于行业自身特点,已经很难再从内容本身挖掘出新的东西。这时就需要我们继续转变思维,将思路继续延伸。可不可以对产品使用的感受做出一些公正的评论呢?可不可以用一个视频对于这个产品的具体使用方法做出详细的介绍呢?

(3) 做到网站的版面的差异化

网站的版面的差异化主要是指网站模板的差异化。很多企业采用模板建站,如果采用了相同的模板,就好比所有人穿了相同的衣服,举个简单的例子,全校同学都穿校服上学,而你却穿着自己的衣服,那不管你的衣服好看不好看,不管你走到哪里,都能吸引到眼球。

11.3.3 关键词优化

1. 什么是关键词

关键词(即 Keywords),就是一个网站设定的以方便用户通过搜索引擎能搜到本网站的词汇。关键词优化是网站 SEO 必不可缺的环节,在网页标题、网页摘要描述、网页内容正文中都应包含关键词,并且保持一定的比例,即所谓"关键词相关性及关键词密度"。

一般来讲，关键词可分为：核心关键词、次级关键词和一些长尾关键词。网站优化如果能综合考虑核心关键词、次级关键词和一些长尾关键词运用，会得到很好的优化效果。

(1) 核心关键词

核心关键词指经过关键词分析确定下来的网站"主打"关键词，通俗地讲是指网站产品和服务的目标客户可能用来搜索的关键词。核心关键词具有以下特征。

- 核心关键词一般作为网站首页的标题。
- 核心关键词一般是2~4个字构成的一个词或词组，名词居多。
- 核心关键词在搜索引擎每日都有一定数目的稳定搜索量。
- 搜索核心关键词的用户往往对网站的产品和服务有需求，或者对网站的内容感兴趣。
- 网站的主要内容围绕目标关键词。

(2) 次级关键词

如果把核心关键词比作树干的话，那么次级关键词就是从树干部衍生出来的树枝，例如"上海地铁""北京地铁"。像这样分支出来相对处在第二级的关键词往往对应着网站的各级栏目。

(3) 长尾关键词

长尾词可以比作树叶，数量更多，意思更细。例如"上海地铁路线图"。长尾关键词是目标关键词的延伸，其特征是比较长，往往是由2~3个词组成，甚至是短语，存在于内容页面。虽然长尾词搜索量非常少，并且不稳定，但是，长尾关键词带来的客户，转化为网站产品客户的概率比目标关键词高很多。且由于网站上可设置大量长尾关键词，作为大中型网站来讲，由长尾词带来的总流量还是非常大的。因此，根据用户搜索习惯，挖掘更多数量的长尾关键词是网站优化工作的重要组成部分。注意，长尾词的属性是可延伸性、针对性强、范围广。

2. 关键词来自用户的需求

用户购买一类产品，在不同阶段会搜索不同查询需求的关键词。

(1) 认知需求

当一个行业还没有知名品牌的时候，用户会有认知需求。他们会去搜索一些这个行业最基础的问题。以阀门行业为例：

- 阀门什么牌子好？
- 阀门排行榜10强？

(2) 对比需求

当用户知道有了某个品牌的阀门时，用户其实仍然不会进行购买，因为这个毕竟是刚刚听说的品牌，需要进一步了解。这个时候，用户的搜索需求就升级为对比需求了。用户会搜索的关键词往往会是：

- 某个品牌的阀门好不好？

- 某个品牌的阀门安全吗？
- 某个品牌的阀门哪里产的？
- 某个品牌官方网站。

（3）购买需求

当用户搜索完一遍对比需求的关键词，基本上就坚定了购买产品的信心了。这时用户的搜索就会再次升级，成为购买需求。用户会搜索的关键词就会是：

- 某个品牌的阀门哪里有卖？
- 某个品牌的阀门多少钱？
- 某个品牌官方网站。

这时只需要提前把官方网站做好，占据好这些关键词的流量入口就可以了。

（4）服务需求

这个往往是很多人忽略的环节，总觉得用户购买完了，交易就结束了。其实，用户买了产品之后，往往还会有很多不明白的地方。这时他还是会上网搜索的。如果用户在搜索这些需求时，看不到我们的品牌，那么品牌影响力会大打折扣。

用户搜索需求升级为服务需求之后，会搜索的关键词就会是：

- 阀门联锁是什么回事？
- 阀门关不紧怎么办？

这些关键词，如果可以用官方网站的内页来做出排名，会让用户觉得很贴心，从而更加信任这个品牌和企业。从以上 4 种用户需求也可以看出，用户的搜索词并不局限于我们容易想到的热门关键词，用户的搜索词是五花八门的，有的短一些，有的长一些，甚至有的就是一个句子。

3. 关键词的选取

选取一个合理的关键词，掌握正确的优化技巧，不仅影响到网站的流量，同时也关系到整个优化过程的效率。

步骤一：要对企业网站类型进行行业定位，选择客户常用的关键词。

因为客户是关键词的使用者，所以，一定要站在客户的角度去考虑关键词，这是做好关键词选择的第一步。例如作为一个农贸商，它可能选用关键词"番茄"，而客户则更多用的是"西红柿"。错误的关键词不仅浪费了人力时间，更重要的是让企业失去了很多潜在客户。

步骤二：确定网站所属行业后，细分关键词的作用，寻找有效流量。

排名和流量不是目的，有效流量的转化才是目的。假设某地中小学英语培训机构对外提供中小学英语服务，将核心关键词定为"中小学英语"，一般来说并不是好的选择。因为搜索"中小学英语"的用户动机和目的是什么很难判定。用户有可能是在寻找中小学英语培训服务，但也可能是在寻找中小学英语资料，这样的用户来到提供中小学英语培训服务的网站就没有什么机会转化为付费客户。如果把核心关键词定为"北京中小学英语培训",则购买意向或者说商业价值更高,几乎可以肯定这个用户是在寻找特定区域网络营销服务。

对于生产工业品的企业而言也是如此。不同的关键词有不同的商业价值,也会导致不同的转化率。例如搜索"涡街流量计原理"的用户购买意图比较低,搜索"涡街流量计价格"或"涡街流量计报价"的购买意图大大提高,已经进入产品比较选择阶段。那些购买意图强烈商业价值高的关键词是优化时最先考虑的因素,无论内容规划,还是内部链接安排,都要予以重视。

步骤三:利用网络工具筛选,选择竞争相对较小搜索次数相对较多的关键词。

关键词竞争是否激烈可从热点趋势中看出来,一般每日搜索超过 3 000 的词语就可理解为热门关键词。热门关键词的特点是流量大,同类竞争网站多,优化的难度相对较大。

单纯搜索关键词返回的结果中包括页面上出现关键词,但页面标题中没有出现的页面,这些页面虽然也有一点相关性,但很可能只是偶然在页面提到关键词而已,并没有针对关键词优化,这些页面针对这个特定关键词的竞争实力很低,在做优化时可以排除在外。因此,那些在标题中出现关键词的页面才是我们应该重视的对手。

如何查看哪些页面标题中出现了关键词呢?方法可采用 intitle 指令,如图 11-9 所示。

图 11-9 利用 intitle 指令搜索标题中出现关键词的页面

很显然,最好的关键词是搜索次数最多、竞争程度最小的那些词。但是,大部分搜索次数较多的关键词,也是竞争大的词,这时,就需要我们进行大量细致的关键词挖掘、扩展,列出搜索次数及竞争程度数据,找到那些搜索次数相对多但竞争相对小的关键词。

4. 关键词选取工具的应用

利用关键词工具的推荐,挖掘相关关键词,能发现很多自己可能完全不会去搜索的词,但却实实在在有用户在搜索。把这些有共通性或明显趋势的词融入到官网上,是发现新机会、拓展内容来源的好方式。

(1)百度相关搜索

在百度搜索框中输入关键词"流量计",下面就会有相关关键词出现,如图 11-10 所示。

同时,在搜索结果的最下面也有相关搜索结果出现,如图 11-11 所示,这和上面提示的下拉列表的关键词有一部分是一致的。

能够出现在这些地方的关键词,用户的搜索量是比较大的,都是一些核心关键词扩展出来的长尾关键词,企业可以有针对性地选择更为精准的关键词,不但竞争度小,而且针对性会更强,也更符合用户的搜索习惯。

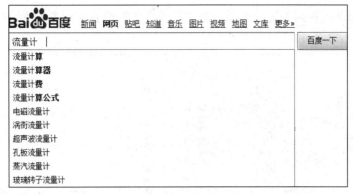

图 11-10　百度相关关键词

相关搜索	涡街流量计	质量流量计	超声波流量计	柴油流量计	蒸汽流量表
	高压流量计	天然气流量计	皂膜流量计	孔板流量计	水流量计

图 11-11　百度相关搜索

（2）使用百度指数

百度指数是百度工具之一，用来反映关键词在过去 30 天内的网络曝光率及用户关注度。是以百度网页搜索和百度新闻搜索为基础的免费海量数据分析服务，能直接、客观地反映社会热点、网民的兴趣和需求。如果某一关键词有百度指数就说明该关键词在百度上有一定的搜索量，同样，指数越高说明搜索量越大。如果根本就没有显示指数，就说明该关键词搜索量过小。

打开 http://index.baidu.com/，如在里面搜"阀门"，可以看到"阀门"关键词指数平均在 500 多以上（如图 11-12 所示），应该说是热门关键词。

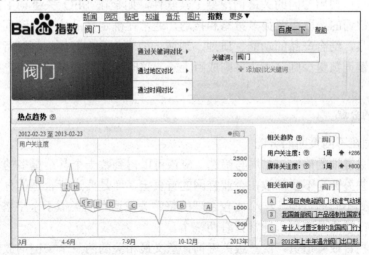

图 11-12　"阀门"的用户关注度趋势

同样在下面可以看到关键词的用户群体和受众年龄段教育程度，便于对阀门市场的准确把握，如图 11-13 所示。

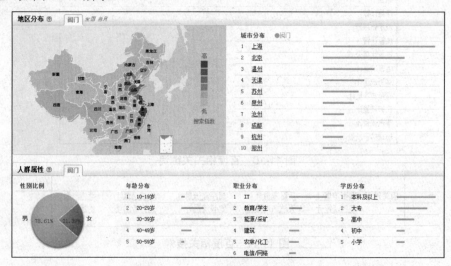

图 11-13　地区分布与人群属性

（3）其他关键词工具

如果企业主要是面向 Google 搜索引擎的优化，可以尝试使用 Google 关键词工具搜索 https://adwords.google.com/select/KeywordToolExternal。

其他还有：百度搜索风云榜（http://top.baidu.com/）、搜狗指数（http://www.sogou.com/top/）、阿里采购排行榜（http://top.china.alibaba.com/）、淘宝排行榜（http://top.taobao.com/）等也可用来分析关键词。

此外，还可以使用专门的关键词挖掘工具软件，如金花 SEO 关键词工具、飞鲁达关键词工具。关键词的选取需要很多策略和技巧，通常在确定产品核心关键词后，还要利用关键词推荐工具，结合产品的功能、质地、地域、型号、品牌等属性词进行扩展与组合。这样得到的关键词数量少则几十，多则成百上千，这时，我们就要站在客户的角度精挑细选了。

5. 关键词分配

1) 关键词在不同页面的分配

经过核心关键词的确定、扩展与筛选，应该可以得到数十个甚至更多的相关关键词列表。显然，这些关键词不要都放在企业官网的首页上，而是要进行合理的分类，然后将这些关键词安排到不同的页面。一个比较合理的整站关键词布局类似于金字塔形式。

- 首页：核心关键词，通常只有两三个。
- 一级栏目或频道页：次一级关键词，意义最相关的两三个关键词放在一起，成为一个二级类的目标关键词。

- 内容页：分布长尾词，放在具体产品（文章、新闻）页面。最好是每个内容页分布一个长尾词。

2）页面内部 title、keywords、description 的写法

（1）首页

- title：首页的 title 写法比较简单，一般的格式是"网站标题-网站关键词"，这里的关键词不要加太多，和 keywords 中加的一样最佳，首页关键词是整个网站核心关键词。
- keywords：首页的 keywords 中加入网站名称、两个比较重要的核心关键词。
- description：就是将首页的标题、关键词和一些特殊栏目的内容融合到里面，写成简单的介绍形式，不要只写关键词，因为这个是搜索引擎收录首页后显示出来的简介，描述不要超过 100 个字，关键词排名越靠前越好。

（2）栏目页

- title：一般在栏目页 title 的写法有两种，如果你的栏目页按照上面建议的用关键词名称命名的话，可以是"栏目名称-网站名称"，但如果你不是按照上面的建议用关键词命名，title 就要换种写法了，即"栏目名称 栏目关键词-网站名称"，这样可以帮助你的栏目获得排名。
- keywords：栏目的 keywords 可以将其栏目下所有分类列表的名称列出，加上栏目关键词，一般写法是"栏目名称，栏目关键词，栏目分类列表名称"，这样可以帮助搜索引擎更好地分辨这个页面，从而让你在同类网站的权重中取得一些优势。
- description：将栏目的标题、关键词、分类列表名称，尽量地写入 description 中，但切忌只写关键词，建议尽量写成介绍形式。

3）分类列表页

- title：只需要用关键词为这个栏目起名，然后按照"分类列表页名称-栏目名称-网站名称"顺序填写即可。
- keywords：将栏目中的主要关键词写入，不要写太多，3~4 个词最佳。
- description：只需要把分类列表的标题、关键词包含在里面，写成通顺的介绍即可。

（1）内容页

- title：内容页的 title 写法相对简单，一般有 3 种写法。
    - 标题加网站名称，格式为"内容标题-网站名称"。
    - 标题加栏目名称，格式为"内容标题-栏目名称"。这里如果是加栏目名称，一般栏目名称中是包含关键词和网站名的，如网易的资讯内页中包含的就是内容标题下划线网易新闻中心。
    - 标题加栏目名称加网站名称，这种标题相对复杂化，但也是最规范的写法，他能起到的作用是给访问者友好的提示，告诉访问者这是哪些内容，并且他

在哪个网站的哪个栏目下，一般写法是"内容标题-栏目名称-网站名称"。
- keywords：仔细总结所发布的文章中的重要内容，在其中提取关键词，这些关键词建议是选一些内容重要的写入，也可以提取文章中出现的比较多的词来作为关键词，这里的关键词填写仍然是3~4个最佳。
- description：在内容页中的 description 有两种写法。
  - 标准写法，如同前面的一样，将文章标题、文章中的重要内容和关键词全部提取出来写一个对这个内容页的简单介绍。
  - 可以考虑将文章第一段的内容复制到 description 中，不过第一段内容也要做一定的模板化编写。

以上内容就是对标准的网站 title、keywords、description 写法的一些建议，要注意的是标签里的关键词并不在多，而在于精，把一大堆不相关的关键词全都罗列出来极易被搜索引擎惩罚。

（2）关键词的分布。
- 关键词应该出现在网页标题标签中，即<title>。
- 在网页导出链接的链接文字中包含关键词。
- 用粗体显示关键词（至少做一次）。
- 在标签中提及该关键词（关于如何运用 head 标签有过争论，但一致都认为 h1 标签比 h2、h3、h4 的影响效果更好）。
- 图像 ALT 标签可以放入关键词。
- 文章正文中要包含关键词，而且最好是在第一段第一句话就放入。
- 在<meta>标签中放入关键词。

11.3.4 网站内链与外链的优化

良好的内链策略与外链策略能推动网站的排名。在搜索引擎面前，一个链接就代表一张投票，外部链接就是网站之间的互相投票，而内部链接则代表了网站内的各页面互相投票。

通过大量而适度的内部链接来支持某一个具体页面，有助于该内容页主题的集中，促使搜索引擎识别出哪些页面在你的网站中是重要的，进而推动该页面的排名。因此在搜索引擎优化的过程中，网站当中哪些网页参与了主要关键词的排名竞争，我们一般会采取重点突出主要关键词的内部链接，从而使该主题中的核心关键词在搜索引擎中更具有排名优势。

1. 内链的优化

内链，顾名思义就是在同一网站下内页之间的相互链接，也称之为站内链接。合理的网站内链构造，就是让整个网站的脉络通畅，有助于提高搜索引擎对网站的爬行索引效率，能提高搜索引擎的收录、关键词排名与网站权重。与外链对比而言，内链可以在自己的站上进行部署，不像外链的不可控性比较大。内链布局需要注意需求、数据分析、文案、锚文本。

（1）网站结构优化

网站结构优化包括网站物理结构优化以及网站逻辑结构优化。

网站物理结构优化就是将网站内容合理分类，导航清晰。网站物理结构优化要注意的是网站内容不要过于细分，过于细分网站内容会导致文件夹增多。

小型企业网站可以考虑扁平的网站结构，扁平的网站结构使分类页和内容页离网站根目录更近。例如：

www.yourlink.com/pageA.html

www.yourlink.com/pageB.html

www.yourlink.com/pageC.html

……

网站中所有的页面都是在根目录这一级别，形成一个扁平的物理结构。这比较适合于小型的网站，因为如果太多文件都放在根目录下的话，制作和维护起来比较麻烦。但从网站逻辑结构来说，扁平的网站结构无须刻意布局链接即可达到优化效果。

对于大中型企业大型站点，网站可考虑采用树状网站结构，例如：

http://www.yourlink.com/cat1/

http://www.yourlink.com/cat2/

http://www.yourlink.com/cat3/

……

在频道下再放入具体的内容网页：

http://www.yourlink.com/cat1/pageA.html

http://www.yourlink.com/cat1/pageB.html

http://www.yourlink.com/cat1/pageC.html

……

树形结构就是在一级目录下分为多个频道或者称为目录，然后目录下面再放上属于这个频道的页面。首页、频道首页、频道下的内容就好比树干、树枝、树叶的关系。

网站结构的优化主要是逻辑结构优化。网站逻辑结构优化是指将网站链接指向优化，一般来讲，为方便搜索引擎的收录，网站链接要具有以下特点。

- 首页的链接指向频道或分类页。
- 首页一般不直接链向内容页，除非想推这些内容页。
- 频道或分类页链向其他频道或分类页。
- 频道或分类页链回首页。
- 频道或分类页链向属于自己的内容页，但不链向其他频道或分类的内容页。

- 所有内容页都链回自己的频道或分类页。
- 所有内容页都链向网站首页。

（2）内链布局

除了各类网页主体内容部分自然的内链外，还可以在主体内容的周围及主体内容中布局内链。例如文章左右及下方的相关文章和推荐文章，文章内部的锚文本链接等，如图11-14所示。

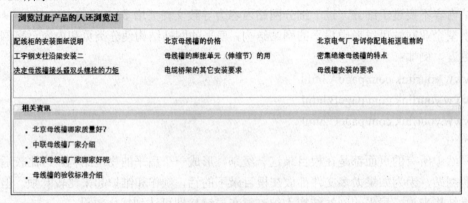

图11-14 某页面内链布局

- 文章底部的相关文章。文章底部的相关文章不建议做太多太杂，4篇最好，8篇为上限。推荐的文章要根据关键词匹配原则，例如，《长尾关键词怎么做》一文的相关文章肯定是有关长尾关键词的；也可以按照用户的阅读前后次序推荐，例如，《一只羊一年挣多少钱》一文的推荐文章可以是一只羊一年需要多少成本，看了利润的人可能会对成本比较感兴趣。
- 推荐浏览过此产品的人还浏览过的文章。如技术问答、价格信息等，引导用户浏览，从而节省用户时间，形成成交。这样做链接推荐的好处可以降低跳出率，相互的链接网页还可提升内页的权重，推荐时最好根据重要性排序。

（3）网站地图

网站地图，又称站点地图，它就是一个页面，上面放置了网站上需要搜索引擎抓取的所有页面的链接，搜索引擎蜘蛛非常喜欢网站地图。想要让搜索引擎蜘蛛在你的网站停留更多的时间，就要让站点变得更有吸引力。这时就需要建一份网站地图，有了地图，"蜘蛛"就可以在网站多停留些时间，从而提高网站的收录量。

2. 外链的建设

在学术界，一篇论文被引用得越多，说明其越好，学术价值就越高。类似地，超链分析技术就是通过分析链接网站的多少来评价被链接的网站的质量，这保证了用户在使用搜索引擎搜索时，越受用户欢迎的内容排名越靠前。因此，获得大量高质量的外链（也叫导入链接）对网站排名至关重要。我们说网站即使没有向搜索引擎提交，但由于其他重要网站上有你的网站链接，一样可以获得搜索引擎的快速抓取，并为取得好排名加分。

是不是外链越多就一定越好呢？当然不是，上百个质量低劣或内容毫不相干的外链可能抵不上一个高质量内容相关的站点的链接。那么，如何判断一个指向自己站点网页的链接是否有价值呢？一般来说，影响链接的因素有网页级别、信息更新的频率和内容的相关性。高质量的外链主要包括以下几点。

- 搜索引擎目录中的链接。
- 主题相关或互补的网站。
- PR 值不低于 4 的网站。
- 流量大、知名度高、频繁更新的重要网站，具有很少导出链接的网站。
- 以你的关键词在搜索结果中排名前 3 页的网站。
- 内容质量高的网站。

把以上外链的原理搞清楚以后，就可以尝试为企业网站做外链了。常用的方法包括以下几种。

（1）主动寻找内容相关的网站做友情链接

在一些网站下方经常可以看到"友情链接"列表，罗列着各种网站的 LOGO 或者文字名称，这就是常见的网站交换链接。通常是资源优势互补的网站之间的一种合作形式，即分别在自己的网站上放置对方网站的 LOGO 图片或文字的网站名称，并设置对方网站的超链接，使得用户可以从合作网站中发现自己的网站，达到互相推广的目的。

选择网站做友情链接的标准一般是内容相关、百度收录数量及 PR 值相当。如图 11-15 所示为某企业网站的友情链接。

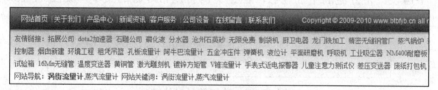

图 11-15　某企业网站的友情链接

（2）利用博客加链接

很多博客平台如新浪博客，可以通过自定义列表模块来实现，操作简单，如图 11-16 所示。

图 11-16　新浪博客自定义列表添加友情链接

博文或日志文章内也可通过发软文加入外链，基本要求内容要原创，与企业业务相关，但不要直接做广告，而是要以吸引网民形式体现企业文化、企业理念等。

（3）论坛发贴、网站留言

可发外链论坛具体可分为两种。

- 可设置带外链的个性签名，正文内可发带外链的文本，如图11-17所示。

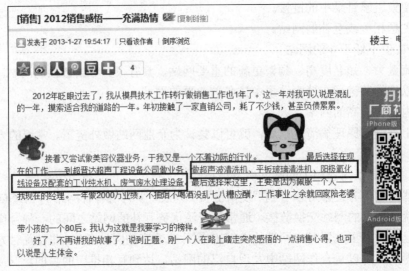

图11-17　论坛帖子正文内发外链

- 不可设置带外链的个性签名，但正文内可发带外链的文本，如图11-18所示。

图11-18　论坛签名发外链

由于不是所有论坛可以发外链，因此，寻找那些可发外链的论坛就比较重要。最好的方法就是观察做得好的竞争对手，通过站长工具分析竞争对手的网站有哪些论坛外链构成，然后在该论坛注册账号、发外链。

（4）百科类网站、文库类、问答类网站中留外链

当然，要注意链接到的网站与词汇在内容上是相关的，回答的问题也一定要本着为用户解决问题的态度，来认真回答问题，并在问题中合适的地方留下链接，如图11-19所示。

（5）发布软文获得外链

高质量软文需要一些精力和关系。当你发一篇软文到门户的频道，文章里带有链接，那么这样的门户比起发10篇论坛外链强得多，且也是在这个行业内品牌的提升。如果文章比较好，很多人会帮你转发，可以达到一个很好的推广效果。

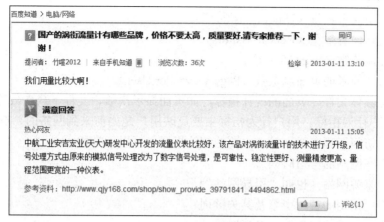

图 11-19　百度知道内留外链

11.4　网站流量数据统计与分析

网站的推广和 SEO 的优化都会提高网站的访问流量，可是如何才能知道网站的访问流量呢？如何分析用户的来源、地区分布，是哪些关键字或是哪种推广策略发挥了作用呢？如果能解决以上问题，可有效帮助我们分析企业目标客户群，及时掌握网站推广的效果，减少盲目性，从而更好地实现网站的推广和企业的营销目标。

11.4.1　网站流量统计简介

1．什么是网站流量统计与分析

通常说的网站流量（Traffic）是指网站的访问量，是用来描述访问一个网站的用户数量以及用户所浏览的网页数量等指标，常用的统计指标包括网站的独立用户数量、总用户数量（含重复访问者）、网页浏览数量、每个用户的页面浏览数量、用户在网站的平均停留时间等。

网站流量统计分析，是指在获得网站访问量基本数据的情况下，对有关数据进行统计、分析，以了解网站当前的访问效果和访问用户行为，并发现当前网络营销活动中存在的问题，并为进一步修正或重新制订网络营销策略提供依据。

2．网站流量指标

网站访问统计分析的基础是获取网站流量的基本数据，这些数据大致可以分为 3 类，每类包含若干数量的统计指标。

（1）网站流量指标。网站流量统计指标常用来对网站效果进行评价，主要指标包括以下方面。

- 独立访问者数量（Unique Visitors）。
- 重复访问者数量（Repeat Visitors）。
- 页面浏览数（Page Views）。
- 每个访问者的页面浏览数（Page Views Per User）。
- 某些具体文件、页面的统计指标，如页面显示次数、文件下载次数等。

（2）用户行为指标。用户行为指标主要反映用户是如何来到网站的、在网站上停留了多长时间、访问了哪些页面等，主要的统计指标包括以下方面。

- 用户在网站的停留时间。
- 用户来源网站（也叫"引导网站"）。
- 用户所使用的搜索引擎及其关键词。
- 在不同时段的用户访问量情况等。

（3）用户浏览网站的方式。用户浏览网站的方式相关统计指标主要包括以下方面。

- 用户上网设备类型。
- 用户浏览器的名称和版本。
- 访问者电脑分辨率显示模式。
- 用户所使用的操作系统名称和版本。
- 用户所在地理区域分布状况等。

3. 常见流量统计系统介绍

（1）百度统计。百度统计是百度推出的一款专业网站流量分析工具，能够告诉你访客是如何找到并浏览你的网站，以及如何改善访客在你网站上的使用体验，帮助你让更多的访客成为客户，不断提升网站的投资回报率。

百度统计提供了几十种图形化报告，全程跟踪访客的行为路径，并且帮助监控各种网络媒介推广效果，让你及时了解哪些关键词、哪些创意的效果最好。基于百度强大的技术实力，百度统计提供了丰富的数据指标，系统稳定，功能强大但操作简易。登录系统后按照系统说明完成代码添加，百度统计便可马上收集数据，为你提高投资回报率提供决策依据。

（2）CNZZ 站长统计。由国际著名风险投资商 IDG 投资的网络技术服务公司，是中国互联网目前最有影响力的免费流量统计技术服务提供商，专注于为互联网各类站点提供专业、权威、独立的第三方数据统计分析。CNZZ 网站首页如图 11-20 所示。

同时，CNZZ 拥有全球领先的互联网数据采集、统计和挖掘 3 大技术，专业从事互联网数据监测、统计分析的技术研究、产品开发和应用，这也是笔者所使用的统计工具，感觉用起来比较不错。

（3）51.la 统计服务。51.la 统计可以说是国内最经典的统计服务。它的功能是所有统计服务中比较丰富的，甚至不是很重要的屏幕颜色和屏幕分辨率都可以查到。不过比较实用的功能还是关键词分析功能，可以通过这一功能了解到访客是通过搜索哪些关键词找到了你的网站。

图 11-20　CNZZ 网站首页

另外，网站排名、SEO 数据分析等对于了解网站的概况也很有用处。

51.la 的缺点就是有少数时间会对页面载入速度有一定的影响，毕竟它要统计的功能太多了。此外，51.la 的统计代码为了保证绝对有效，连客户端不支持 JavaScript 的情况都考虑到了。

4．流量统计系统的安装

在流量统计系统中，百度统计以其强大的功能和免费的服务赢得了众多用户，下面以该系统为例，介绍流量统计系统的使用方法和步骤。

（1）进入百度统计（http://tongji.baidu.com）进行注册，添加用户名、密码、邮箱及要统计的站点网址与所在行业，如图 11-21 所示。

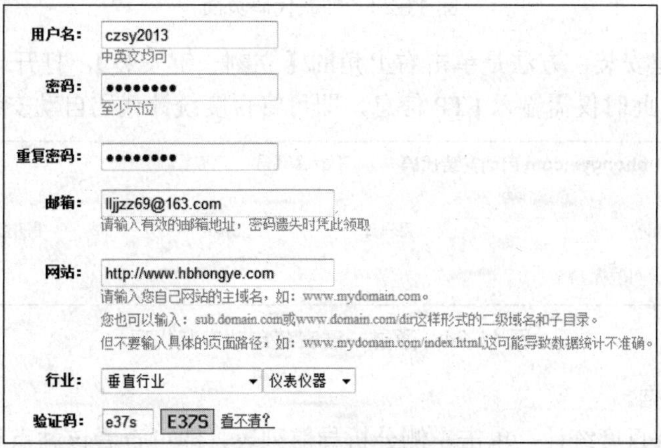

图 11-21　百度统计注册

（2）登录获取代码，如图11-22所示。

图11-22 获取代码页面

（3）加载代码。

单击【复制代码】按钮后，将其粘贴到目标网页的结尾部分，即你要跟踪的每个网页标记</body>之前，如图11-23所示。

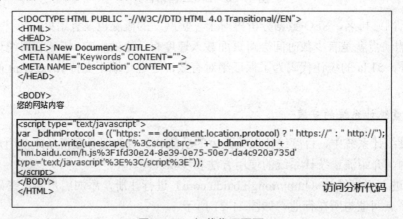

图11-23 加载代码页面

也可采用一键安装，方法是单击右上角的【立刻一键安装】，打开一键安装对话框，如图11-24所示，此时仅需输入FTP信息，即可将百度统计代码自动安装到网站。

图11-24 通过一键安装自动安装代码

（4）统计数据。

登录后，进入百度统计，单击左侧分析导航列表，即可查看该站点相关统计数据，如图11-25所示。

图 11-25　查看该站点统计数据页面

通过百度统计的数据分析，可以随时知道企业网站的被访问情况，如每天多少人看了哪些网页，搜索关键词带来的搜索次数、新访客的来源是哪里，用户的忠诚度如何、网站的用户分布在什么地区等非常有价值的信息数据。根据统计，可以一目了然地及时知道自己网站的访问情况，从而及时调整自己的页面内容、推广方式。

11.4.2　网站流量统计分析

网站统计与分析是指在获得网站访问量等基本数据情况下，分析网站数据，从中发现访客访问网站的规律和特点，并将这些规律与网络营销策略等相结合，从而发现目前网络营销活动和运营中可能存在的问题和机遇，并为进一步修正或重新制定策略提供依据。

1．网站统计与分析的意义

网站分析需要对站内站外一系列数据的统计、分析和验证来指导网站监控流量、吸引流量、保留流量，并利用流量完成转化等目标，带来的实际收益与意义主要包括以下几点。

（1）监控网站运营状态

网站分析最基本的应用就是监控网站的运营状态。收集网站日常产生的各类数据，包括浏览和访客数据等，并通过统计这些数据生成网站分析报表，对网站的运营状态进行系统的展现。从浏览数据的变化趋势，到比较新老用户比率等，数据帮助运营者从多角度观察网站的状况是否良好。

（2）提升网站推广效果

常见网站推广方式主要包括 SEO、SEM 和广告投放推广。SEO 分析主要是分析网站在各搜索引擎的搜索词排名和点击，以及网站在搜索引擎的收录、排名和展现情况。SEM 分析是通过了解从搜索引擎商业推广结果页导入的流量后续表现，进而调整网页在搜索结果页上的排名，针对搜索引擎用户展开营销活动。另外，网站分析可以定制化地细分来源和访客，从而进行有针对性的广告推广营销。

（3）优化网站结构和体验

通过分析网站的转化路径，定位访客流失环节，有针对地查漏补缺，后续通过热力图等工具有效地分析点击分布和细分点击属性，摸清访客的常规行为和人口学属性，提升网站吸引力和易用性。

2. 搜索引擎流量分析

有一些问题，是网站运营与维护人员必须关注的。
- 搜索引擎收录页面的准确值是多少？
- 辛辛苦苦做 SEO 的效果具体如何呢？又怎么改进？
- 购买的许多推广链接流量，哪些才是"链"有所值的？

做网站的首要目的就是要引入流量，那么流量是从哪里来的？

从站外进入的流量来源可以分为 3 种：搜索引擎、外部链接、直接访问，那么，流量来源到底是哪里，各自流量的数量和质量又怎样呢？

下面以百度统计为例，了解搜索引擎作为一个来源在总来源流量中的情况，并做趋势分析。

在百度统计中的【全部来源】中了解全流量占比，如图 11-26 所示。

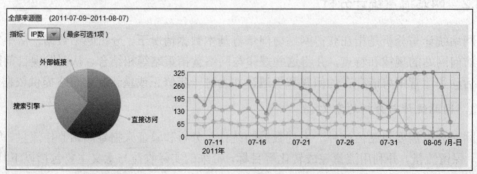

图 11-26　搜索引擎作为一个来源在总来源流量占比

在【搜索引擎】报告中查看细分流量，有针对性地分析某个或者某几个搜索引擎的表现（如图 11-27 所示）：了解不同搜索引擎给网站带来的流量情况。根据各搜索引擎给网站带来的流量数据，可以及时了解到哪种搜索引擎能够给网站带来更多访客，以及哪种搜索引擎带来的访客更关注网站的内容，后续可以将更多推广预算或者 SEO 资源分配到能够给网站带来更多访客且访客关注度更高的搜索引擎；对于带来较少访客或者访客关注度不高的搜索引擎，可以结合业务背景进一步分析原因，并不断提高这些搜索引擎带来的流量及流量质量，以避免盲目地降低推广预算或者 SEO 资源导致潜在访客的流失。

搜索引擎	浏览量(PV)	访问次数	访客数(UV)	新访客比率	IP数	跳出率	转化次数
总计	20,232	3,803	3,065	67.50%	3,100	47.04%	35
1 百度	15,618	2,769	2,239	65.07%	2,263	44.24%	28
2 Google	2,686	632	518	69.50%	516	58.23%	3
3 搜狗	965	161	115	81.74%	123	41.61%	1

图 11-27　几个搜索引擎的流量占比

3. 搜索词流量分析

仅分析到搜索引擎是不够的，需要细化到搜索引擎下面的搜索词带来流量的表现。在【搜索词】报告中给出了百度、谷歌、搜搜等及其他搜索引擎之和 4 部分的比例数据，首先详细了解搜索词在各引擎中的比重；同时注意占比给出了各个搜索词占所有搜索词的访次比重（理解为通过搜索引擎带来了多少访客的比率），可以了解该搜索词对网站流量的影响比重，由于做 SEO 的精力和资源都是有限的，所以后续操作要更有重点。另外根据需要还可以点击列头总搜索次数、百度、谷歌、搜索下方带有下划线的数字，进入查看搜索词的其他数据表现，如图 11-28 所示。

搜索词	总搜索次数	百度	Google	搜搜	其它	占比
总计	2,680	71.64%	17.01%	2.87%	8.47%	100%
1 smt	474	78.06%	11.81%	1.27%	9%	17.69%
2 smt论坛	454	82.82%	9.47%	4.19%	4%	16.94%
3 SMT	390	75.13%	13.59%	0.77%	11%	14.55%

图 11-28　几个搜索词的流量占比

那么已经细分到了搜索词的分析，这个词除了带来的 PV、UV 等指标来衡量，还有哪些参考呢？在百度统计中提供了每个搜索词的百度指数，百度指数是以百度网页搜索和百度新闻搜索为基础的免费海量数据分析服务，以图形的方式让大家掌握第一手的搜索词趋势信息。

除了网站现有的搜索词，还需要了解其他热门搜索词，热门搜索词帮助大家了解用户的搜索习惯，通过更多词优化网站收录。在百度统计中点击搜索词（分搜索引擎）报告搜索词右侧的"词"图标来查看到与该词最相关的 10 个热门搜索词；搜索词后的条形图表示这个词的热门程度，如图 11-29 所示。

图 11-29 搜索词的条形图表

最后了解了这些搜索词的情况，建议还要回到这个搜索词被点击的场景下观察，更容易让我们了解网民为什么点击或者不点击这个搜索词，在 SEO 方面可以对应到展现的层面，例如出现的 title 是不是比较吸引点击。在百度统计中的搜索词报告中，点击搜索词（分搜索引擎）报告搜索词右侧的"链"图标，既可查看搜索来路 URL，即一个搜索词在搜索引擎中的原始搜索页面（点击链接查看），还可以知道这是在第几页的搜索结果，快速了解用户搜索情境做出判断。

4. 入口页优化

入口页，又称着陆页，是从外部（访客点击站外广告、搜索结果页链接或者其他网站上的链接）访问到网站的第一个入口，即每个访问的第一个受访页面。这部分页面对访客后续的访问行为影响很大，甚至是决定性的。因此，我们需要找出对访客最有吸引力的入口页，或者优化当前入口页，使其更有吸引力。

在百度统计中有对应的【访问入口】报告，此报告可以帮助分析和优化入口页面，如图 11-30 所示。

从访问入口报告中可以得到吸引力相关数据，跳出率、平均访问时长、平均访问页等数据，那么，又如何做入口页优化呢？

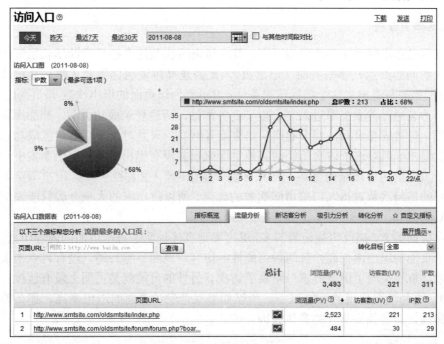

图 11-30　访问入口统计报告

首先，在优化手段上入口页面设计和内容很大程度上影响访客是不是选择进一步的浏览，或者怎么样浏览。建议提高网站信用度，网站信用度指用户给予你网站的信任程度。用户对网站的信任度是用户在网站上进行活动的基础。建议做到以下几点。

- 页面美观、整洁。
- 介绍和口号让访客可以很容易了解网站背景。
- 详细的网站介绍、联系方式，方便用户联系网站经营者。
- 用户评论、顾客反馈等信息，让老用户影响新用户。
- 注重强化网站的品牌，逐步建立并发挥品牌效应。

网站的目标在于保持老用户，拓展新用户，所以要保持老用户数量稳定增长的前提下，提升新用户的所占比例。引入流量到入口页的来源当然要好好优化：要注意哪个入口页来的流量中新访客比较多，找到新访客多的原因，并且把先进的经验推广到其他的推广来源。例如访问入口页面 A 的广告 a 带来的新访客数量很大，那就需要进一步看原因了，分析清楚后指导全站的推广工作。

其次，广告和入口页内容要匹配好，不建议内容差距太大，否则访客不会后续访问太多，甚至可能认为这不是他们想要的而离开。例如在广告中出现的图片是"耐克鞋大促销"，进入网站第一个页面却展示了过多产品，甚至令人眼花缭乱的产品库首页，对访客找到他心仪的耐克鞋造成了很大困难。这种情况在指标上的表现就是跳出率会很高，平均访问时长短，平均访问页数少。

5. 退出页分析

退出页是在本网站访问的终点页面，其中退出页次数这个指标帮助站长了解访客在本网站这次访问的终点在哪些页面（退出页），此数越高越说明你需要了解访客在该页面离开的原因。另外有退出率这个指标值得关注：退出率为该页面的退出次数/该页面的 PV 数。例如一个访客通过搜索引擎进入一个电子商务网站，历经登录成功页面、产品库页面、购物车页面、付费成功页面，整个的购买结束离开网站，只是对于最后的付款成功页面来说这是一次退出，但对这个访次历经的其他页面来说并没有退出。所以退出率大小一般直接说明每个页面的内容质量的好坏。注意区别"跳出率"（又称跳失率：用户浏览第一个页面就离开的访问次数占该入口总访问次数的比例。所以跳出率的大小一般只能说明网站入口页的质量）。

受访页面的 PV 高说明被访问的多，退出率则直接说明了每个页面的内容质量的高低。如果一个页面的退出率很高，有两种可能性：访客对页面不感兴趣，没有再点击页面上的其他链接，直接关闭了浏览器窗口结束了访次。另外的可能就是页面上没有链接（或是链接很少），这种情况出现的可能很小。所以如果某个受访页面的退出率高，那么该页面质量有待提高，需要找到离开的具体原因并改正。

6. 转化来源分析

广义来说，转化相应的行动可以是用户登录、用户注册、用户订阅、用户下载、用户购买等一系列用户行为；在实际监控中可以分为两种：页面转化目标和事件转化目标。

页面转化目标是指某个页面作为转化目标，访客到该指定页面后即为转化成功，例如访客到达了最后的购买成功页面。

事件转化目标是相对页面目标而言的，指网页内部的某个可以点击的元素，如链接、按钮等。访客触发了指定的元素后即为转化成功，如访客单击了【抢购】按钮，如图 11-31 所示。

图 11-31 一个转化的实例页面

在百度统计中可以分别在后台设置"页面转化目标"和"事件转化目标"。

如图 11-32 所示,搜索引擎、搜索词、外部链接、地域等各个报告可以对比相应维度上的转化情况。

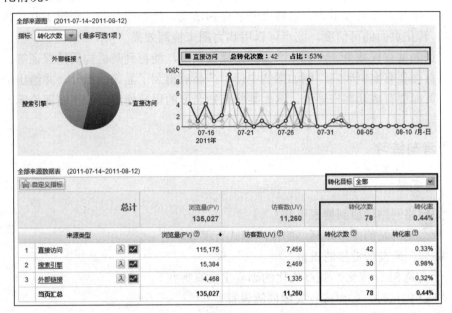

图 11-32 转化来源分析报告

从上述案例数据比较看出"搜索引擎"的转化率最高,说明从搜索引擎成为注册用户(指定的转化目标)的可能性更高。因此,通过此方式即可看出每个流量来源的转化量和转化率,由此控制平均转化成本。

作为电子商务类网站更是要注意转化路径流程的流失情况,以下为常见的分析和优化方法。

(1) 填写的表单或购物车,不要让访客烦心

- 表单长度不要太长,避免过于复杂的表单及苛刻的必填字段等,访客耐心都是有限的。
- 购物车的形式要简单,访客把商品都添加到购物车就离成单不远了,所以建议要监控进入购物车流程却没有购买的访客放弃率。

(2) 每个环节内容要帮助访客完成转化

- 标题和内容颜色、大小、字体等醒目,提醒访客当前进度和购买的产品。
- 每个环节都使用醒目的链接或者按键,告诉访客需要怎么做才能进入下一步直至转化成功。
- 访客无法转化成功时要提示其可以开始进入其他的转化流程,如 A 货卖完了,推荐相关的 B 货,而且要注意 B 货是有库存的,不然可能访客反而会再次站外检索

而到竞争对手的网站购买。

（3）转化的内容及促销手段

- 产品图片要吸引用户眼球，优秀的图片能增加客户购买的冲动与欲望。
- 文字号召要有吸引力，内容上开展促销活动，例如即刻购买获得 100 元代金券。

（4）转化页面的可信度，此点可以用热力图来检测效果

- 页面要有权威见证，例如产品都是原装正品，能得到某机构质量保证等。
- 页面要有案例研究，例如案例中使用产品后得到了显著的提升，并给出证明。
- 页面要有成功客户评论，例如某些有知名度的用户使用后的正面评价等。

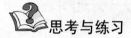
思考与练习

一、简答题

1. 如何将网站注册到搜索引擎？
2. 什么是网站的推广？网站的推广方式有哪些？
3. 如何判断友情链接的质量？
4. 什么是 SEO 优化？SEO 优化的因素主要有哪些？
5. SEO 优化时，如何进行关键词的设置？
6. 什么是高质量的外链？说一说制作外链的途径有哪几种。

二、选择题

1. 网站的流量中 PV 是指（　　）。
   A．访问总量　　　B．独立访客　　　C．每日独立 IP 数　　　D．页面访问量
2. 以下（　　）不是流量统计的内容。
   A．访问量　　　B．访问时段　　　C．页面热点统计　　　D．更新频率
3. 站长统计是一种（　　）。
   A．网站流量统计工具　　　　　B．网站广告工具
   C．网站维护工具　　　　　　　D．以上都不对
4. 以下（　　）不是搜索引擎的组成部分。
   A．信息搜集　　　B．信息整理　　　C．流量统计　　　D．用户查询
5. 网页中关键字的部署基本原则是：主关键字可能在网页中出现（　　）次。
   A．1 至 2　　　B．3 至 4　　　C．5 至 6　　　D．7 至 8
6. 以下（　　）不属于搜索引擎网站。
   A．百度（Baidu.com）　　　　　B．谷歌（Google.com）
   C．雅虎（Yahoo.com）　　　　　D．淘宝（taobao.com）
7. SEO 是指（　　）。

A．搜索引擎优化 B．站点流量统计
C．搜索机制 D．搜索引擎营销

8．网站优化时，关键词最应出现在（ ）。
A．网页标题标签中，即<title>中 B．网页外链的链接文字中包含关键词
C．META 标签中提及该关键词 D．图像 ALT 标签放入关键词

技能实训

一、实训目的

1．了解电子商务网站的推广方式。
2．掌握 CNZZ 流量统计的使用方法和步骤。
3．学会常用的 SEO 方法和手段。

二、实训内容

1．CNZZ 流量统计的使用。
（1）访问 CNZZ 网站并进行注册。
（2）登录获取代码。
（3）将选好的统计代码粘贴到自己网站的页面源码中。
（4）登录后，进入站点列表页，单击【查看统计报表】按钮，查看站点统计数据。
2．从网上查找百度网站推广及搜索竞价排名的相关内容和价格。
3．通过网络收集长尾关键词的拓展方法、关键词应该满足的几个基本条件。
4．为某具体的企业网站制作一推广方案，并尝试对该网站进行 SEO 优化。

参 考 文 献

1. 李建忠．电子商务网站建设与维护．第1版．北京：清华大学出版社，2013
2. 李建忠．电子商务运营实务．第1版．北京：机械工业出版社，2013
3. 尚俊杰．网络程序设计——ASP．第3版．北京：清华大学出版社，2009
4. 唐红亮，王改性，秦戈．ASP动态网页设计应用教程．北京：电子工业出版社，2009
5. 李洪心，杨莉，刘继山．电子商务网站建设．北京：机械工业出版社，2009
6. 王宇川．电子商务网站规划与建设．北京：机械工业出版社，2007
7. 尚俊杰．网络程序设计——ASP案例教程．北京：清华大学出版社，2005
8. 冯英健．网络营销基础与实践．第3版．北京：清华大学出版社，2007
9. 胡宝介．搜索引擎优化知识完全手册
10. 薛万欣，薛晓霞．电子商务网站建设．北京：清华大学出版社，2007
11. 臧良运，崔连和．电子商务网站建设与维护．北京：电子工业出版社，2010
12. 温谦．CSS网页设计标准教程．北京：人民邮电出版社，2009
13. 尤克，常敏慧．网页制作教程．北京：机械工业出版社，2008
14. 宋文官．电子商务概论．大连：东北财经大学出版社，2007
15. 陈德人．电子商务案例分析．北京：高等教育出版社，2010
16. 肖红，郑琦．电子商务综合实训．北京：机械工业出版社，2009
17. 百度统计产品团队．网站分析白皮书
18. 百度站长平台．百度搜索引擎网页质量白皮书，2014